CRISPIN Ier

Raymond Poisson fut du temps de Molière le meilleur acteur comique de la troupe de l'Hôtel de Bourgogne et devint l'un des premiers sociétaires de la Comédie Française. Il rendit populaire l'un des personnages-type les plus célèbres du théâtre, le valet Crispin, et fournit à sa troupe de nombreuses petites comédies dans lesquelles il eut soin de se réserver les rôles les plus comiques. Cette étude très documentée de la vie et des œuvres d'un comédien-poète négligé reflète l'intérêt profond que l'auteur porte à cette période. Il établit la place de Poisson dans l'histoire du théâtre, et remet en lumière toute une tradition théâtrale du temps des grands classiques.

A. ROSS CURTIS a étudié à l'University of Wales et a fait son doctorat à la Sorbonne sous la direction du Professeur Jacques Scherer de l'Institut d'Etudes Théâtrales. Membre depuis 1957 de la section de français à University College, University of Toronto, il y occupe en ce moment la position d'Associate Professor.

Raymond Poisson, a contemporary of Molière, was the leading comic actor with the troupe of the Hôtel de Bourgogne and later at the Comédie Française during the first five years of its existence. He popularized one of the French stage's best-loved stock characters, the impudent servant Crispin, while finding time to supply his troupe with short comedies in which he himself starred. This study is thoroughly documented and reflects the author's detailed knowledge of, and interest in, the period. It establishes Poisson's place in theatrical history, and illuminates a whole tradition in French theatre in the seventeenth century.

A. ROSS CURTIS studied at the University of Wales and took his doctorate at the Sorbonne under the direction of Jacques Scherer of the Institut d'Etudes Théâtrales. Since 1957 he has been a member of the Department of French of University College, University of Toronto, and at present holds the position of Associate Professor.

University of Toronto Romance Series 19

University of Toronto Press

CRISPIN
Ier

La Vie et l'œuvre de Raymond Poisson comédien-poète du XVIIe siècle

A. Ross Curtis

Toronto and Buffalo

Reprinted in paperback 2015

ISBN 978-0-8020-5248-3 (cloth)

ISBN 978-1-4426-3965-2 (paper)

Microfiche ISBN 0-8020-0076-2

LC 78-163807

A MA MERE ET A MA FEMME
ENID ROSS ET JUDITH MILLINGTON

Avant-propos

Il y a d'honestes gens dans toutes les conditions, mais ordinairement en petit nombre. Quoique les Comediens soyent decriez parmi certains Caffars, il est certain neanmoins que de mon temps, cest a dire depuis 25 ou 30 ans, il y en a eu et meme il y en a encore qui vivoient bien, regulierement et meme chrestiennement, Scavoir: le Sr Molière; le Sr de La Grange et sa femme; le Sr Dovilier; le Sr Poisson le pere et sa femme; le Sr Beauval et sa femme; le Sr Floridor; le Sr Raisin aîné; Mlle Raisin, femme du Sr Raisin le cadet ...[1]

A maintes reprises les noms de tous ces comédiens et de bien d'autres encore reviendront dans le présent ouvrage; qu'il nous soit cependant permis, pour le moment d'isoler dans cette liste un nom qui nous intéresse particulièrement: celui du Sieur Poisson le père. Ainsi nommé par Tralage pour le distinguer de son fils Paul, Raymond Poisson laissa sa marque sur le théâtre comique du XVIIe siècle, et fonda une dynastie de comédiens dont seul le temps a effacé le souvenir. Maintenant connus seulement des érudits et des amateurs de l'histoire du théâtre, les Poisson, à leur heure, firent les délices de plusieurs générations de Parisiens. Lancaster a pu s'étonner que ceux qui étudient l'histoire du théâtre aient pu laisser dans un oubli peu mérité le fondateur de cette dynastie.[2] Il a pourtant ses titres de gloire. C'est en effet Raymond Poisson qui rendit populaire le personnage de Crispin, type du valet goguenard et fripon, qui au cours des XVIIe et XVIIIe siècles trouva sa place dans quelques-unes des pièces les plus réussies du répertoire comique. Les rôles écrits pour ce valet furent par la suite adoptés avec enthousiasme par les meilleurs acteurs de la Comédie Française; Dubus-Préville, Feulie, Armand-Dailly, Monrose père, Régnier et Truffier. A en juger d'après les critères de son époque, Poisson était un acteur comique de premier ordre. Après avoir été comédien de campagne, il devint membre de l'Hôtel de Bourgogne et y resta jusqu'à la création de la Comédie Française, dont il fut sociétaire de 1680 à 1685. Il est partout loué par ses contemporains et, si l'on en croit Palaprat, Molière lui aurait envié le naturel de son jeu.[3] Joseph-Isidore Samson, l'un des grands acteurs-auteurs du siècle passé, s'inspira de sa légende pour écrire une de ses meilleures pièces,[4] et le XXe siècle lui a réservé une place dans la galerie des acteurs célèbres, aux côtés de Michel Baron et de La Champmeslé.[5]

Nous sommes très sensible au fait que celui qui entreprend la tâche d'évaluer le talent d'un acteur du passé s'engage dans une entreprise hérissée de difficultés. Nous pourrons, grâce aux textes laissés par ses contemporains et successeurs, nous faire une idée de son jeu, mais ce sera un piètre monument à la gloire d'un homme qu'il aurait fallu voir pour apprécier à sa juste valeur. Nous nous sommes fait un devoir de ne pas écrire une vie romancée.

Aurons-nous plus de succès en cherchant *l'homme* qu'il était? Il a eu ses biographes. Les plus anciens, ceux du XVIIe et du XVIIIe siècles, étaient des pourvoyeurs d'anecdotes ou des compilateurs de dictionnaires du théâtre.[6] Nous avons profité de l'occasion pour vérifier leurs témoignages. Au XIXe et au XXe siècles, les chercheurs ont ouvert de nouveaux horizons,[7] mais se sont naturellement consacrés à des noms plus importants. Leurs lumières nous ont pourtant permis de remettre en question plusieurs problèmes relatifs à Poisson. Plus que toute autre chose, c'est la parution des documents du Minutier Central[8] qui nous a encouragé à reviser la biographie de l'acteur. De plus, personne n'a songé à utiliser les nombreuses pièces du dossier Poisson qui ont été conservées dans les archives de la Comédie Française. Nous y recourons ici pour la première fois. Elles jettent une lumière nouvelle sur les dernières années de l'acteur.

Tout était donc à refaire. Il a fallu essayer de résoudre tous les problèmes suscités par ce nom de famille trop commun, qui a induit en erreur plusieurs historiens. Certains sont coupables de n'avoir pas fait la distinction entre Raymond, son fils Paul, ses petits-fils Philippe et Arnould, pour ne citer que ceux qui ont fait une carrière au théâtre. Poisson père avait reçu dans les années cinquante le nom de théâtre de Belleroche, mais les mentions de Belleroche dans les annales du théâtre ne concernent pas toujours Raymond Poisson, car il y en a eu d'autres qui ont porté ce nom. Autant de questions qu'il a fallu étudier de près.

Un autre aspect de cet homme méritait d'être étudié. Poisson était un de ces acteurs, si nombreux dans la seconde moitié du XVIIe siècle, qui écrivaient régulièrement de petites pièces pour les théâtres auxquels ils appartenaient. Les compilateurs du XVIIIe siècle consacrent à ces petites pièces quelques remarques lapidaires, dans beaucoup de cas, semble-t-il, sans les avoir lues. Ceux du XIXe siècle les ont lues, mais, armés d'une délicatesse caractéristique de leur époque, les écartent d'un geste de pudeur outragée.[9] Les pièces de Poisson ont pourtant un intérêt certain, pour diverses raisons. Du point de vue littéraire, elles servent de repoussoir aux chefs-d'œuvre; l'historien des mœurs y trouvera des détails piquants; et l'historien du rire doit prendre acte du fait que les habitués de l'Hôtel de Bourgogne donnaient leur suffrage à cet auteur.

Nous consacrons la première partie de notre travail à la vie de Poisson. Dans la deuxième, nous examinons le personnage de Crispin, en nous efforçant de préciser la part que l'acteur a eue dans l'évolution d'un type populaire du théâtre comique. Enfin la troisième partie est consacrée à la totalité de son œuvre dramatique. L'appendice contient l'arbre généalogique de la famille, ainsi qu'une liste des rôles tenus par l'acteur.

Exprimons d'abord nos remerciements à M. Pierre Mélèse, qui nous a indiqué ce champ de recherches, et dont les travaux publiés nous ont été d'une très grande utilité. Nous tenons également à remercier M. Jacques Scherer, qui a bien voulu accepter de diriger les travaux sur lesquels ce livre est basé; MM. Antoine Adam et Raymond Picard, qui nous ont donné des suggestions fécondes; M. David Hayne, qui a lu le brouillon informe de nos premiers chapitres, et nous a soutenu de son encouragement perpétuel; Mlle

Nicole Boursier, MM. Daniel Jourlait et William Rogers, qui ont poussé le dévouement jusqu'à relire le texte intégral et Mlle Jean Wilson et M. Ron Schoeffel de l'University of Toronto Press, qui se sont occupés de la production de ce livre. Qu'ils trouvent tous ici l'expression de notre très réelle gratitude.

C'est grâce à Mme Sylvie Chevalley, bibliothécaire-archiviste de la Comédie Française, que nous avons pu utiliser les documents du dossier Poisson. Qu'elle nous permette d'ajouter que sans sa bienveillante autorisation et sans l'accueil qui nous a été réservé par Mlle Roselyne Laplace-Desprès, du CNRS, détachée auprès de la Comédie Française, nous n'aurions pas pu examiner sur place les nombreux portraits de Crispin qui existent au Musée du théâtre.

Les bibliothèques de Paris ont été naturellement la source principale de notre documentation, mais nous avons aussi utilisé les ressources de plusieurs universités canadiennes et américaines, de la Bibliothèque Nationale du Canada à Ottawa et de la Bibliothèque du Congrès à Washington.

Cet ouvrage a été publié grâce à une subvention accordée par le Conseil Canadien de Recherches sur les Humanités et provenant de fonds fournis par le Conseil des Arts du Canada et grâce à une subvention accordée par le Publications Fund de l'University of Toronto Press.

A. ROSS CURTIS
Toronto, août 1970

Il est à noter que, dans notre transcription des titres et des citations, nous avons conservé l'orthographe parfois fantaisiste du XVIIe siècle.

PREMIERE PARTIE

La Vie de Raymond Poisson

Les trente premières années

Raymond Poisson, cet acteur contemporain de Molière, qui disputait au Maître du Palais-Royal les applaudissements du public parisien, fut, selon Titon du Tillet, fils d'un mathématicien 'des plus sçavans.'[1] Tous les historiens du XVIIIe siècle répétèrent ce détail, qui ne fut mis en doute que par le savant archiviste Jal[2] qui n'avait trouvé nulle mention d'un Poisson célèbre dans les rangs des mathématiciens, et nul ouvrage publié portant ce nom d'auteur. Lyonnet, alerté par son commentaire sceptique, supprima l'épithète superlative et se contenta de mentionner la profession supposée du père de l'acteur.[3] Il est vrai que ce renseignement nous a été transmis par le seul Titon du Tillet, mais au cours de nos recherches nous avions été frappé par la sûreté des précisions fournies par l'auteur du *Parnasse françois*. Nos efforts pour trouver du nouveau sur cette question ont été récompensés, car à l'Arsenal nous avons trouvé le manuscrit, jusqu'ici ignoré des biographes, d'un *Traité d'arithmétique*[4] sur le quatrième feuillet duquel se trouve une 'table pithagorique,' portant la date 1642, et signée: Poisson, avec, au dessus, les vers:

> Nul ne peut estre bon chiffreur
> S'il ne sçait sa table par cœur.

Le nom et la date prêtent de la vraisemblance à la conjecture qu'il s'agit du père de l'acteur. Ce Poisson mathématicien semble avoir été précepteur, et ce manuscrit, contenant des problèmes et des exemples de tous les procédés rudimentaires qu'on apprend à l'école, son manuel. Il n'avait pas le cerveau de l'ingénieux Pascal, mais il aurait fait fortune s'il avait connu Monsieur Jourdain. Tout indique que le père de Raymond Poisson était pauvre.[5]

Les biographes n'ont rien à dire de sa mère. Sans pouvoir donner son nom, nous sommes du moins à même de jeter une faible lumière sur elle. D'après une pièce de vers adressée par Poisson '*A Monsieur de La Fleur*,' qu'il appelle à plusieurs reprises 'mon frère,' 'mon cher frère,' et à qui il parle de 'nostre mère'[6] il semblerait que Raymond Poisson et Jean-François Juvenon de La Fleur aient été frères de mère. Mademoiselle Poisson avait donc dû contracter un mariage avec Etienne Juvenon, maître cuisinier, originaire de Charonne,[7] après avoir été l'épouse du mathématicien. A part l'allusion qu'il fait dans les vers cités, Poisson ne parle jamais de sa mère.

Nous avons mentionné deux fois les *Diverses Poësies* de Raymond Poisson. Ces vers négligemment rimés qui font penser aux *Fragmens burlesques* de Villiers[8] sont imprimés dans l'édition collective des *Œuvres* de Poisson de 1679, édition à laquelle nous renvoyons constamment au cours de cette étude. Ils ont été l'une des sources principales utilisées par les biographes, mais ils ne nous aident pas à établir sa date de naissance. Jal, encouragé par une allusion que Poisson fait au Palais, dépouilla les registres des baptêmes de la Cité de 1625 à 1635, sans pouvoir trouver l'acte de baptême de Raymond. Les biographes ont toujours eu à se contenter d'une date approximative. Lyonnet propose une datation très plausible, 'vers 1630.'[9] C'est Fournel qui, donnant arbitrairement 1633 comme date de naissance de Poisson,[10] sans révéler à ses lecteurs la source de ce précieux détail, est responsable de l'apparition de cette fausse date dans nos bibliographies modernes. Le point d'interrogation suivra cette date de 1630, jusqu'à ce qu'on ait fait des recherches dans la plus petite paroisse de France.

Raymond grandit dans la misère. Son père lui fit apprendre les rudiments d'un art qu'il n'allait jamais pratiquer sérieusement. Il se plaît à rappeler au Vicomte de .·.·. l'occasion où celui-ci avait eu besoin de soins médicaux:

Nous Fumes donc sans Page ny Laquais
Chez mon pere auprés le Palais,
Qui logoit au cinquiéme étage
Ne pouvant monter davantage,
Car sa chambre estoit au grenier ...

Le vicomte était monté à cette chambre du cinquième, pour se faire soigner d'une maladie qu'il n'osait avouer, et y avait trouvé le jeune Raymond prêt à lui administrer l'aide rudimentaire dont il était capable:

Je vous y saignay
Et je croy que je vous tiray
Dans une petite terrine
Qui tenoit environ chopine
Trois poillettes de sang d'Agneau.

La profession de chirurgien à laquelle son père le destinait était peut-être du goût du jeune homme. Il n'avait pas encore atteint sa vingtième année[11] quand il perdit son père, événement triste pour ce fils unique[12] mais heureux sans doute pour sa future carrière de comédien, car, devenu orphelin, il dut abandonner toute idée de devenir chirurgien; il s'agissait maintenant pour lui de gagner sa vie. L'auteur de *Parnasse françois* dit: 'M. le Duc de Crequi, Chevalier des ordres du Roi, premier Gentilhomme de Sa chambre et Gouverneur de Paris, voulut bien l'honorer de ses bontez, et l'attacha à lui.'[13] En effet, nous verrons plus tard, dans l'épître qui se trouve en tête du *Baron de la Crasse,* que Poisson prendra la liberté d'offrir sa pièce au Duc, 'ayant eu,' dira-t-il, 'l'honneur d'estre à Vous.' Il passa ensuite au service du frère de ce dernier, détail que les biographes sans exception omettent de signaler. Ce frère était François de Créqui, pair et maréchal de France (1629?–87), celui qui vers 1665 fut disgrâcié comme Général des galères, et qui rentra dans les bonnes grâces de Sa Majesté vers 1667.[14] Dans une épître adressée au maréchal, dans laquelle il lui demande un service, Poisson dit:

On fait pour un vieux domestique
Ce qu'on ne feroit pas pour quelqu'autre, je croy,
Ce vieux Domestique c'est moy,
Moy qui receus de vous le nom de Belle-Roche
Dans un lieu d'Orleans où l'on tournoit la broche,
C'estoit un cabaret que l'on nommoit, je crois,
Les trois Mores ou les trois Rois.
Vous estiez encor là suivy d'un rien qui vaille
Je pense que c'estoit ou la Plante, ou Briaille
Je ne sçay quelle route ils ont choisi tous deux,
S'ils vont en Paradis ils seront bien-heureux.
Mais je reviens à mon baptesme,
Qui fut fait dans eau, sans sel huille ny cresme,
Le Vin d'Espagne seul fit l'office de tout,
J'en fus moüillé de l'un à l'autre bout,
Car aprés j'en bus comme un chantre
Bref je fus baptisé jusques dedans le ventre.[15]

Si l'acte de baptême de Poisson vient à être révélé, il ne portera sûrement pas les détails de cette cérémonie digne d'un Rabelais. Cet emploi, si apte à préparer le futur Crispin à son rôle, combien de temps le garda-t-il? Trois, quatre ans? Il est impossible de le préciser. Ce qui est certain, c'est qu'il alla souvent au théâtre avec les laquais de son noble maître. Comment autrement aurait-il pu concevoir cette passion pour la comédie dont parle l'historien? Telle était la violence de cette passion, nous dit Titon du Tillet, que 'sans considérer les avantages que le Duc de Crequi auroit pû lui faire, il le quitta pour aller jouer la Comédie en province.'[16] En effet, nous le trouvons en 1654 à Toulon, ainsi que prouve la lettre en vers que Poisson envoya plus tard à Jean-Baptiste Colbert, dans laquelle il rappelle au ministre que le frère de celui-ci avait tenu son premier fils sur les fonts baptismaux.[17] A part ce renseignement, les biographes n'ont rien su de ses déplacements avant 1660, date à laquelle son nom commence à figurer dans les annales de l'Hôtel de Bourgogne. Lyonnet dit que Monval avait parlé du début de l'acteur à l'Hôtel de Bourgogne en 1652.[18] Il aurait pu ajouter que Lemazurier avait signalé sa présence à ce théâtre dès 1653,[19] et que si on remontait encore plus loin, on trouverait la source de cette erreur – car il s'agit bien d'une erreur – dans le *Dictionnaire* des frères Parfaict.[20] Fournel était disposé à accepter 1652 comme étant la date du début de Poisson à l'Hôtel de Bourgogne.[21] Jal, s'appuyant sur le texte de la lettre en vers mentionnée plus haut, fut le premier à exprimer des soupçons.[22] Ses soupçons ont été récemment justifiés par les découvertes d'un chercheur qui s'est intéressé aux mouvements des comédiens dans le Midi et le sud-est de la France. Grâce aux efforts de M.J. Robert, nous savons enfin qui était ce fils né à Toulon. Dans les archives communales de Toulon, il a trouvé les détails suivants: 'Charles Poisson, fils de Raymond et Damoiselle Victoire-Guérin a esté baptisé le vint et sept febvrier. Le parin Monsieur Charles Colbert conseiller et maistre d'ostel du roi ...'[23]

Déjà plus domestique, Raymond Poisson est marié et père pour la première fois. Il est à présumer que c'est sa nouvelle profession qui l'avait mené à Toulon. L'acte cité ne lui reconnaît pas de profession, mais l'année suivante, le registre des baptêmes retrouvé par M. Robert à Toulouse[24] qui contient des détails de la naissance de son deuxième fils, est tout à fait explicite sur ce point: 'Pierre Poisson, fils à Raymond Poisson Comedien et de Victoire Guerain, mariés, né le 28me janvier 1655 baptisé le 20 feb parin Pierre de Montauron partisan marraine Iustine Roux.'[25] Les renseignements qui nous ont été transmis au sujet des troupes de campagne parcourant la région de Toulon et de Toulouse à cette époque sont rares et clairsemés. M. Robert croit que la troupe qui a demandé au conseil municipal de Fayence (Var) au début de 1654 de lui 'donner quelque chose pour subvenir aux frais d'une représentation du *Cid*,'[26] était une troupe dirigée par Raymond Poisson.[27] Il n'était pas encore chef de troupe, autant que nous sachions, mais sa présence à Fayence en 1654 est plausible.

Quoi qu'il en soit, il passa les années 1654 et 1655 dans le Midi, accompagné de sa jeune épouse, qui avait déjà à s'occuper de deux enfants.

Où avait-il fait la connaissance de Victoire Guérin? M. Mongrédien dit qu'ils s'étaient mariés vers 1653.[28] Sans doute. On sait qu'elle n'avait pas encore fait la connaissance de son futur époux lorsqu'elle signa en 1652, à Poitiers, au mariage de Du Croisy.[29]

Elle faisait alors partie de la troupe de celui-ci. Les comédiens de campagne avaient la vie dure; ils vivaient au jour le jour. Rares sont les contrats d'association qui garantissaient plus d'une année de travail. Au terme du contrat 1652–3, Victoire et Raymond, cherchant à se faire accepter dans une troupe de campagne, se rencontrèrent, se marièrent, pour rester ensemble pendant un quart de siècle. C'est l'histoire de maint autre couple dans le monde du théâtre.

Depuis peu nous possédons d'autres indications qui nous aideront à suivre les déplacements de ce jeune ménage. Les recherches entreprises au Minutier Central ont révélé la présence des Poisson, avec plusieurs autres acteurs et actrices, 'comédiens et comédiennes de Son Altesse Royale' dans une troupe dirigée par Germain Clérin, sieur de Ville-Abbé. Le 24 mars 1656, ils signent un contrat pour représenter jusqu'au carême de 1657 'toutes sortes de pièces de théâtre.'[30]

M. Mongrédien déclare que Raymond Poisson 'appartient à la troupe de Croisac' le 14 mars 1657.[31] Le document qu'il allègue[32] porte la mention 'Pierre Le Merciere de Belleroche,' et non 'Raymond Poisson, sieur de Belleroche,' formule généralement adoptée dans les contrats. Nous avons hésité d'abord à prêter foi à l'émendation proposée par M. Mongrédien, mais nous nous y sommes rendu pour les raisons suivantes. Il est très douteux que Pierre Le Messier de Bellerose, ancien directeur des comédiens du Roy de l'Hôtel de Bourgogne se soit contenté de continuer sa carrière en jouant à côté des Simon Gribelin et des Simone de la Chappe 'afin de représenter toutes sortes de pièces de théâtre dans les lieux où ils jugeront bon d'aller.' Nous savons, grâce à Mme Deierkauf-Holsboer, que Pierre Le Messier a continué dans la Troupe Royale quelque temps après avoir cédé sa place à Floridor vers 1646.[33] Tallemant des Réaux, écrivant vers 1657, dit que 'Bellerose s'est fait dévot.'[34] Le Minutier Central n'a qu'une seule mention de son nom.[35] Pour ces raisons, nous sommes tenté de croire que la forme du nom inscrit dans le contrat du 14 mars 1657 est un lapsus de notaire, et qu'il s'agit bien comme le pense M. Mongrédien, de Raymond Poisson.

Ces années ont dû être pour Poisson ce qu'elles ont été pour

Molière: un dur apprentissage, l'occasion de développer ses talents, de s'aguerrir à cette vie qui lui apportait, non seulement les applaudissements d'un public affamé de divertissement, mais encore les tribulations d'une existence de nomade. Mais la gloire l'attendait.

En 1659, Louis XIV, s'acheminant vers Bordeaux, écrivit la lettre suivante au maire et aux jurats de la ville:

> De par le Roy,
>
> Très chers et bien amez,
> Comme nous n'avons point mené en ce voyage nostre trouppe de commédiens de l'hostel de Bourgongne, et que nous desirons que celle de Belleroche[36] qui prend ce tiltre de nos commédiens représentent les pièces quilz ont en nostre ville de Bordeaux pendant le séjour que nous y ferons, nous vous escrivons cette lettre pour vous mander et ordonner qu'incontinant après l'avoir receue vous ayez à permettre à la dicte trouppe de Belleroche de faire dresser un théâtre et un parterre dans le jeu de paulme de Barbarin, affin que nous et les personnes de nostre cour et suitte puissions prendre à la commédie nostre divertissement, et à ce ne faictes faulte, car tel est nostre plaisir.
>
> Donné à Xaintes, le 16me jour d'aoust 1659.
> Signé: Louis
> et plus bas: Phelypeaux.[37]

Detcheverry, qui mit au jour ce document, crut bien faire en expliquant dans une note que ce Belleroche était Pierre Le Messier. Il s'agit pourtant de Poisson, puisque dans un document du 8 décembre 1659, publié par M. Robert,[38] nous lisons les détails suivants: 'A Raimond Poisson dit Belleroche chef de la troupe de comédiens qê en cette ville 2000 L.'[39]

Voilà qui éclaircit un renseignement donné par Titon du Tillet. En 1732, il a écrit: 'Le Roi Louis XIV faisant alors le tour de son royaume, et passant par une ville où Poisson eut l'honneur de jouer la Comédie devant lui, Sa Majesté en fut si satisfaite, qu'elle le choisit pour un de ses Comédiens.'[40]

Comme dit M. Robert, 'il dut déployer tous ses talents pour satisfaire cette clientèle royale et princière.'[41] La gratification de 2000 livres que le roi donna à Poisson indique clairement qu'il s'était acquitté brillamment de sa tâche. Le 2 février 1660, c'est-à-dire moins de deux mois plus tard, le roi, séjournant avec sa cour à Aix,[42] renouvela sa largesse: 'A Raimond Poisson de Belleroche chef des comédiens qui est à ma suite, 2000 L.'[43] Poisson avait tout lieu d'être fier. Avant d'avoir atteint la trentaine, le voilà devenu chef d'une troupe royale et comblé des bienfaits du monarque. Ajoutons qu'il avait grand besoin des libéralités du roi. Il avait alors à charge non seulement les enfants nés en 1654 et 1655, Charles et Pierre, mais encore Victoire-Françoise, née vers 1656, Louise-Catherine, née vers 1657, et Paul, né en 1658.[44]

C'est ainsi que nous retrouverons bientôt Raymond Poisson à l'Hôtel de Bourgogne. La Troupe Royale dut l'accueillir à bras ouverts, parce que depuis peu un nommé Jean-Baptiste Poquelin s'attirait une bonne partie des recettes, et la caisse de l'Hôtel devait commencer à s'en ressentir. C'était un théâtre qui jouissait depuis longtemps d'une suprématie incontestée dans le domaine de la tragédie. Il fallait maintenant livrer bataille sur leur propre terrain aux comédiens du théâtre du Petit-Bourbon. Il fallait trouver un acteur comique capable de ramener le public à l'Hôtel et, en même temps, trouver un auteur comique qui pût fournir de nouvelles comédies. C'est à ce moment critique que Raymond Poisson arriva à Paris.

1660–70

Sans avoir de détails précis sur la date de l'arrivée de Raymond Poisson à Paris, nous sommes à même de tracer un schéma assez sûr de ses activités au cours des années soixante. Il consacra ses premiers efforts à s'établir fermement dans la troupe. Il pensait déjà à se faire dramaturge, servant ainsi d'exemple à ses collègues, dont quelques-uns allaient par la suite fournir à cette troupe de nombreuses comédies. La première pièce de Poisson, *Lubin, ou le Sot vangé*, comédie en un acte et en vers, fut probablement représentée pour la première fois vers la fin de 1660 ou le début de 1661.[1] Bien que, à notre connaissance, aucun témoignage contemporain n'en fasse mention, l'acteur avait sûrement joué plusieurs rôles comiques depuis son arrivée à Paris. De plus il fit bientôt entrer sa femme dans la troupe. A cette fin, il fut obligé de payer une pension à Mademoiselle de Bellerose, femme en secondes noces de Pierre Le Messier, dont il a déjà été question dans cette étude. Un contrat fut signé le 30 avril 1660. On y fait allusion dans un arrêt du Conseil du 28 juillet 1670.[2] Le contrat lui-même n'a pas été retrouvé. L'arrêt du conseil nous apprend toutefois qu'il fut passé 'entre Nicole Gassot, femme de Pierre Le Messier, dit Bellerose, ci-devant commédienne de la troupe royale de l'hôtel de Bourgogne, d'une part, et Raymond Poisson, aussi comédien de ladite troupe, d'autre part, par lequel contrat ladite Gassot, autorisée de son mari, a quitté la place qu'elle occupoit dans ladite troupe à Victoire Guérin, femme dudit Poisson, pour en jouir aux gages, appointemens, droits et profits accoutumés, moyennant la somme de mil livres de pension viagère que lesdits Poisson et sa femme ont promis solidairement de payer par chacun an à ladite Gassot de Bellerose.'

A la lecture des stances que Poisson adressa quelques années plus tard au roi, on ne devinerait jamais que ce déboursement annuel remontait à un contrat passé en bonne et due forme par-devant notaire:

Vous divertir, est une chose
Qui me doit rendre assez content:
Plust à Dieu que la belle-Rose
Prist cela pour argent comptant;
Mais Mille francs, ce mot m'assomme,
Sire, c'est la fascheuse somme,
Que d'année en année elle tire de moy:
J'en ay le cœur gros, l'ame triste,
Voyez si j'ay besoin d'estre mis sur la liste,
Je vous en fais Juge, Grand Roy.[3]

Des générations de biographes s'avouèrent incapables d'expliquer pourquoi Poisson payait cette pension à la Bellerose. Fournel[4] et même Lyonnet[5] se déclarèrent également perplexes. C'est Campardon qui mit au jour le document cité plus haut qui prouve que Poisson avait de son propre chef acheté un emploi pour sa femme. Les comédiens, au faîte de leur indépendance, n'étaient pas encore soumis à cette discipline bureaucratique que les deux dernières décennies du siècle allaient imposer à la Comédie Française et qui par la suite réglementerait rigoureusement leurs transactions. C'était une grosse somme à payer annuellement au début d'une carrière, mais Poisson a dû se rendre compte qu'il n'avait pas le choix s'il voulait que sa femme jouât à ses côtés. Aurait-elle pu se faire accepter dans la troupe sans ce contrat? Il nous est permis d'en douter. Elle ne devait jamais prendre de rôles importants; de fait, les seules allusions qui nous soient parvenues tendent à suggérer qu'elle se contentait des rôles de confidente.[6] Comédienne de second ordre, elle faisait les utilités, les en-cas. Nous avons vu que par la suite Poisson allait regretter ce contrat signé à la légère, mais pour le moment, il était satisfait d'avoir trouvé pour Victoire un emploi au théâtre.

Le succès de *Lubin* a dû encourager Poisson à se remettre au travail. L'Hôtel de Bourgogne avait grand besoin de renouveler son répertoire comique, pour tenir tête au Palais Royal, où les activités de Molière se faisaient menaçantes. Après *les Précieuses ridicules* (novembre 1659) et *Sganarelle ou le Cocu imaginaire* (mai 1660), pièces qu'il avait représentées au Petit Bourbon, Molière donna au Palais Royal *Don Garcie de Navarre* (février 1661), *l'Ecole des maris* (juin 1661) et *les Fâcheux* (novembre 1661).[7] Même si l'Hôtel de Bourgogne gardait son ascendant dans la tragédie en faisant jouer les pièces de Thomas Corneille (*Camma, Reine de Galatie,* février 1661, *Maximien,* février 1662), de Boyer (*Policrite,* janvier 1662), de Mlle Desjardins (*Manlius Torquatus,* mai 1662) et de Gilbert (*Théagène,* 14 juillet 1662),[8] la troupe ne pouvait pas fermer les yeux à la comédie. Le public exigeait toujours une 'petite pièce' pour compléter la soirée. C'est Poisson qui allait désormais suppléer à ces lacunes dans le répertoire de l'Hôtel de Bourgogne. Sa deuxième comédie, *le Baron de la Crasse,* fut probablement jouée dans les premiers mois de 1662.[9] Cette pièce, en un acte et en vers, semble avoir plu dès le début, et surtout en province. Donneau de Visé allait écrire, un an plus tard:

> On en parle à la Campagne beaucoup plus que de toutes les Pièces dont vous venez de m'entretenir. Aussi est-ce un des plus plaisans et des plus beaux tableaux de campagne que l'on puisse jamais voir, puisque c'est le portrait d'un Baron campagnard ... Aussi cette comédie n'a-t-elle pas fait comme celles qui eblouissent d'abord et ne laissent à ceux qui les ont vues que le dépit d'avoir été trompés, et de les avoir approuvées; plus on la voit, plus on la veut voir, et quoique depuis tantôt un an qu'elle est faite, on l'ait joüée presque tous les jours de comédie, chaque représentation y fait découvrir de nouvelles beautés; et si cet Autheur continue comme il a commencé, il y en aura peu qui le puissent égaler.[10]

Quel encens pour ce débutant! Les comptes rendus contemporains ne nous disent pas quel rôle Poisson joua dans sa pièce, mais il se réserva probablement celui de Crispin, valet d'Octave, dans la petite comédie du *Zig-zag* qui fait partie du *Baron de la Crasse.*

Claude Deschamps, vétéran du théâtre et grand ami de Poisson, lui adressa des stances très flatteuses à cette occasion, mais puisqu'il avait dû se contenter de lire le manuscrit, ayant été empêché par la maladie de voir les représentations, il ne parle pas de la manière dont on l'a jouée.[11]

Poisson dédia sa pièce à Monseigneur le Duc de Créqui. Il était évidemment beaucoup plus satisfait du *Baron de la Crasse* qu'il ne l'avait été de *Lubin*. *Lubin* est dédié à un seigneur – son nom n'est pas mentionné – qui l'avait applaudi, nous dit Poisson, lors d'une représentation 'dans une des plus belles assemblées de France.' Vu l'approbation accordée à sa deuxième pièce, l'auteur crut à propos de l'offrir à celui qui avait été autrefois son protecteur. Quand il signa sa dédicace: 'vostre tres-humble, tres soûmis et plus obligé Serviteur,' il y avait plus de vérité dans cette formule de politesse qu'il n'y en avait d'ordinaire.

Poisson, comme les autres auteurs dramatiques de son époque, s'est bientôt rendu compte de l'utilité des dédicaces. Quoi qu'on ait dit de la condition sociale enviable de l'écrivain de théâtre, il est évident que les auteurs avaient grand besoin de revenus additionnels. Poisson, étant comédien aussi, avait deux sources de revenus, et l'on ne peut expliquer la désinvolture avec laquelle il demandait de l'argent aux gens de qualité que comme un effort pour profiter d'une pratique commune.

Que savons-nous des autres activités de Poisson à cette époque? Selon Jal,[12] il assista, le 13 juin de cette même année, au mariage d'un homme dont la réputation était depuis longtemps établie dans le monde théâtral: Denis Buffequin, machiniste au Marais, auteur des machines de *la Toison d'or*, du *Mariage d'Orphée et d'Eurydice*, des *Amours de Jupiter*, etc. Son père avait été décorateur à l'Hôtel de Bourgogne en 1634, au moment où Mahelot y était machiniste.[13] Denis était plus âgé que Raymond Poisson, étant né en 1616.[14] A l'âge de 46 ans, il épousa Marie Aulmont, dans une cérémonie qui eut lieu à Saint Paul. Jal prétend que Poisson était le neveu de Denis Buffequin, mais il est difficile de voir comment cela peut être.

C'est à Lemoine que nous devons la première indication de la participation de Poisson aux affaires de l'Hôtel de Bourgogne.[15]

Son nom figure sur un bail daté du 3 mars 1663, qui renouvela celui du 30 juin 1660 mentionné par l'auteur mais jusqu'ici inédit.[16] Dans le nouveau bail, valable pour quatre ans, les acteurs nommés sont Villiers, Floridor, Beauchâteau, Hauteroche, La Fleur, Mlle Des Oeillets, et aussi Raymond Poisson. Désormais son nom sera de plus en plus fréquemment lié dans les annales de la troupe à celui de ses collègues, dans la ratification de l'association des nouveaux membres et dans l'établissement des pensions. C'est dans un document du 17 mars 1664 que nous trouvons les noms de Raymond Poisson et de sa femme, quand Guillaume Marcoureau, sieur de Brécourt, comédien de la troupe de Monsieur est admis à l'Hôtel de Bourgogne.[17] Poisson eut aussi voix au chapitre quand la troupe rédigea une convention, signée quatre jours plus tard, créant une pension pour ceux de la troupe qui 'pour raison d'âge ou de maladie, devront quitter le théâtre.' On s'accorda pour fixer le montant de cette pension viagère annuelle à 1000 livres.

Le dossier Poisson, aux archives de la Comédie Française, contient la copie que Poisson reçut du notaire qui s'était occupé de cette affaire.

Entretemps, Poisson travaillait à une nouvelle comédie. Son *Fou raisonnable* fut probablement représenté pour la première fois vers la fin de 1663.[18] L'importance accordée dans la pièce à un hôtelier nommé Crispin fait naturellement penser que Poisson écrivit le rôle pour lui-même,[19] mais la distribution ne nous est pas parvenue. Lors de la publication de la pièce, Poisson la dédia au Marquis d'Angely, le fou de Louis XIII, qui était resté au service de Louis XIV. Cette dédicace serait une preuve que le Marquis d'Angély était encore vivant en 1664, quoique la Biographie Générale prétende qu'il mourut vers 1640.[20]

Une comédie en cinq actes de Boursault intitulée *les Nicandres* fut représentée le 15 juin 1664.[21] C'est une pièce 'que je désavouerois volontiers,' dit l'auteur,[22] 'n'étoit que les affiches me donnassent un démenti. C'est la plus méchante pièce dont on ait jamais ennuyé le public.' Si nous en parlons ici, c'est parce que le rôle le moins ennuyeux est celui de Crispin, et que Poisson a dû l'interpréter. C'est la seule façon dont on peut expliquer le succès de la pièce.[23]

C'est peut-être de 1664 que date l'amitié qui a lié Boursault à

Poisson. On sait que *le Mercure galant, ou la Comédie sans titre* de Boursault devait vingt ans plus tard être représenté sur la scène parisienne sous le nom de Poisson. Deux hommes capables d'une telle mystification ont dû être bons amis.

Entre le mois de juin 1664 et février 1665, Poisson avait écrit sa quatrième comédie. *La Gazette* nous apprend que *l'Après-soupé des auberges* fit partie d'un divertissement offert le 12 février au Palais Royal.[24] Ce divertissement consistait dans 'une mascarade de dix entrées,' 'concertée en un seul jour,' terminée 'par une comédie non moins agréable, appelée *l'Après-soupé des auberges*, représentée par la Troupe Royale.' On a peine à en croire ses yeux. Une pièce de Poisson représentée par la troupe de l'Hôtel de Bourgogne, dans la salle généralement occupée par la troupe rivale? Oui, mais évidemment, c'était une soirée extraordinaire. La mascarade n'était qu'un hors d'œuvre offert avec le grand spectacle, un ballet intitulé *la Naissance de Vénus*, de Benserade et Lully, et ce ballet avait un metteur en scène illustre: Madame.[25] Il s'agit d'un divertissement royal, auquel les plus grands seigneurs et dames de la cour participaient. Il occasionna une interruption des représentations de la Troupe de Monsieur, qui a duré du mardi 26 janvier jusqu'au mardi 5 février, et selon La Grange[26] la troupe de Molière ne reprit ses activités normales que le 15, avec *le Festin de Pierre*.

La distribution de *l'Après-soupé des auberges* ne nous est pas connue, mais pour des raisons que nous développerons dans notre étude de la pièce, nous croyons que Poisson joua le rôle d'un marquis 'bahutier' qui y figure largement.

Comme approchait la date à laquelle la troupe devait monter *la Mère coquette ou les Amans broüillez* de Quinault,[27] Poisson se rendit compte qu'il lui faudrait un nouvel habit pour le rôle d'un marquis qu'il devait jouer. Selon Chappuzeau, les comédiens dépensaient beaucoup pour leurs costumes et un seul habit à la romaine pouvait coûter dans les cinq cents écus.[28] Poisson avait à charge une nombreuse famille. Charles avait onze ans, Pierre s'il était toujours vivant, devait en avoir dix, Victoire-Françoise neuf, Louise-Catherine huit et Paul sept. Peu enclin à débourser une grosse somme pour un nouvel habit, Poisson eut recours à la pratique traditionnelle de solliciter un protecteur. La veille de la représentation, il composa la requête suivante qu'il dépêcha à son ancien protecteur, le Duc de Créqui :

Les Amans broüillez de Quinault
Vont dans peu de jours faire rage,
J'y joûe un Marquis[29] et je gage
D'y faire rire comme il faut
C'est un Marquis de conséquence,
Obligé de faire dépense,
Pour soûtenir sa qualité.
Mais s'il manque un peu d'industrie,
Il faudra de nécessité
Que j'aille malgré sa fierté,
L'habiller à la Friperie.

Vous des Ducs le plus magnifique,
Et le plus genereux aussi,
Je voudrois bien pouvoir icy
Faire vostre panegirique,
Je n'irois point citer vos illustre[s] ayeux
Qu'on place dans l'histoire au rang des demi-Dieux,
Je trouve assez en vous de quoy me satisfaire,
Toutes vos actions passent sans contredit ...
Ma foy je ne sçay comment faire
Pour vous demander un habit.[30]

On pourrait se demander ce qu'était devenu le mari téméraire qui avait offert généreusement de subventionner la Bellerose pour le reste de ses jours. Cette requête est la première de toute une série. La décision qu'il a prise d'écrire au Duc a dû être précipitée du reste par une crise dans son ménage. A en croire Fürstenau,[31] c'est en 1666 que Jean-Raymond est né. Victoire Guérin, mère coquette elle-même, a dû annoncer vers la fin de 1665, qu'elle attendait son sixième enfant. Et la Bellerose?

Elle est en parfaite santé,
J'en ay de trop seures nouvelles ...
C'est bien, Sire, Dieu me pardonne,
De trois mois en trois mois, luy souhaiter la mort.[32]

Créqui n'aurait pas pu faire la sourde oreille à la requête que Poisson lui avait envoyée. La première représentation de la comédie eut lieu, comme prévu, le 15 octobre 1665, avec Poisson dans le rôle du Marquis. Elle eut un grand succès, selon la petite presse.[33] Donneau de Visé avait pris le même sujet, et sa pièce, portant le même titre, tenait l'affiche en même temps au Palais Royal. Dans une *Lettre en vers* du 25 octobre, Robinet écrit:

> ... A ce que j'en puis sçavoir
> De Personnes fort entendües,
> Et qui les deux Piéces ont veües,
> En celle du Palais Royal,
> Le Caractére principal
> Est d'une Mére tres-Coquette
> Qui se fait pousser la Fleurette
> Et sur qui, presque, roule tout,
> Dans la Piéce de bout en bout:
> Au lieu qu'à l'Hôtel de Bourgogne,
> C'est un Marquis à gaye trogne
> Qui fait plus de bruit et de Ieu.[34]

M. Mélèse[35] a dit que c'est là une information inexacte, 'car le Marquis n'a guère plus d'importance chez Quinault que chez Donneau de Visé.' Peut-il y avoir un témoignage plus éloquent sur le jeu de Poisson? Il a dû dominer la scène pour faire parler de lui de cette façon-là. Si la comédie de Quinault s'est imposée dès sa première représentation, pour rentrer ensuite dans le répertoire, et pour y rester, la contribution de Poisson a dû y être pour quelque chose.[36]

Depuis longtemps déjà, comme nous l'avons dit, l'Hôtel de Bourgogne se ressentait de la concurrence faite par la troupe de Molière, devenue, le 14 août de l'année précédente, la Troupe du Roy au Palais Royal. On n'a qu'à se rappeler la violente guerre qui avait éclaté dès que Molière eut monté *l'Ecole des Femmes,* et qui avait vu entrer en lice Donneau de Visé, Boursault et Montfleury.[37]

Ce que nous tenons à faire remarquer, c'est que Raymond Poisson, ce rival de Molière, ne s'est pas mêlé de la controverse. Chaque participant avait eu ses raisons d'entrer dans la mêlée et l'Hôtel de

Bourgogne, intérêt à seconder les détracteurs de Molière. Mais Poisson semble avoir voulu éviter la polémique, et les comédiens avec qui il travaillait savaient qu'il ne fallait pas s'adresser à lui pour la satire mordante nécessaire à la riposte. C'est qu'il n'aimait pas faire de personnalités. Il semble n'avoir haï personne et il n'attirait pas la haine. Dans *l'Impromptu de Versailles,* Molière s'était moqué de Villiers et de Hauteroche, mais non pas de Poisson. Ne serions-nous pas fondé à croire qu'il existait entre ces deux acteurs comiques une admiration réciproque?

Entre 1665 et 1668, la production littéraire de Poisson se ralentit. Ce silence s'explique sans doute par l'attitude de Poisson vis-à-vis de son métier de dramaturge. Il le considérait comme une occupation secondaire et ne le prit jamais au sérieux, à la différence, par exemple, de Hauteroche. Poisson ne nous a pas laissé de préfaces justificatives comme son collègue; nous ne le voyons jamais prendre la défense de ses ouvrages. Il n'avait pas d'idées arrêtées sur le but moral ou social du théâtre. Si Molière s'est prononcé – bien tardivement d'ailleurs – sur le rôle de l'auteur comique, Poisson ne l'a pas fait. L'apparition en juin 1666 de ce chef-d'œuvre *le Misanthrope* a dû prouver une fois pour toutes à Poisson qu'il n'était pas à la hauteur de Molière, et il s'est contenté de rester, comme il nous le dit lui-même, 'une cinquième partie d'Autheur.'[38] Ce n'est qu'en 1670 qu'il entreprit d'écrire une comédie en cinq actes, *les Femmes coquettes.*

En l'absence de registres pour l'Hôtel de Bourgogne, c'est à la petite presse qu'il nous faut nous adresser pour être renseignés sur les activités de Poisson en 1666 et 1667. *La Gazette* du 4 décembre 1666 nous apprend que *le Ballet des Muses* fut dansé à Saint-Germain en Laye à partir du 2 décembre. Ce ballet, composé de treize entrées, a fait l'objet d'une étude de Fournel, qui a pu distinguer trois remaniements successifs.[39] Dans la longue suite de représentations – le ballet passa de Saint-Germain sur les théâtres de l'Hôtel de Bourgogne et du Palais-Royal – ce sont celles de la mi-janvier 1667 qui nous intéressent particulièrement, car Poisson y eut un rôle. 'Le 25 (janvier),' écrit la *Gazette,* 'on continua *le Ballet des Muses,* avec de nouveaux embellissements, entre lesquels étoit une *entrée Espagnole,* qui fut trouvée des mieux concertées et des plus agréables.' 'On voit,' dit Fournel, 'que c'est probablement à cette date qu'il faut reporter la première apparition de la *Mascarade Espagnole*, et sans doute aussi de la comédie des *Poètes*, dont cette mascarade faisait partie.'[40] Ce sont les frères Parfaict qui ont les premiers parlé de cette comédie des *Poètes*, d'un auteur anonyme, qui fut représentée par les Comédiens de l'Hôtel de Bourgogne, dans la sixième entrée du Ballet.[41] Dans la liste des acteurs, nous trouvons La Fleur, Floridor, Hauteroche, la Des Oeillets et Poisson, qui jouait 'un Marquis singulier, qui s'attribue les vers d'autrui.' Le texte de la comédie ne nous est pas parvenu – si texte il y avait. Il est fort possible que les comédiens aient improvisé à l'italienne, puisque l'édition la plus complète ne contient que le canevas des sept scènes qui composent la comédie. On verra que Poisson y avait un rôle important. Voici le canevas :

La quatrième scène est du marquis et de la comtesse, qui se moquent l'un de l'autre.

La cinquième scène est de la comtesse, qui, tandis que le marquis va chercher ses gens, lit des vers qu'elle a faits, qui sont sans mesure et qui n'ont point de rime, quoyque les mots qui doivent rimer ne soient différens que par une seule lettre.

La sixième scène est des avis ridicules que le marquis et la comtesse donnent à Silvandre sur le sujet de la petite comédie qu'il a ordre de faire.

La septième et dernière scène est d'une entrée des Basques du marquis, et de la résolution qu'Ariste fait prendre à Silvandre de ne point chercher d'autre sujet que celuy qui luy est offert par le hasard dans tout ce qu'il vient de voir.[42]

C'est là l'un des rares scénarios dans le style de la comedia dell'arte où Poisson figure. Le lecteur est évidemment en droit de se demander si le libraire n'a pas choisi de publier ce texte abrégé simplement pour ne pas avoir à reproduire une comédie médiocre, la présence dans la distribution de Floridor et de la Des Oeillets rendant invraisemblable l'hypothèse d'improvisation. Mais nous aurons plus tard un témoignage sûr que Poisson au moins avait le don d'improviser lorsque l'occasion s'en offrait.[43] Nous pourrions en appeler aussi aux détails de la neuvième entrée de ce même *Ballet des Muses*, où nous lisons :

IXe Entrée. Polymnie, de qui le pouvoir s'étend sur l'éloquence et la dialectique. Trois philosophes grecs, et deux Orateurs romains, sont représentés en ridicule, par des Comédiens François et Italiens, *ausquels on a laissé la liberté de composer leurs rôles* ...[44]

PHILOSOPHES GRECS

Démocrite ... M. de Montfleury
Héraclite ... M. Poisson.
Le Cynique ... M. Brécourt[45]

Ce *Ballet*, dû à la collaboration de Benserade et Lully, est important par l'intérêt et la variété des diverses entrées, mais aussi par les gens illustres qui s'y produisirent. Le texte mentionne le Roi, Madame, Mesdames de Montespan et de La Vallière, le duc de Saint-Aignan, etc. Molière présenta *Mélicerte*, et y substitua au cours des représentations *le Sicilien*. Les comédiens italiens y jouèrent, de même que les comédiens espagnols. C'est dans cette ambiance que Poisson poursuivit sa carrière en 1667. Jusqu'au mois de juin, des extraits du *Ballet des Muses* furent offerts au public parisien, et Poisson continua probablement de remplir les rôles du Marquis ridicule et d'Héraclite.[46]

Quand enfin Poisson réapparaît comme écrivain, c'est avec *le Poète basque*, qui fut représenté au début de juin 1668. Ses années d'expérience au théâtre, les gens qu'il avait rencontrés dans les coulisses, les ennuis que lui et ses collègues avaient eu à endurer, tout cela lui fournit la matière de cette pièce en un acte, qui fait rire en tournant en ridicule les provinciaux, leur manque de finesse et leur façon de parler. Nous savons que l'auteur jouait lui-même le rôle du poète[47] et, puisque les autres acteurs et actrices de l'Hôtel de Bourgogne y apparaissent sous leurs propres noms,[48] nous savons que Victoire Guérin y eut un rôle.

Dans *l'Epître à Monsieur de Franchain*, publiée en tête de cette comédie, nous voyons le vrai Raymond Poisson. Il n'y fait aucun effort pour se présenter autrement qu'il n'est en vérité. Nous y trouvons au contraire cette attachante caractéristique qu'est la sincérité. En règle générale, le manque de sincérité est la chose la plus facile à discerner chez un auteur. Que fait Poisson pour éviter ce piège? Tout d'abord, il rit de ses propres prétentions. 'Je voulois à toute force,' dit-il, 'faire le grand Autheur, moy qui ne sçais presque pas lire.' Pourquoi écrit-il cette épître, qui s'avère aussi amusante que la pièce elle-même? Parce que le libraire l'a secrètement prié 'de grossir le livre de quelque chose.' Accepte-t-il les louanges des admirateurs de son œuvre? Bien sûr. Qui sont ces admirateurs? 'Ceux qui ne paient point.' De la pièce, il écrit: 'J'esperois qu'elle iroit de pair avec *le Menteur*, que sa reûssite passeroit celle du *Cid*; mais je me suis trompé.' Quand il parle des sentiments qu'il éprouve en écoutant ses admirateurs, le ton qu'il adopte est désarmant. 'L'on ne peut rien voir, me disoient-ils, de plus plaisant, personne n'escrit si naturellement que vous; il est impossible de mieux faire dans ce genre, et vous deveriez escrire sans cesse. J'avallois tout cela comme du Nectar, et le cœur enflé comme un Balon, j'allois le lendemain au Palais exprés pour m'y faire voir, car je m'imaginois que chacun m'y devoit regarder avec admiration. Il en est quelques-uns beaucoup plus habiles que moy, mais qui ne sont guere moins foibles sur la bonne opinion deux-mesmes, qui avallent cette fumée d'aussi bon cœur que je faisois, et qui, si je ne me trompe, en avaleront autant et plus que moy avant d'en estre suffoquez, si dans l'adveu que je fais de mes sottises, ils ne reconnoissent le portrait des leurs.'[49]

Il y a dans ce récit une qualité qui manque trop souvent dans la suffisance boursouflée de certains contemporains, comme Donneau de Visé. Il n'est pas étonnant que les rares personnes qui s'intéressent encore à lui parlent du sympathique Poisson.[50]

Encouragé par le succès du *Poète basque*, Poisson écrivit peu après une autre pièce. Mais la comédie des *Faux Moscovites* fut écrite pour une meilleure raison. C'était la coutume de divertir les membres des missions diplomatiques en visite à la cour. Dans l'été de 1668, l'ambassadeur du Czar, Pierre Potemkin, arriva à Paris pour conclure un traité de paix et de commerce.[51] Cette visite souleva beaucoup de curiosité dans le peuple. Laissons maintenant la parole à Poisson:

Les Moscovites estant à Paris, promirent de venir en nostre Hostel: Nos Annonces, et nos Affiches donnerent avis du jour qu'ils avoient pris pour s'y rendre; mais ayant esté mandés ce mesme jour à Saint Germain pour leur Audience de Congé, ils manquerent à leur promesse, et nous parconsequent à la nostre; neanmoins la foule se trouva si grande chez nous pour les voir, qu'il n'y auroit point eu de place pour eux s'ils y fussent venus. Cela m'obligea avec la sollicitation de quelques-uns de mes Camarades, ne pouvant avoir les veritables Moscovites, d'en fagotter de faux; et comme cinq ou six jours suffirent à cette façon, chacun vit aisément que c'estoit des Moscovites faits à la haste ...[52]

Cette petite comédie disparut bientôt du répertoire. N'empêche qu'on y trouve quantité de détails intéressants, dont nous parlerons plus loin dans notre chapitre consacré à la pièce. Dans une de ses *Lettres en vers*, Robinet rapporte que Poisson et Villiers avaient les deux rôles les plus amusants.[53]

Entre septembre et novembre, Poisson apprit le rôle de La Montagne dans *le Baron d'Albikrac* de Thomas Corneille, qui, après sa création à l'Hôtel de Bourgogne, fin novembre,[54] fut représenté chez Madame le 29 décembre.[55] On peut présumer que Poisson garda son rôle quand la pièce fut reprise à Saint-Germain au mois d'août de l'année suivante.[56]

Entretemps, Montfleury avait écrit une nouvelle pièce dans laquelle Poisson devait être appelé à jouer un rôle. Il s'agit de *la Femme juge et partie*, qui reçut sa première à l'Hôtel le 2 mars 1669.[57] Quand la Duchesse de Bouillon invita les comédiens à la jouer chez elle,[58] elle témoigna d'une certaine originalité, à un moment où divers autres membres de la noblesse pesaient les possibilités d'inviter Molière à reprendre *Tartuffe* en représentation particulière, après le triomphe que la pièce avait remporté au Palais Royal en février.[59] Grimarest dans sa *Vie de Molière* écrit que la comédie de Montfleury eut du succès malgré la redoutable concurrence de *Tartuffe*.[60] La lettre en vers où nous avons puisé beaucoup de détails concernant *la Femme juge et partie* loue non seulement la pièce, mais encore les acteurs qui l'interprétaient.[61] La présence de Poisson dans la distribution dut encore une fois contribuer au succès. Ajoutons que Montfleury avait incorporé dans le dialogue des allusions à la physionomie comique de notre acteur, qui jouait Bernardille.[62]

Les premiers mois de 1669 furent marqués par une nouvelle grossesse de Victoire.[63] Comment Raymond pourrait-il continuer à subvenir aux besoins de sa famille? La Bellerose était toujours en parfaite santé; elle recevait toujours les 1000 livres par an que

Poisson payait à contre-cœur. Ce fut dans un moment d'exaspération que l'acteur décida de ne plus reculer devant une situation accablante. Il prit sa plume et écrivit au roi :

Oüy, Sire, donner tous les ans
Mille francs à la Belle-Rose,
C'est trop pour moy, j'ay six Enfans
Grand Roy, donnez-en quelque chose.
Je ne sçay pas comme ma main
Mit mon nom sur ce parchemin;
Je ne pourray jamais plus cherement écrire:
Mille livres par an! j'avois perdu l'esprit:
Ha! n'estoit que mes vers vous ont diverty, Sire,
Je souhaiterois bien n'avoir jamais escrit.[64]

Cependant les ennuis personnels n'ont jamais le droit de prendre le pas sur le devoir professionnel d'un comique: celui d'amuser. La plainte continue donc sur un ton cocasse:

Quand je mis la main à la plume
Pour grifonner ces maudits traits,
La Belle-Rose avoit un rhume
Qu'elle avoit fait venir exprés.
Qui l'auroit crû, Sire? je signe
Sur la bonne-foy de sa mine,
Qui dans sept ou huit jours promettoit son trépas
C'estoit ma flateuse esperance;
Mais, Sire, elle et le rhume estoient d'intelligence,
La traistresse n'en mourut pas ...

... Le moyen de ne pas pecher
Dans une si fâcheuse affaire;
Vous seul pouvez m'en empescher.
Dieu vous oblige de le faire:
Pourtant, Sire, je ne vay pas
Jusqu'à souhaiter son trépas,
Ce seroit trop, à Dieu ne plaise:
Mais lors que la mort la prendra,
Qu'on en dise ce qu'on voudra,
Je croy que j'en seray fort aise.

Pourtant si vous vouliez, Grand Roy,
Comme elle n'est point ma parente,
Que sa vie ou sa mort fut indifférente,
Vous n'auriez qu'à payer pour moy;
Je n'attendrois plus d'heure en heure
Celle où j'aspire qu'elle meure;
Vous changeriez mon triste sort:
Oüy triste, je le puis bien dire;
Car si je n'espere en vous, Sire
Je n'espereray qu'en la mort.

Tout ce que Poisson pouvait faire après avoir expédié cette requête indignée, c'était attendre la réaction de Sa Majesté. Elle allait tarder à venir. Nous nous abstenons du plaisir que se donnerait un romancier à peindre ici le portrait du clown archétype dont le visage riant cache une âme déchirée. Poisson nous en empêche lui-même d'ailleurs, par la cocasserie de sa requête. Mais il est évident que l'acteur vers cette époque avait de réels soucis d'argent.

Est-il possible dans ces circonstances que Poisson ait quitté la capitale, où il était fermement établi dans la troupe de l'Hôtel de Bourgogne, pour courir la province avec une bande d'acteurs inconnus? Voici ce que dit le *Dictionnaire biographique des comédiens français du* XVII*e siècle* (p. 31):

Le 16 août 1669, Raymond Poisson est, parmi les comédiens de la Marine, dirigés par Châteauneuf, à Avignon (source: *le Bulletin historique de Vaucluse*, 1881). Le même jour, Louis XIV annonce aux jurats de Bordeaux l'arrivée de la troupe de Belleroche (sans doute celle des Comédiens de la Marine), pour jouer pendant son séjour ... (source: Detcheverry, *Histoire des théâtres de Bordeaux*, p. 16).

Or, comme nous l'avons vu (*supra*, p. 9), la lettre écrite par le roi est datée du 16 août 1659, tandis que l'ordonnance qui fait mention de Belleroche dans *le Bulletin historique de Vaucluse* est de 1669.[65]

Tout porte à croire que nous avons affaire ici à cet autre Belleroche qui vient constamment brouiller la piste. Lui aussi était comédien. Il est mentionné à plusieurs reprises dans les documents dont nous disposons. Soulié, ayant quelque difficulté à déchiffrer son patronyme dans les manuscrits, l'appelle Ange-Francœur, sieur de Belleroche.[66] Lancaster apporte une émendation à ce nom, et parle d'Ange-François Coirat.[67] Ceux qui ont transcrit les documents du Minutier Central proposent Ange-François Corrare.[68] Quel que soit son vrai patronyme, ce Belleroche est toujours là pour jouer à cache-cache avec Raymond Poisson dans tous les documents de la période que nous étudions. Or, nous sommes de l'avis que c'est Corrare qui figure dans la troupe de la Marine en 1669. Poisson était alors à Paris. En revanche, les mouvements de Corrare présentent des lacunes entre 1668 et 1671.

A part ce Belleroche, il y avait aussi Pierre Le Messier dit Bellerose, nom qui prêtait, et qui prête encore, à confusion[69] sans parler de Claude Nolleau, dit Belle-Roche, mentionné dans *la Comédie des comédiens* de Scudéry.[70] Peut-on s'étonner, au sortir de ce labyrinthe, que Poisson ait préféré ne pas se servir de ce nom trop commun dans le monde des comédiens? Certes, il fait allusion dans ses *Diverses Poësies* à ce nom que le Maréchal de Créqui lui avait conféré, mais il ne signait jamais qu'avec son nom de famille. Où trouve-t-on le nom de Belleroche dans les comptes rendus contemporains? Il est vrai que Josias de Soulas, Noël Le Breton, Guillaume Marcoureau, François Juvenon, Charles Chevillet, Marie Desmares et Alix Faviot sont mieux connus sous les noms de Floridor, Hauteroche, Brécourt, La Fleur, Champmeslé, la Champmeslé et la Des Oeillets, mais tel n'est pas le cas pour Raymond Poisson. Belleroche n'est pour ainsi dire pas connu de Robinet, de Dangeau, de Tralage, de Bordelon et de Palaprat. Pour eux, l'acteur s'appelle Poisson, et s'il a un nom de théâtre, c'est Crispin.[71] Louis XIV fait allusion dans sa lettre et dans ses ordonnances de 1659 à Raymond Poisson de Belleroche, mais dix ans après, personne ne se souvenait plus de ce surnom de théâtre, et l'acteur jouissait des éloges de ses contemporains exclusivement sous son nom de famille.

Revenons donc à sa carrière. En attendant la réaction officielle à son épître au roi, Poisson s'occupa de sa tâche régulière de divertir un public exigeant, et continua de s'intéresser à l'administration de la troupe de l'Hôtel de Bourgogne.

Le 22 mars 1670, les Champmeslé entrèrent dans la troupe,[72] s'engageant à verser une pension de 1000 livres à Villiers et à sa femme maintenant retraités. Poisson figure dans l'acte. Cette pension fut ratifiée le 25 avril, et Poisson est nommé comme signataire.[73]

L'un des noms qui figurent dans ce document nous intéresse plus que les autres. C'est celui d'Alix Faviot, la Des Oeillets. Les documents que nous venons de citer sont les derniers auxquels on allait lui demander d'apposer sa signature, car, le 25 Octobre 1670, elle mourut.[74] Alix Faviot avait entretenu les meilleures relations avec Raymond Poisson, ainsi qu'en témoignent les documents relatifs à l'acquisition d'une maison par l'actrice en 1668, documents publiés par Lemoine.[75] Poisson avait servi de 'créancier complaisant.'[76] Mais citons Lemoine:

> On sait que pour faire lever les hypothèques qui pouvaient grever un immeuble, l'acquéreur devait alors se faire saisir par un créancier complaisant et faire procéder à une vente judiciaire au cours de laquelle les véritables créanciers étaient obligés de se faire connaître et former opposition à la vente jusqu'à ce qu'ils fussent désintéressés.[77]

C'est ce rôle que Poisson avait rempli. Il n'est donc pas surprenant que Poisson se soit senti vivement ému en apprenant la nouvelle de la mort de la Des Oeillets. Il écrit en octobre 1670 à M. de Mérille,[78] premier valet de chambre du Duc d'Orléans:

> Jay sur la foy des Médecins esté prest de vous régaler à Chambort, de la convalescence de Mademoiselle des Oeillets; et puisque vous en estes de retour, je vous diray seulement qu'elle eust esté bien aise de satisfaire à la passion qu'elle avoit de vous voir encore.

> Mais malheureusement elle vient de mourir.
> Paralis et Brayer alloient la secourir,
> Ils tenoient le coup seur, leurs remedes, leurs veilles
> Et ce qu'ils en disoient promettoit des merveilles;
> Ce que depuis trois jours ils avoient projetté,
> Nous asseuroit de sa santé:
> Tous deux en la trouvant sans fievre,
> Dirent qu'elle prendroit huit jours le lait de chevre.
> Et que celuy de vache aprés l'alloit guerir,
> Sur tout qu'il ne falloit luy donner que my tiede,
> Je pense que c'estoit un excellent remede,
> Mais malheureusement elle vient de mourir.

Voila, Monsieur, comme la mort trompe les gens, et comme elle se rit des ordonnances et des pronostics de ces fameux Medecins. Cette perte est grande, la Des Oeillets estoit une merveille du Théâtre. Quoy qu'elle ne fust ny belle ny jeune, elle en estoit un des principaux ornemens.

Et justement on dira d'elle,
Qu'elle n'estoit pas belle au jour.
Comme elle estoit à la chandelle.
Mais sans avoir donné d'amour,
Ny sans estre jeune ny belle,
Elle charmoit toute la cour.[79]

Il y en a qui voudraient nous faire croire qu'elle était à un moment donné amoureuse de Racine.[80] Mais elle avait dépassé la quarantaine quand elle fit la connaissance de l'auteur d'*Alexandre*, elle n'était pas belle – c'est Poisson qui l'affirme – et elle n'avait jamais inspiré d'amour. Nous sommes de l'avis de M. Lemoine, qui doute de l'existence d'une liaison entre l'actrice et Racine,[81] et qui ajoute qu'il 'est infiniment probable qu'elle n'y a jamais songé.'

Je m'étendrois, monsieur [continue Poisson], un peu plus sérieusement sur toutes les belles qualitéz qu'elle possedoit, mais il n'appartient qu'à l'illustre Floridor de faire le panégirique funebre de cette grande Actrice, et son Epitaphe aux Autheurs qui luy sont obligez d'une partie de leur gloire.

Et en effet, Floridor, en sa qualité de chef et orateur de la troupe, fit ce panégyrique, le 26 octobre, date à laquelle elle fut inhumée.[82] Nous trouvons dans la *Gazette* de Robinet du 1er novembre 1670:

La royale troupe éplorée
Et de sa perte très outrée
Dimanche accompagna son corps
Jusqu'en son gîte chez les morts.

Floridor, comme Poisson, avait été l'ami de la Des Oeillets. Lemoine a trouvé un acte qui prouve qu'un nommé Jean Boucherat, ayant reçu grâce à l'intervention de l'actrice et de Floridor, une charge de contrôleur aux gabelles, s'engagea à leur payer chaque année 'une somme de cinq cents livres à titre de commission et pour les remercier de leurs bons offices.'[83]

Plus loin dans sa lettre à M. de Mérille, Poisson profite de l'occasion pour parler de sa propre situation:

Comme il est assez naturel de parler pour soy aprés qu'on a parlé pour d'autres, voicy ce qui me regarde.

> Si-tost que ton Prince adorable
> Se sera lassé d'estre veuf,[84]
> Et qu'un charmant objet tout neuf
> Aura tout ce qu'il faut de plus recommandable,
> Pour faire avecque luy des Princes et des Roys,
> Quand ce jeune Héros aura fait ce grand choix
> Qui pour plus d'un mortel est fort de consequence
> Tu m'as promis tes soins, ton zéle, et ta faveur:
> Souviens-toi en cette occurrence,
> De ton tres humble serviteur.

Il est caractéristique de Poisson qu'il ne laisse pas, quand l'occasion s'en offre, d'attirer sur ses propres besoins l'attention d'un personnage haut placé.

Nous ne trouvons plus ici les noires pensées qui remplissaient la requête adressée au roi, et il y a dans cette lettre une phrase importante qu'il faut souligner. Poisson dit: 'J'ay, grâce à Dieu quelques Louis en bource.' A quoi devait-il ce sens retrouvé de sécurité financière? La réponse se trouve dans l'arrêt du Conseil, resté longtemps inédit, daté du 28 juillet 1670, que nous reproduisons intégralement:

Le Roy, sétant fait représenter le contrat passé le 30 avril 1660 entre Nicole Gassot, femme de Pierre le Messier, dit Bellerose, ci-devant commédienne de la troupe royale de l'hôtel de Bourgogne, d'une part, et Raymond Poisson, aussi comédien de ladite troupe, d'autre part, par lequel contrat ladite Gassot, autorisée de son mari, a quitté la place qu'elle occupoit dans ladite troupe à Victoire Guérin, femme dudit Poisson, pour en jouir aux gages, appointemens, droits et profits accoutumés, moyennant la somme de mil livres de pension viagère que lesdits Poisson et sa femme ont promis solidairement de payer par chacun an à ladite Gassot de Bellerose. Et d'autant que les appointemens donnés par Sa Majesté, aux comédiens de la troupe royale sont destinés pour leur subsistence personnelle et leur donner les moyens de suivre Sa Majesté dans tous les lieux où ils sont commandés pour rendre les services auxquels ils sont obligés, et qu'il n'a pas été loisible à ladite Bellerose, en quittant le service, d'exiger dudit Poisson la pension de mil livres, ne à lui de la stipuler sans la permission de Sa Majesté; que d'ailleurs, étant excessive, elle ôteroit audit Poisson les moyens de subsister; à quoi Sa Majesté désirant pourvoir: le Roy, étant en son conseil, sans s'arrêter au contrat passé entre ladite Gassot de Bellerose et ledit Poisson, le 30 avril 1660, que Sa Majesté a déclaré nul et résolu, sans restitution néanmoins, des arrérages reçus par ladite Bellerose ou qui lui sont dûs et échus jusqu'au dernier décembre dernier, a ordonné et ordonne que ladite pension viagère de mil livres sera et demeurera réduite et modérée à la somme de 600 livres par chacun an, qui sera payée et continuée par ledit Poisson à ladite Bellerose, pendant sa vie, de quartier en quartier, par forme d'alimens, à commencer du premier janvier dernier.

Du 28 juillet 1670 Signé: Séguier; Colbert.[85]

Lyonnet[86] dit que 'le Roi lui accorda une pension de 400 livres, et fit réduire la pension de la Bellerose à 600 livres.' L'auteur du *Dictionnaire des comédiens français* ne fait que perpétuer l'erreur commise par Lemazurier. Les deux historiens ont sans doute vu, dans la *Lettre en vers Au Roy* (à ne pas confondre avec les *Stances Au Roy*) les vers suivants:

... j'avoue ingenûment,
Que je ne sçay par où m'y prendre,
Pour te faire un remerciment,
Par une bonté surprenante,
Tu m'as donné quatre cens-francs de rente.

Evidemment il ne s'agit pas d'un don. Poisson ne reçoit rien: mais il paie moins. Un autre historien a précisé: 'Les 400 francs que gagne annuellement Poisson ne sortirent point de la cassette de Louis XIV; ce fut la pauvre Bellerose qui fit tous les frais de la libéralité royale.'[87]

Si en octobre de cette année Poisson avait 'quelques loüis en bource,' il dut en rendre grâces à Dieu, mais aussi à Louis XIV. Campardon déclare que cet arrêt montre 'que Raymond Poisson était un observateur fort peu scrupuleux des engagements pris librement par lui.' Il ajoute que 'comme Madame [*sic*] Bellerose ne mourut que dix années plus tard, il s'en suit que la somme dont Poisson la frustra se monte à 4000 livres environ, total fort important pour l'époque.'[88] Cela est vrai. On ne peut nier que les résultats de ses plaintes soient injustes pour la Bellerose. Mais n'avons-nous pas affaire ici à un homme qui accepta gaiement cette charge pécuniaire dans sa jeunesse pour avoir sa femme dans la même troupe et qui porta le fardeau pendant dix longues années avant de faire des démarches auprès du roi? La longévité de la Bellerose a dû être une plaisanterie classique pour tout le monde sauf pour les Poisson. Le raisonnement un peu moins qu'honnête qu'on trouve dans l'arrêt du conseil constitue un reproche à peine déguisé adressé à la Bellerose pour ne pas avoir été plus accommodante. Dans ses remerciements au roi, Poisson ne peut pas s'empêcher de mentionner encore une fois la Bellerose, sur le même ton badin que d'habitude. On ne saura jamais les sentiments de l'actrice retraitée, mais on les devine. Voici la conclusion des vers adressés au roi:

> Je jure, et c'est hazard si quelqu'un n'en murmure,
> Mais necessairement, Sire, il faut que je te jure,
> Et que ta Majesté puisse voir en effet
> Si je suis insensible au bien qu'elle m'a fait,
> Que ma famille soit de malheurs poursuivie,
> Et que la Belle-Rose, ait vingt ans de santé,
> Si je passe jamais un seul jour de ma vie,
> Sans prier pour ta Majesté.

1670–80

Dix ans après son entrée à l'Hôtel de Bourgogne, Poisson décida que le temps était venu pour lui de se défaire de la réputation qu'il s'était acquise d'être une cinquième partie d'auteur, c'est-à-dire de n'avoir assez de talent que pour écrire de petites pièces en un acte. Il s'essaya donc à la composition d'une comédie en cinq actes. C'est probablement en juillet 1671 que l'Hôtel monta ses *Femmes coquettes* pour la première fois.[1] L'auteur joua le rôle de Crispin.[2] Au mois d'août de la même année, Robinet parlait du succès et de la publication de la pièce,[3] et au mois de septembre il fit allusion à une représentation donnée à Versailles.[4] Même si Poisson tirait une certaine satisfaction de ce qu'il avait accompli, il dut se rendre compte que ses talents résidaient dans la composition des petites pièces, car après *les Femmes coquettes*, il abandonna pour de bon cette formule de haute comédie.

En cette même année de 1671, les activités extra-professionnelles de notre acteur sont encore une fois éclaircies par les documents du Minutier Central.[5] Claude Deschamps, sieur de Villiers, épousa Jeanne Guillemain, veuve de Jean Vérité, bourgeois de Paris, demeurant rue Pavée. Deschamps ne manquait pas de témoins bénévoles, tels que Floridor, Montfleury, Hauteroche, La Fleur, Brécourt, Champmeslé, Dupin et, toujours fidèle à ces cérémonies, Raymond Poisson. Celui-ci allait bientôt signer à un autre mariage. Le 27 avril 1672, sa fille Victoire-Françoise épousa Nicolas Dorné, dit Dauvilliers,[6] qui avait fait la connaissance de sa future épouse quand ils jouaient ensemble au Marais.[7] Le même jour, un autre jeune homme, qui avait des ambitions d'acteur, mena à l'autel de la même église de Saint-Sauveur, une autre fille de Raymond Poisson: Jean Juvenon, qui allait bientôt devenir membre de l'Hôtel de Bourgogne, et prendre le nom de La Thuillerie,[8] épousa Louise-Catherine. Poisson vit donc entrer dans sa famille ce jour-là l'acteur qui devait un jour écrire des rôles comiques pour son beau-père.

Ainsi deux des nombreux enfants de Raymond Poisson quittèrent le logis paternel. Et les autres? Charles, né à Toulon en 1654, gagnait 'six cens-francs dans un lointain bureau,' selon son père,[9] évidemment peu satisfait de la situation occupée par son fils aîné. Poisson songea donc à solliciter la faveur du grand Colbert, le frère de celui-ci ayant été le parrain de son fils. Mais comment s'y prendre?

Il adressa à Monsieur Desmarests les vers suivants:

> Quant hardiment Poisson s'apreste
> A faire pour son fils une instante Requeste,
> Il tremble quand il faut l'adresser à celuy
> Sur qui le grand Colbert se repose aujourd'huy,
> Qui par son ordre delibere
> De la plus importante affaire
> Qui dans son cabinet en tout heure en tous temps,
> Est assiégé de mil honneste gens
> Moy qui ne suis qu'un misérable
> J'ay prié que l'on mit ce placet sur sa table.[10]

Voici le placet que Desmarests remit au ministre:

> En l'an cinquante-quatre il nasquit à Toulon
> Un garson qui me croit son pere,
> Et qui si l'on en croit sa mere,
> A quelque espece de raison.
> L'on baptisa là ce garçon,
> Et lors Monseigneur vostre frere,
> Daigna l'honorer de son nom.
> Pardonnez, Monseigneur, si je vous importune,
> Et vous dis quelle est sa fortune,

Il gagne six cens-francs dans un lointain bureau,
Ou l'ont plassé les Sieurs Bourbonne et Bastonneau.
Sans que je brigue leur suffrage,
Ils pourroient sans mentir vous dire, Monseigneur,
Qu'il est bien fait et qu'il est sage,
Qu'il escrit bien, et peut avec vostre faveur,
Esperer un jour la douceur,
De n'estre pas si loin et gagner davantage.

Desmarests crut imposer silence au comédien solliciteur en accédant à la supplique. On lit ailleurs dans la collection de *Diverses Poësies* les vers suivants:

L'on donne par vostre ordre à Poisson mille francs
Pour faire ce que font les commis ambulans.

Cependant, Poisson n'était pas satisfait, et il continue:

D'un commis ambulant la peine est incroyable,
C'est estre juifs errant et marcher comme un diable.
Mais comme l'on les fait pour adoucir leurs maux
De commis ambulans Controleurs generaux,
Qui sont quatre à cheval, J'espere sans combattre
Puisque vostre bonté le soutient et le sert,
Qu'un filleul de Monsieur Colbert
Favorisé de vous sera l'un de ces quatre,
Vous reglez l'affaire aujourd'huy
Qu'il vous plaise, Monsieur, vous souvenir de luy.[11]

Après cette requête, nous perdons de vue encore une fois ce fils qui ne voulait pas être comédien comme son père. Cependant, puisque nous parlons du grand Colbert, il est à propos de considérer ici les relations qui existaient entre le ministre et l'acteur, qui n'ont jamais été très claires.

Quoique impossible à dater précisément, une anecdote rapportée par Furetière[12] doit retenir notre attention. Notons avant de citer l'anecdote que Furetière se trompe sur l'identité du Colbert qui avait été parrain de Charles Poisson. Lemazurier commit la même erreur,[13] comme, avant lui, Titon du Tillet.[14] Goujet donna de l'anecdote une version faussée et mutilée.[15] Voici ce qu'écrit Furetière:

Tout le monde a connu Poisson, fameux comédien de la Troupe Françoise. Il étoit bien venu partout. Monsieur Colbert luy avait nommé un enfant, honneur aussi grand qui pût arriver à comédien, ce qui luy avoit donné entrée chez ce Ministre, à qui il portoit quelquefois des vers à sa loüange. Un jour qu'il y fut, aprés y avoir été plusieurs fois pour tâcher d'obtenir un employ pour le fillol, mais jusqu'alors inutilement, il salüa Monsieur Colbert, et luy dit qu'il apportoit quelques vers qu'il prenoit la liberté de luy présenter. Le Ministre, rebuté de pareilles pieces, luy coupa la parole, et le pria tres-fortement même de ne point lire ses vers. Vous n'estes faits vous autres, dit Monsieur Colbert, que pour nous incommoder de la fumée de vôtre encens. Monseigneur, dit Poisson, je vous assure que celuy-ci ne vous fera point de mal à la tête; il n'y a rien, dit-il, qui approche de la loüange. Monsieur de Maulevrier, et toute la compagnie, impatiens de voir les vers de Poisson, prierent instamment Monsieur Colbert de les luy laisser lire, ce qu'il permit à condition qu'il n'y auroit pas de loüanges. Poisson commença ainsi.

Ce grand Ministre de la paix
Colbert que la France revere
Dont le nom ne mourra jamais,

Poisson, dit Monsieur Colbert, vous ne tenez pas vôtre parole; ainsi finissez; je me souviendrai de vous, et vous rendray service dans les occasions. Mais vous me ferez plaisir de ne me plus apporter de vers remplis de mes loüanges, ce n'est point là mon caractère. Monseigneur, répondit Poisson, je vous jure que voila tout ce qu'il y en a dans cette piece. N'importe, n'en lisez pas d'avantage, repliqua Monsieur Colbert. La compagnie le pria néantmoins de si bonne grace, qu'il permit avec assez de peine à Poisson d'achever ce qu'il fit en recommençant ce qu'il avoit déjà lu.

Ce grand Ministre de la paix
Colbert que la France revere,
Dont le nom ne mourra jamais:
Eh bien, tenez, c'est mon compere.
Fier d'un honneur si peu commun,
Est-on surpris, si je m'étonne,
Que de deux mille emplois qu'on donne
Mon fils n'en puisse obtenir un.

Il eut l'employ sur le champ.

Les anecdotes sont les anecdotes, et tout conteur y ajoute du sien. Si le fils de Poisson obtint l'emploi sollicité, c'est que Colbert récompensait l'esprit du poète et non pas son exactitude. Un homme comme Colbert n'aurait pas été ravi de s'entendre appeler le compère de Poisson. En effet il y a lieu de croire que Poisson lui était antipathique. Ce qui nous suggère cette idée, qui aurait jeté le désarroi dans les rangs de tous les biographes, c'est une page du deuxième volume des *Œuvres* de Boileau, éditées par Brossette,[16] à laquelle personne, autant que nous sachions, n'a eu recours en reconstruisant la biographie de notre acteur. Peu avant 1674, date à laquelle Boileau publia son *Art Poétique*, il en lut une partie en présence de Colbert. A la fin du Chant III, il y a les vers suivants:

> J'aime sur le théâtre un agréable auteur
> Qui, sans se diffamer aux yeux du spectateur,
> Plaît par la raison seule et jamais ne la choque.
> Mais, pour un faux plaisant, à grossière équivoque
> Qui, pour me divertir n'a que la saleté,
> Qu'il s'en aille, s'il veut, sur deux tréteaux monté,
> Amusant le Pont Neuf de ses sornettes fades,
> Aux laquais assemblés jouer ses mascarades. [vv. 421–8]

Le 'faux plaisant' selon Brossette, était 'Montfleuri le jeune, Auteur de la Femme juge et partie, et de quelques autres Comédies semblables.' Brossette poursuit, d'une manière significative:

> Quand nôtre Auteur récita cet endroit à Mr C…[17] ce Ministre s'ecria – Voila Poisson, voila Poisson. Il ne pouvoit souffrir ce Comédien, depuis qu'un jour, Poisson faisant le rolle d'un Bourgeois, parut sur le Théâtre en pourpoint et en manteau noir, avec un collet de point, et un chapeau uni; enfin un habillement conforme en tout à celui de Mr C… qui, par malheur, étoit présent, et crût que Poisson vouloit le joûer, quoy cela fût arrivé sans dessein: Poisson, qui s'en aperçût, changea quelque chose à son habillement dans le reste de la Pièce; mais cela ne satisfit point Mr C…

Si les souvenirs de Boileau vieillissant sont dignes de confiance, cette anecdote indiquerait que les rapports entre Colbert et Poisson n'étaient pas cordiaux vers 1674. On sait que Colbert, fils d'un drapier, était chatouilleux sur la question de sa naissance, et si haut qu'il fût monté, rien n'eût pu changer sa susceptibilité.

Pour revenir à notre examen chronologique de la vie de Poisson, il se peut qu'en 1672 une petite pièce intitulée *le Cocu battu et content* ait été représentée à l'Hôtel de Bourgogne et qu'elle ait été de Poisson. Plusieurs historiens en parlent.[18] Le conte de La Fontaine[19] aurait pu très bien attirer notre auteur, mais il ne reste de cette pièce ni publicité contemporaine ni comptes rendus dans les périodiques, et l'auteur ne l'a pas fait imprimer. Nous ne rejetons pas la possibilité que Poisson ait donné à la troupe royale une bagatelle portant ce titre, mais nous n'avons pas l'intention de nous perdre ici en conjectures au sujet d'une pièce qui n'existe plus.

Bien plus intéressant est le fait qu'en 1672 Hauteroche a donné à la troupe une comédie en un acte intitulée *le Deuil*,[20] dans laquelle Poisson devait jouer un rôle. L'auteur paraît avoir destiné à Poisson le rôle de Crispin et, se ressouvenant des rires provoqués trois ans auparavant dans *la Femme juge et partie* par les allusions à la grande bouche de l'acteur, incorpore dans le texte de semblables observations. Pendant les dix années qu'il avait été à l'Hôtel de Bourgogne, Poisson avait déjà donné au personnage du valet sa propre physionomie.

C'est à l'année 1672 qu'appartient une pièce en un acte de Poisson intitulée *la Holande malade*. Ecrite à la hâte, elle avait pour sujet les relations qui existaient entre la France et la Hollande au moment où l'armée française traversait le Rhin pour envahir les Provinces Unies. L'animosité des Français s'attisait, et c'est cette animosité que Poisson choisit d'exploiter dans cette lourde satire. Faible à presque tous les points de vue, *la Holande malade* constitue le seul effort que fît Poisson pour écrire une pièce politique. Quoique cette guerre dût traîner encore six ans, Poisson n'allait pas revenir à ce genre de sujet, ni reprendre ce ton haineux et moqueur qui lui est si peu caractéristique.

Après *la Holande malade*, Poisson n'écrivit rien pendant huit ans. Pourquoi? Ce n'est certes pas à cause de la guerre, car bon nombre d'autres dramaturges continuèrent à travailler, notamment Racine, les deux Corneille, Montfleury, Hauteroche, La Thuillerie, La

Chapelle et d'autres vivant en province.[21] Cependant, ce qui frappe, c'est que la production littéraire des acteurs-auteurs se ralentit sensiblement. Hauteroche, qui avait écrit cinq comédies en quatre ans (1668–72), travailla beaucoup plus lentement à partir de 1672.[22] Champmeslé cessa d'écrire, comme Poisson. Nous sommes enclin à croire que la cause profonde de ce phénomène est la disparition de Molière en 1673. L'esprit de rivalité n'existait plus. L'Hôtel de Bourgogne avait perdu un rival, et les acteurs-auteurs, l'impulsion nécessaire pour écrire. C'était la fin de l'âge d'or de la comédie, et les deux théâtres parisiens s'en ressentirent. Parmi les 'Comédiens du Roy à l'Hostel dict Guénégault,' les anciens membres de la troupe de Molière continuèrent à donner les comédies de leur fondateur et les nouveaux-venus continuèrent à monter les pièces à machines et à grand spectacle qui avaient fait leur réputation au Marais. Malgré le répertoire enrichi résultant de la jonction, le nouveau théâtre n'atteignit pas le niveau d'excellence qu'avait connu le Palais Royal. L'Hôtel de Bourgogne se maintint grâce à son répertoire tragique, aux nouvelles tragédies de Racine et d'un Corneille vieillissant, tout en montant de nouvelles pièces de Pradon et de Ferrier.[23] Mais dans le domaine de la comédie, l'ère des acteurs-auteurs était passée. Un seul acteur du Guénégaud – Rosimond – s'essaya à la comédie, mais une fois seulement, et à part Hauteroche, l'Hôtel de Bourgogne n'avait qu'un acteur – La Thuillerie – disposé à écrire une petite comédie.[24]

Si Poisson cessa d'écrire, il n'en continua pas moins à mettre en valeur ses talents d'acteur.

Le 5 août 1673, Robinet, parlant d'une représentation particulière à la résidence de M. de Boisfranc à Saint-Oüen, déclare:

Parut aussi le Comedie
Ayant nom Crispin Medecin
Où Poisson, allant son gai train
Pensa faire crever de rire:
Si que la Piéce, c'est tout dire,
Parut trop courte aux Auditeurs,
Qui s'en plaignirent aux Acteurs,
Par une espéce de reproche
Qui ne fâcha pas Hauteroche,

Autheur de cette Piéce là
Qui, seulement, trois actes a.[25]

Malgré les vers exécrables du gazetier, il émerge de ce compte rendu une idée très nette de l'effet que Poisson pouvait produire sur le public. Il s'agit d'une reprise de la comédie que Hauteroche avait donnée à l'Hôtel en 1670. C'est peut-être le grand succès de cette reprise qui encouragea l'auteur à écrire *Crispin musicien*, qui fut représenté au mois de juillet 1674.[26] Dans une lettre écrite à la Duchesse de Hanovre le 19 février 1711, la Duchesse d'Orléans parle en ces termes de *Crispin musicien*: 'Elle a été faite spécialement pour Baron l'ancien, Poisson et La Torillière le père; les autres n'ont jamais su bien jouer cette pièce.'[27] On peut considérer les deux comédies de Hauteroche comme étant les modèles de toute une série où Crispin figure dans le titre. Désormais, plusieurs auteurs vont écrire des pièces adaptées au jeu de Raymond Poisson. On peut dire qu'il est maintenant au pinacle de sa réputation d'acteur comique.

L'année 1675 fournit un document d'un intérêt particulier pour l'historien. Il a rapport au mariage de Michel Baron et Charlotte Lenoir. En voici le texte:

1675, 13 septembre.

Contrat de mariage entre Michel Baron, fils de défunts André Baron et Jeanne Auzout, assisté de Guillaume Marcoureau, sieur de Brécourt, demeurant rue Neuve Saint-Sauveur, et Charlotte Lenoir, fille de François Lenoir, sieur de la Thorillière, et de Marie Petit-Jean, sa femme, demeurant rue du Regard. Parmi les témoins du futur époux figurent Jean Racine, trésorier de France, Jean Juvenon de la Thuillerie, Jacques [*sic*] Breton, sieur de Hauteroche, et parmi ceux de la future épouse, Pierre Lenoir, sieur de la Thorillière, frère, Renault Petit-Jean, sieur de La Rocque, grand oncle, Françoise Petit-Jean, veuve de Jacques de la Traverse, cousin, Raymond Poisson et Pierre Corneille, écuyer, amis. Signent sans être nommés au contrat: Jean Pittel et Charles Chevillet de Champmeslé.[28]

Jean Racine, Pierre Corneille et Raymond Poisson, trio disparate s'il en fut. Les voilà qui signent l'un après l'autre dans cette confrontation unique dans les fastes notariaux, Poisson se rangeant à côté de l'auteur de ce *Menteur* qu'il admirait tant.[29] Cependant les deux grands maîtres du théâtre tragique n'étaient aucunement les amis de Poisson. Non, les gens qu'il fréquentait et qu'il considérait comme ses amis étaient d'un rang plus modeste. Sans pouvoir dater précisément les vers à Monsieur Sancier,[30] nous croyons pouvoir dire, selon certaines indications, qu'ils furent écrits à cette période de sa vie. Il écrit:

> Tout estoit gay dans ma famille,
> Moy, ma femme, mes fils, ma fille.

Paul habitait sans doute toujours chez son père; Jean-Raymond et Henri-Jules sont les deux autres fils. Deux des filles s'étaient mariées en 1672, et l'autre, Marie, devait se marier en 1676. Nous pouvons donc situer la composition de cette pièce de vers entre 1672 et 1676. Il paraît que Sancier avait confié aux soins des Poisson un petit moineau. Dans le style héroï-comique cher aux poètes burlesques, depuis le Scarron du *Virgile Travesty* jusqu'au d'Assoucy de l'*Ovide en belle humeur*, Poisson raconte la fin tragique de ce petit oiseau:

> O mort tout à fait impreveuë
> Trahison faite à nostre veue,
> L'innocent par un enragé
> Est dedans ma chambre égorgé.

Boursault, dans les *Lettres nouvelles*, écrit dans des termes à peu près semblables à Mademoiselle Poisson pour lui apprendre que 'cette petite créature que vous aimiez tant, et pour qui vous avez eu des bontez dont j'ay été plus d'une fois le témoin; en un mot, la Chatte dont vous m'aviez confié le soin, s'echapa la nuit du Jeudy au Vendredy-Saint.'[31]

Exercices de style sans doute, mais aussi témoignages précieux qui mettent en lumière les relations qui existaient entre Poisson et ses voisins. Nous avons mentionné La Fleur, que Poisson appelle dans une épître 'mon frère.'[32] Les biographes nous disent que le père de

La Fleur avait été maître cuisinier. Rien d'étonnant donc si dans des vers adressés à La Fleur, Poisson parle de la bonne chère:

Mon frère, je t'attens ce soir dans mon Château,
 Que tu ne trouveras pas beau ...
Je te promets pourtant de t'y faire grand chère ...
Avec un bon poulet et six longes de veau.
 Je resve que vais-je t'escrire?
Un semblable regal seroit assez nouveau.
Ce sont six bons poulets que je te voulois dire,
 Avec une longe de veau.[33]

La Fleur se connaissait en gastronomie, lui qui, avant de succéder à Montfleury à l'Hôtel de Bourgogne, se qualifiait toujours de cuisinier.[34]

Ces vers à Monsieur de La Fleur sont aussi un commentaire sur l'homme qu'était Poisson:

Je t'y regale donc et d'une ame et d'un cœur:
 Mais d'une ame pleine d'ardeur,
 D'un cœur franc et sans artifice
 D'un amy tout à t'on service,
 Et tel tu le reconnoistras,
 Si-tost que tu l'éprouveras.

Poisson dont nous avons vu la franchise dans l'épître dédicatoire du *Poète basque*, où il se plaît à railler ses propres œuvres, nous donne ici une idée de l'homme sincère, tel qu'il était lui-même, un Alceste sans amertume. Il ne propose pas que l'on châtie sans pitié 'ce commerce honteux de semblants d'amitié,' mais il reconnaît l'existence de 'ces affables donneurs d'embrassades frivoles':

On fait à tous amis par un commun usage,
 Et grand accueil, et bon visage,
On s'embrasse si fort qu'on s'en meurtrit le corps,
Mais souvent le dedans répond mal au dehors.

Poisson se pique de n'être pas du nombre des hypocrites:

... Croy que je suis, mon cher frère
Moins grimacier et plus sincère.

Le 12 juin 1676, les comédiens de la troupe de Sa Majesté 'décident de créer au profit de ceux qui ne seront plus en état de servir la dite troupe une pension viagère annuelle de 1000 livres, pour ceux qui jouiront d'une part entière et de 500 livres pour ceux qui n'auront que demi-part.'[35] Nous savons que dès 1660, un acteur recevait à sa retraite une pension payée par celui qui lui succédait. Nous avons l'exemple de la Bellerose qui recevait une pension payée par Poisson. Molière avait adopté ce système en 1670 pour son beau-frère Louis Béjart.[36] M. Lancaster dit qu'un acteur de la Comédie Française recevait à sa retraite une rente de mille francs par an, 'paid him by the actor or actors who succeeded to his share, not by the troupe as a whole.'[37] La convention du 12 juin 1676 suggère le contraire, que c'est la troupe qui allait dorénavant payer la pension, et que l'argent venait d'un fonds administré par le secrétaire-trésorier. Nous aurons plus tard l'occasion de voir le fonctionnement du système quand nous examinerons le dossier Poisson conservé à la Comédie Française.[38] C'est du fonds administré par La Grange que proviendra la pension que Poisson recevra par quartiers entre 1685 et 1690. Nous verrons aussi que Poisson ne se contenta pas de sa pension officielle lorsqu'il quitta la troupe.

Revenons à l'année 1676. La fille de Poisson mentionnée dans les vers adressés à Monsieur Sancier se maria à Etienne Cuvillier, valet du roi.[39] Si le contrat fut passé en présence du roi, de la reine, du dauphin et de toute la famille royale, comme on s'y attendrait,[40] Raymond et sa femme ont dû être des témoins très fiers ce jour-là. Marie, qui n'était pas comédienne comme ses sœurs, montra son indépendance en épousant un homme qui n'était pas comédien.

Deux documents qui n'ont jamais été connus des biographes aident à étoffer la biographie de Poisson en nous donnant des précisions sur les événements de l'année 1677. Le premier[41] parle de sa présence au mariage de Jean Dieudepar et de Madeleine Biscara le 6 novembre. L'autre a plus d'intérêt pour nous puisqu'il éclaire la part prise par Poisson dans une association de comédiens de province.[42] Selon le *Dictionnaire biographique*, Poisson aurait été à Bordeaux le 6 mars 1677 en qualité de directeur d'une nouvelle troupe.[43] La vérité c'est que Poisson a servi de procureur dans la constitution d'une troupe. Voici ce qu'on trouve dans le document en question :

1677, 2 avril. Association de Raymond Poisson, l'un des comédiens de la seule troupe du Roi, demeurant rue Pavée, paroisse Saint-Sauveur, procureur de Jean Mignot, sieur de Mondorge, Jean-Baptiste de Préfleury, François Chevalier et Charles Montigny, comédiens du Roi, d'une part, et Jean Biet de Beauchamp, Claude Biet de Beauchamp, Jacques de la Brière et Hippolyte-Luce d'Alidor, sa femme, Marie-Anne Le Brasœur, veuve de Charles de Châteauneuf, comédiens du Roi, d'autre part, pour un an.

Il s'agit donc d'une troupe constituée par l'intermédiaire de Poisson, qui rendait ainsi un grand service à Mondorge et à ses compagnons qui se trouvaient à ce moment-là à Bordeaux, et qui y avaient fait une procuration le 6 mars.[44] A cette date, la troupe n'existait pas encore. L'association ne s'effectua que vingt-sept jours plus tard.

Notons en passant que l'autre Belleroche, Ange-François Corrare, figure dans les documents du Minutier Central pour le mois de mars, que les dates de son association dans une autre troupe coïncident avec celles qui sont citées plus haut, et que ces renseignements se trouvent sous le même numero: LXXXI, 113. Nous avons pris soin de nous assurer que les deux noms n'ont pas été confondus.

On se souviendra que Poisson s'était adressé à Colbert pour demander un emploi pour son fils, Charles. Selon Furetière, le ministre lui avait accordé l'emploi sur-le-champ. Les détails manquent pour suivre les mouvements de ce jeune employé de bureau, mais il existe quelques vers qui suggèrent que Charles ne s'était pas montré à la hauteur de sa tâche. Poisson écrit à Messieurs des Aydes :

Messieurs mon fils est revoqué
Sans que jamais il ait manqué,
Ce coup me surprend et m'accable,
Hé! Messieurs, sans employ la jeunesse se pert,
Qu'il soit remis de grace, il est presque incroyable
Qu'un filleul de Monsieur Colbert
En faisant son devoir puisse estre revocable.[45]

Ces vers sont demeurés sans effet, car le fils s'est trouvé sans emploi vers la fin de 1676, et nous disposons d'une requête adressée par le père au parrain de Charles. A Monseigneur Colbert, Plénipotentiaire pour la Paix à Nimègue, il écrit:

> Mon fils, qui brule de vous suivre,
> Qui veut pour vous vivre et mourir,
> Me soutient que ce n'est pas vivre
> Que de vivre sans vous servir;
> Que quelque employ que l'on luy donne
> S'il n'est prest de vostre personne,
> Il n'en sçauroit faire de cas.
> Et comme il fait déja son petit equipage,
> Pour croistre vostre suite en ce fameux voyage,
> Commandez qu'il suive vos pas.[46]

Le fameux voyage est celui que Colbert allait faire

> Pour traiter de la paix avec nos ennemis,
> Et finir s'il se peut une sanglante guerre.[47]

Avant la fin de cette guerre, Charles était parti pour le front, paraît-il, comme simple soldat.

Le 17 mars 1677, Valenciennes capitula et les forces françaises, ayant mis le siège devant Cambrai, attendaient la reddition de la ville et de la citadelle. Quelque temps avant le 17 mai, date de la capitulation de Cambrai-ville,[48] les Poisson reçurent des nouvelles qui les plongèrent dans la douleur. Charles avait été tué. Au dire de Titon du Tillet:

> (Le roi) ne put s'empêcher de paroître sensible à la perte qu'il fit de son fils aîné, lequel, en qualité de volontaire se distingua sous les yeux de Sa Majesté au siege de Cambrai, où il fut tué.[49]

Les biographes ultérieurs sans exception ont omis ces faits. Au moment où le Marquis signait le traité de paix qui mit fin à la guerre, la famille Poisson pleurait cette perte inattendue. Et comme si le sort n'avait pas été assez cruel, Poisson allait bientôt perdre sa femme, qui pendant vingt-cinq ans avait partagé sa vie de théâtre et qui lui avait donnée une si belle famille. Elle mourut le 17 septembre 1678, rue Pavée Saint-Sauveur.[50] Si nous nous fions aux sentiments de Jal, Raymond aurait été 'trop gai pour pleurer longtemps,' et pour lui c'est l'explication du second mariage de Poisson qui allait bientôt avoir lieu. Mais bornons-nous aux faits. En 1678, Poisson avait deux fils qui étaient toujours en âge d'avoir besoin des soins d'une mère. Il est vrai que Paul avait vingt ans, mais Jean-Raymond avait douze ans et Henri-Jules neuf. C'est pour cette raison sans doute que Poisson prit en secondes noces une de ses voisines, Catherine Le Roy, veuve d'un sieur Jean Vallet.[51] De ce Jean Vallet nous ne savons rien. Mais il y a une Catherine Le Roy, comédienne, sur laquelle Clouzot a donné des détails.[52] Dans les registres paraissiaux de Saint-Maixent, Clouzot a trouvé une mention du baptême d'une fille de Catherine Leroy et de Jehan Valliot, en date du 15 août 1644. Or, la ressemblance entre les noms de Jean Vallet et de Jehan Valliot a été assez frappante pour nous encourager à considérer la possibilité que cette Catherine Leroy soit celle que Poisson a épousée en secondes noces. Afin d'offrir cette hypothèse, nous devons rectifier plusieurs erreurs que le lecteur trouvera dans le commentaire de Clouzot. Par exemple, en voulant étoffer son esquisse biographique de la femme de Jehan Valliot, il cite ainsi les frères Parfaict:

> Mademoiselle Valliot, actrice du même théâtre [l'Hôtel de Bourgogne], était mère de la demoiselle Chamvallon, bonne actrice comique, retirée du théâtre le 22 mars 1722, et morte le 21 juillet 1742. La demoiselle Valliot était décédée avant 1673.

Ce dernier détail infirmerait l'hypothèse si nous l'acceptions. Mais les frères Parfaict, parlant à cet endroit[53] des acteurs et actrices de l'Hôtel de Bourgogne en 1633, auraient dû voir que cette Mademoiselle Valliot n'aurait pas pu être mère de la Chamvallon, morte en 1742. Cette dernière, née Judith Chabot de Larinville, femme de Jean de Lhoste dit Champvallon, avait pour mère Clothilde Le Riche, et pour père Jacques Valliot.[54] Ainsi, l'erreur commise par les Parfaict a été acceptée sans question par Clouzot, qui par la suite a rendu la situation plus confuse encore en concluant à la légère que les frères Parfaict parlaient de Catherine Leroy. Celle dont ils parlent est en fait la 'belle Valiote' que mentionne Tallemant des Réaux,[55] et dont Léopold Lacour a tracé la carrière.[56] Etant sorti de ces broussailles pseudo-historiques, nous pouvons avancer notre hypothèse. Supposons que, devenue veuve, Catherine Leroy se soit retirée à Paris, pour s'installer dans la paroisse Saint-Sauveur, quartier abondamment peuplé de gens du théâtre, et que là elle ait accepté d'épouser Raymond Poisson. Elle était plus âgée que lui sans doute, ayant eu une enfant en 1644, plusieurs années avant le premier mariage de Poisson. Mais ce n'est pas là une raison pour rejeter la possibilité de leur mariage, qui, comme nous avons vu, offrait à l'acteur une solution pratique à ses problèmes domestiques, et qui représentait, pour l'actrice retraitée, une démarche fort judicieuse.

Jal rappelle que les biographes n'ont jamais connu ce second mariage de Poisson. Mais le contrat est là, daté du 17 janvier 1679, et le registre de l'église Saint-Sauveur porte les signatures des fils, Paul et Jean-Jules,[57] et des gendres, Dauvilliers et La Thuillerie, en présence de qui la cérémonie a eu lieu.

Ajoutons que Jean Dieudepar, dont il a été question plus haut, n'avait pas vécu longtemps après son mariage avec Madeleine Biscara, et celle-ci n'avait pas attendu longtemps pour prendre un autre mari. Déjà deux fois veuve, elle se remaria en décembre 1678. Poisson fut un des témoins.[58]

Nous avons noté que la production dramatique de Poisson avait cessé en 1672. On se demande combien de fois l'idée lui était venue de rassembler ses petites comédies dans une édition collective. C'est en 1677 qu'il demanda un privilège général pour toutes les pièces qu'il avait écrites jusque-là. Le privilège est daté du 13 janvier 1678. Jean Ribou s'occupa de la publication des pièces, qui parurent, en deux volumes, huit mois plus tard. L'achevé d'imprimer est du 26 août.[59]

En 1679, Jean-Baptiste Raisin entra à l'Hôtel de Bourgogne. Pour la première fois depuis la mort de Molière, Poisson a dû sentir qu'il avait un rival d'importance, et cette fois-ci dans sa propre troupe. La carrière de Raisin cadet est assez connue:[60] il avait été à Lyon en 1673, à Rouen dans la troupe du Dauphin en 1675, et dans la troupe du Prince de Condé en 1677. Son jeu lui avait gagné le surnom du petit Molière, surnom qu'on retrouve même dans un document du Minutier Central du 14 mars 1676.[61] Mais Poisson n'avait pas à s'inquiéter au sujet de sa position dans la troupe. Il n'était pas de coutume de céder les rôles que l'on avait depuis longtemps, et que très souvent on avait créés. Raisin allait être obligé d'attendre la retraite de Poisson pour pouvoir briller,[62] et celui-ci était loin d'avoir joué son dernier rôle sur la scène parisienne. Crispin n'allait pas perdre de sitôt son interprète le plus illustre.

1680–5

Le 8 août 1680, à Charleville, le Duc de Créqui rédigea les ordres du roi pour la fusion des deux troupes parisiennes :

> Sa Majesté desirant de reunir les deux troupes de Comédiens qui representent dans Paris, m'a ordonné de leur faire savoir que son intention est de garder à son service ceux dont j'ay escript les noms dans ce mémoire, Sa Mté voulant qu'il soit executé dans tous ses points; et ceux et celles qui n'y acquiesceront pas ne pouront doresnavant jouer la comedie dans Paris.[1]

C'est ainsi que la troupe de l'Hôtel de Bourgogne et la troupe du Guénégaud fusionnèrent pour devenir, sans solution de continuité, la Comédie Française. Dans la liste établie par ordre du roi, le nom de Poisson figure à côté de ceux de ses collègues. Il a une part.[2]

C'est dans l'été de 1680 qu'il s'avisa de se remettre à la tâche d'écrire. Il choisit comme arrière-plan de ce qui devait être sa dernière pièce un asile d'aliénés, ou, pour nous servir du terme courant à l'époque, les Petites Maisons. *Les Foux divertissans* étaient la première nouvelle comédie montée par la Comédie Française. Le 14 novembre 1680, La Grange écrivit dans la marge du *Registre*: 'Pièce nlle de Mr Poisson.'[3] La pièce allait avoir quatorze représentations, et vu sa longueur – trois actes – allait être jouée seule, sans le petit baisser de rideau traditionnel. Pour les trois premières représentations, on doubla le prix d'entrée. Poisson joua le rôle de Grognart, le vieux mari quinteux,[4] ce qui semblerait indiquer que Poisson n'avait pas d'illusions sur son âge. Cette fois-ci il n'écrivit pas de rôle pour Crispin.

Cependant, La Thuillerie, l'un des gendres de Poisson, tenait à ne pas laisser disparaître ce personnage familier que le public accueillait avec enthousiasme chaque fois qu'il entrait en scène. Il avait déjà écrit *Crispin précepteur* en 1679.[5] En 1681, il offrit à son beau-père une autre comédie, *Crispin bel-esprit*, dont la première représentation date du 11 juillet.[6]

Le nom de Poisson figure un peu partout dans les documents qui foisonnent à l'époque de la jonction. Mentionnons à titre d'exemple la convention signée le 5 janvier 1681, par les comédiens réunis, arrêtant les modalités de leurs pensions.[7]

Désormais, les meilleurs acteurs et actrices de la capitale appartenaient à la même troupe. Dans une lettre de cachet du 21 octobre 1680, le roi avait exprimé le désir de leur donner le moyen 'de se perfectionner de plus en plus'[8] et il allait bientôt leur accorder la somme de douze mille livres de pension viagère annuelle.[9] La troupe était maintenant assez nombreuse pour pouvoir quitter la ville pour la cour, sans être obligée d'interrompre les représentations publiques à Paris. Autrefois, c'est le public parisien qui souffrait quand la troupe s'absentait pour aller divertir Sa Majesté.[10] Mais même après la jonction, la crainte subsistait que la troupe ne laissât à Paris les acteurs de moindre réputation. C'est ainsi qu'en 1681 nous voyons surgir des difficultés lorsque le public s'estime privé injustement des talents de ses comédiens favoris.

Le 28 juillet, La Grange dressa la liste des acteurs qui étaient partis pour Fontainebleau : les Champmeslé, les Beauval, Baron, La Thuillerie, Hauteroche, Le Comte et Angélique (Poisson).[11] Le 3 septembre ils revinrent à Paris, et les acteurs suivants les remplacèrent à Fontainebleau : les La Grange, les Guérin, Verneuil, Rosimond, Hubert, Du Croisy, Mesdemoiselles De Brie, Dupin et Guyot. Le Comte fit partie des deux troupes. Jusqu'ici, tout allait bien. Le public parisien était satisfait; le roi était content. Puisque les membres de la troupe qui séjournaient alors à Fontainebleau étaient les anciens membres du Guénegaud, il n'est pas étonnant de constater qu'ils donnaient *les Femmes savantes*, *Tartuffe*, *le Misanthrope*, *l'Avare* et *Amphitryon*.[12] Mais à la fin de cette liste établie par La Grange, il y a un titre qui n'est pas si connu: 'l'Impromptu de Mrs le Mareschal de Viuonne et Duc de Neuers dans la gallerie des Cerfs.' Il s'agit d'un divertissement extraordinaire 'auquel les Comédiens François et les Italiens furent appellés.'[13] Le fait le plus important pour nous, c'est que les comédiens qui étaient déjà à la Cour furent obligés d'envoyer chercher Raymond Poisson, qui était resté à Paris. Le 12 septembre, Raisin et lui se rendirent à Fontainebleau, après avoir joué *l'Après-soupé des auberges*.[14] Immédiatement ce fut le désordre à Paris. La Grange devait noter plus tard dans son livre: 'On ne joua point à cause du départ de Mrs Poisson et Raisin pr Fontainebleau.'[15] Hauteroche, qui était resté à Paris, conféra à la hâte avec ses collègues et puis rédigea la lettre suivante, qu'il dépêcha à La Grange:

Mon cousin, vous ne pouvez pas douter que nous n'ayons esté obligés de cesser le théâtre aujourd'huy. Vous sçavez que de représenter une pièce sérieuse sans une petite pièce, c'est absolument chasser le peuple; vous n'ignorez pas aussi que nous ne pouvons donner aucune comédie, tous les comiques estant à Fontainebleau. Si vous voulez que nous remontions au théâtre au plus tost, envoyez-nous les secours nécessaires, c'est-à-dire Raisin et Poisson, autrement nous serons contraints d'aller faire très humble remontrance à S.M. qui ne veut pas que la comédie cesse à Paris: je laisse à votre prudence à menager les choses avec l'avis de tous nos camarades.[16]

Après la signature de Hauteroche, on trouve celles de onze autres membres de la troupe.

Si nous insistons sur ces détails, c'est pour démontrer que le public parisien voulait bien laisser partir les autres membres de la troupe, et ne protestait pas contre une absence de plus d'un mois. Mais privez-le de ses petites comédies, et la situation prend mauvaise tournure.

Il semble que l'épisode de cette visite à Fontainebleau n'ait pas attiré les biographes, et pourtant un nouvelliste contemporain nous a laissé un témoignage intéressant:

On a vû en six semaines *le Ballet des Muses*, augmenté par les soins de M. le Maréchal, Duc de Vivonne, de quatre Divertissemens nouveaux qu'on méla les uns après les autres dans ce Ballet. [suit l'argument de la Pastorale ...] Le Prologue de cette Pièce se fit par quatre hommes qui étoient à la table, et qu'on supposoit à la fin de leur repas, par les débris restés sur la nape. Ces quatre hommes, que les fumées du vin devoient avoir rendus un peu gais, étoient Messieurs Poisson, Rosimont, Scaramouche, et Arlequin, tous bizarrement vêtus ... Ces quatre excellens Comiques commencerent à disputer touchant la beauté des Opéra Italiens et François. Messieurs de la Grange et Cinthio, voyant que leur querelle alloit jusqu'aux coups, vinrent pour les séparer, et Afin qu'on put juger qui d'entr'eux avoit raison; Cinthio leur proposa un Petit Opéra Italien; ce qu'ils accepterent. Le premier Acte fini, Arlequin vint faire une plaisante Scene avec Scaramouche. Il contrefit le Berger et la Bergere qui venoient de paroître sur la Scene, et en voulant louer l'Opéra, il le critiqua d'une manière fort agréable. Après le second Acte, Messieurs Poisson et Rosimond blâmerent l'Opéra Italien, et se jetterent sur les beaux endroits des Opéra François, ausquels ils donnerent des louanges mêlées de satyre. La dispute recommença entre tous les quatre, quand le dernier Acte eut été représenté. Monsieur de La Grange les mit d'accord, en parlant des avantages de la Comédie, et de la Musique, et conclut, que rien n'étoit plus capable de contenter tous les Spectateurs, qu'une Pièce de Théatre mêlée de Musique. Il joua cette Scène d'une maniere qui charma toute l'assemblée. Le Roy fut fort satisfait des Intermèdes, il admira la propreté des habits des Musiciens et des Acteurs, et dit qu'il n'avoit rien vû de si propre, et de si noble que ce Spectacle ... Sa Majesté en a vû deux représentations.[17]

Si le roi n'a vu que deux représentations, il est fort probable étant donné l'insistance avec laquelle Hauteroche a demandé le retour de Poisson, que celui-ci a participé aux deux représentations données en présence du roi, et puis a été remplacé par un autre acteur dont la présence n'était pas indispensable à Paris.

La description du jeu de Poisson que nous avons là est l'une des plus complètes que nous ayons trouvées. Ajoutons qu'aucun des historiens n'a approfondi les raisons du départ de Poisson pour Fontainebleau en septembre 1681. Les actes véridiques étaient là: on les a négligés.[18]

A la même période de l'année suivante, ou à peu près, la situation est sensiblement différente. Quand Poisson part avec une compagnie pour Fontainebleau, le 12 octobre 1682,[19] il n'y a pas le même mécontentement à Paris. La raison en est que la partie de la troupe restée à Paris se compose des anciens membres de la troupe du Guénégaud, et la liste des pièces qu'ils donnent comprend presque uniquement des comédies de Molière. Or, quand la Comédie Française offre du Molière, personne ne s'en plaint. Autrefois, Théophile Gautier disait que le public de la Comédie Française aimait à rire. Muni de statistiques, Clarétie en 1901 prouva la vérité de cette assertion.[20]

En raison de l'absence de Poisson entre le 12 octobre et le 16 novembre 1682, Crispin était absent de la scène parisienne, mais la semaine suivante, l'acteur infatigable revint jouer lundi dans *Crispin bel esprit*, mardi dans *le Menteur*, jeudi dans *le Baron d'Albikrac* et samedi dans *le Deuil*.[21] Nous le trouvons le lundi suivant, 23 novembre, dans *le Parisien*, comédie en cinq actes et en vers, de Champmeslé et La Chapelle,[22] dans laquelle il avait sans doute créé le rôle de Crispin le 7 février 1682.[23]

L'activité fébrile qui marqua le retour de Poisson en novembre ne l'empêcha pas d'accepter un rôle dans la nouvelle pièce offerte aux Comédiens par Barquebois, intitulée *la Rapinière*.[24] Cet auteur aurait dû savoir que s'il voulait que sa pièce réussît, il lui aurait fallu composer les rôles en pensant à certains acteurs pressentis. Il n'avait pas écrit de rôle pour Poisson. Lors donc de la distribution quelques légères modifications furent discrètement suggérées. Désireux de tirer le meilleur parti possible de cette pièce, les acteurs demandèrent à Barquebois de supprimer le rôle d'une paysanne et de le remplacer par celui d'un rôtisseur, ce qui fut fait.[25] Poisson rôtisseur monta donc sur les tréteaux le 4 décembre, et contribua considérablement au succès de la pièce : elle eut dix-neuf représentations.

Lorsqu'on parle de la presse contemporaine, on pense immédiatement au *Mercure galant*, revue de toute première importance à l'époque. Nous l'avons déjà mise à profit plus d'une fois. Cependant, ce n'est pas comme source d'informations que nous voulons en parler ici, mais plutôt comme source d'inspiration, car la revue a fourni à Edme Boursault l'idée d'une comédie. Il l'intitula naturellement *le Mercure galant*. Pièce à tiroirs, qui présente une journée dans la vie d'un nouvelliste harcelé par des importuns assoiffés de publicité, *le Mercure galant* est loin d'être une attaque contre la revue ni contre son directeur Donneau de Visé. Mais celui-ci était susceptible; il avait des ennemis d'envergure: Boileau, Racine et La Bruyère pour ne citer que les plus importants. La comédie provoqua donc une réaction immédiate de la part de Donneau de Visé, qui chercha à la faire interdire. Le lieutenant de police La Reynie ne fit qu'ordonner la suppression du titre. C'est ainsi que la comédie fut jouée pour la première fois le 5 mars 1683, sous le titre de – *la Comédie sans titre*.[26] Elle allait avoir 29 représentations avant la fin de l'année.[27]

Pourquoi cette pièce nous intéresse-t-elle? C'est parce que pendant plusieurs années le public crut que Poisson en était l'auteur. Dans son *Registre*, La Grange écrit, le 5 mars 1683: 'Pièce nouvelle de Mr Poisson.'[28] *Les Nouvelles extraordinaires* du 25 juillet de la même année annoncent la publication et la mise en vente d'une 'pièce de théâtre de la façon de Mr Poisson, intitulée *la Comédie sans titre*, qui a eu un succès extraordinaire.'[29] Une autre annonce publicitaire du 2 août 1685 dans le même journal précise que 'c'est Mr Poisson qui en est l'Autheur.'[30]

Nous avons pu examiner l'édition publiée chez Guillaume de Luyne en 1683 que les auteurs des *Nouvelles extraordinaires* avaient sous les yeux.[31] Le privilège, du 21 juin 1683, prouve que Poisson avait soumis le manuscrit sous son propre nom:

> Nostre bien-aimé le sieur Poisson, l'un de nos Comediens, Nous a fait remontrer qu'il a composé une Piece de Theatre intitulée La Comedie sans Titre, laquelle auroit esté plusieurs fois représentée par nostre Troupe Royale. Et desirant la faire imprimer, il Nous a tres-humblement fait supplier luy en accorder nos Lettres de permission sur ce necessaires.
>
> Par le Roy en son Conseil Dalencé.

Où est donc la vérité sur la paternité de cette comédie? On trouvera un éclaircissement de la situation dans un avertissement que Boursault a fait imprimer en tête d'une édition ultérieure de la pièce:

> M. Poisson, que je priai de la mettre sous son nom pour quelques rai-

sons que j'avais, et qui ont cessé, eut assez de scrupule pour ne vouloir être que l'économe d'un bien dont je lui avois abandonné la propriété. Quand il eut assuré le succès de cet ouvrage il cessa d'en vouloir être l'Autheur. Et le refus qu'il fit d'accepter une réputation qui ne lui appartenoit pas mérite que ma reconnaissance ajoûte ce témoignage à celle qu'il s'est acquise.[32]

L'habitude d'emprunter le nom d'un autre n'est pas sans précédent dans le monde du théâtre. Le Clerc se cacha sous le nom de Coras, Boyer sous celui de Pader d'Assézan[33] et Palaprat sous celui de Brueys. Il ne faut donc pas trouver étrange que Boursault en ait fait autant. Mais quand celui-ci écrit que Poisson refusa d'accepter la réputation d'être l'auteur de cette comédie si réussie, il ne dit pas la vérité. Boursault a écrit l'avertissement en question quatre ans après la mort de Poisson, et celui-ci a volontiers accepté cette réputation de son vivant. Il a même accepté davantage. Dans l'édition de 1683, nous trouvons la dédicace suivante, rédigée par Poisson:

J'ay crû ne Vous en pouvoir donner de plus grandes marques qu'en Vous dédiant ce que j'ay fait de meilleur, ou, pour parler plus juste, ce que j'ay fait de moins méchant. Comme la Piéce que je Vous consacre a peu de ressemblance avec toutes celles qui jusqu'icy ont été représentées, je voudrois que l'Epitre que je prends la liberté de Vous faire ne ressemblât à aucune de toutes celles qu'on Vous a faites ...

Chose étrange, le reste n'est qu'un tissu de louanges de convention. Cette épître est adressée au Duc de Saint-Aignan, connu pour sa générosité.[34] C'est à lui que Boursault avait dédié la même année sa tragédie *Marie-Stuart*, pour laquelle il avait reçu cent louis.[35] Si Poisson n'était que l'économe d'un bien dont Boursault lui avait abandonné la propriété, il a pourtant accepté sans chicaner la gratification importante que le Duc a dû lui accorder. Poisson a donc profité sans rougir de la situation et n'a sûrement pas cédé les bénéfices de cette transaction au véritable auteur.

Quoi que Boursault en ait pu dire, la réputation que Poisson s'était faite comme auteur de *la Comédie sans titre* allait être par la suite difficile à changer. Au cours du XVIIIe siècle, les libraires allaient continuer à publier la pièce sous le nom de Poisson, et même au XIXe, ils ont refusé de croire que Boursault en fût le seul et véritable auteur.[36] Ils eurent sans doute intérêt à perpétuer la supercherie, le nom de Poisson étant toujours célèbre.

Est-ce que Poisson et Boursault auraient collaboré à cette comédie? Si la déclaration de Boursault est digne de foi, il paraîtrait que non. A la différence des libraires dont nous venons de parler, les historiens du théâtre semblent être d'accord pour l'attribuer au seul Boursault.[37]

Pas un d'entre eux, pas même Saint-René Taillandier, qui a consacré une étude à Boursault, n'a approfondi la question des rapports qui existaient entre les deux hommes. Et pourtant il est possible de le faire. En premier lieu, on ne peut nier le fait que pour combiner cette mystification, Boursault et Poisson ont dû être en bons termes. Nous avons déjà fait allusion à la lettre à Mademoiselle Poisson dans laquelle Boursault raconte d'une façon très amusante ce qui est arrivé à la chatte qu'elle lui avait confiée. Dans cette lettre[38] il rappelle avoir souvent joué au trictrac et au hombre dans la maison des Poisson, et dit y avoir consommé trois cent soixante-cinq tasses de café par an. Assurément les deux auteurs étaient bons amis. De là il est possible de reconstituer la situation au moment où Boursault a décidé d'écrire une comédie au sujet du *Mercure galant*. Ayant eu pendant sa carrière des ennemis d'envergure,[39] Boursault ne veut pas risquer de voir échouer sa comédie. Donneau de Visé pourra bien monter une cabale contre lui.[40] Le plus sûr c'est d'emprunter le nom d'un de ces auteurs heureux 'en faveur desquels on est si préoccupé qu'on ne croit pas q'ils puissent jamais faire mal.'[41] Poisson lui paraît un bon choix, car il y a une forte chance que le public accepte la pièce comme étant l'ouvrage de cet auteur comique tant applaudi.

Il a naturellement fait part à Poisson de son plan. Poisson lui a peut-être proposé des modifications et suggéré des traits qui ont été incorporés dans les caricatures qui abondent dans la pièce. Une étude du style de la comédie ne révèle rien qu'on puisse avec certitude attribuer à Poisson. Il serait étonnant tout de même que Poisson n'ait pas eu voix au chapitre dans la composition du rôle de M. de la Motte, qu'il a interprété lui-même.[42]

Cet épisode nous fait voir une facette de la personnalité de Poisson dont nous avons déjà parlé. Poisson n'avait pas d'ennemis. Quand Boursault le choisit pour être 'l'économe' de son bien, il fit un choix judicieux. Quelles que soient les qualités intrinsèques du *Mercure galant ou la Comédie sans titre*, la popularité de Raymond Poisson n'était pas un atout à négliger. D'où la ruse. Mais nous avons vu en ce qui concerne la dédicace de 1683, que Boursault n'avait pas le monopole des ruses, et que dans cette supercherie, Poisson aussi trouva son compte.

Le Minutier Central a livré un document daté du 18 août 1683 concernant une somme de 2100 livres que les Comédiens devaient à Gilles Roussé-Gillot, barbier-perruquier ordinaire du Roi.[43] Nous n'avons pas pu découvrir les raisons de l'absence du nom de Poisson dans la liste des acteurs établie par le notaire, mais la pièce jointe, datée du 15 septembre, indique qu'il a ratifié plus tard l'obligation. Le notaire qui a rédigé ce document s'est trompé en parlant de Catherine Poisson comme femme de Jean Pitel, sieur de Beauval. On n'a qu'à chercher ailleurs parmi ces documents pour trouver le vrai nom de la Beauval, à savoir, Jeanne-Ollivier Bourgignon.[44] C'est le seul exemple que nous ayons trouvé d'une erreur de ce genre intéressant les enfants de Poisson.

La même collection de documents mentionne notre acteur lors de la création d'une pension au profit du sieur de Verneuil, c'est-à-dire Achille Varlet, le 8 août 1684.[45] C'est dans ce document que nous trouvons la première mention de Paul Poisson (qui n'était pas encore comédien, mais porte-manteau de Son Altesse Royale) comme époux de Marie-Angélique Gassot. L'acte de leur mariage n'ayant pas été retrouvé, cet acte d'août 1684 a une certaine valeur. Raymond avait donc assisté au mariage de quatre de ses enfants.

Poisson avait maintenant dépassé la cinquantaine. Sa carrière lui avait valu beaucoup d'admirateurs; il occupait toujours une position de première importance dans la troupe, mais il pensait à prendre sa retraite. Avant de le faire, pourtant, il créa quelques nouveaux rôles et en ressuscita d'autres. Parmi ceux-ci mentionnons le rôle de Filipin dans la petite comédie de Boisrobert intitulée *la Jalouse d'elle-même*, que la Comédie Française reprit le 1er juillet 1681, et dans laquelle Poisson jouera, le 27 novembre 1683, ce rôle sous le nom de Crispin.[46] Le 22 février 1684, on présenta *la Dame invisible, ou l'Esprit follet*, de Hauteroche. M. Young[47] tentant de reconstituer la distribution des rôles, donne à Poisson celui de Scapin, valet du cavalier. C'est ce que M. Young lui-même appelle ailleurs 'divination sans documentation.' Nous sommes bien documentés sur la part prise par Poisson dans la reprise de *l'Amant indiscret*, au mois de juin 1684. Selon le *Répertoire de 1685*, le nom de Philipin que Quinault avait donné au valet fut remplacé par celui de Crispin pour fournir un rôle à Poisson.[48] Le 21 avril 1684, la comédie de *Ragotin* fut créée à la Comédie Française.[49] Que ce soit Champmeslé ou La Fontaine qui en ait été l'auteur, peu nous chaut, l'important pour nous c'est que Poisson joua le rôle de l'Olive.[50] Le 9 juin de la même année, quand Hauteroche proposa sa petite comédie du *Cocher*, Poisson aurait, selon M. Lancaster, pris le rôle de Morille.[51]

Ce tableau de l'activité de Poisson est intéressant sous plusieurs chefs. Nous avons vu les efforts de Hauteroche, de Montfleury et de La Thuillerie pour écrire des comédies qui feraient valoir le génie comique de leur collègue. Maintenant, grâce au *Répertoire des Comédies françoises qui se peuuent joüer en 1685*, nous savons aussi que les comédiens modifiaient les détails d'une pièce rien que pour le plaisir de voir un vétéran du théâtre recréer pour la millième fois un personnage bien-aimé.

La carrière de Poisson tire à sa fin. C'est à la clôture, en avril 1685, qu'il demanda sa retraite. La Grange nota que Poisson et Raisin 'ont voulu quitter et estre mis à la pension.'[52] Lyonnet dit que Poisson se retira le 1er avril.[53] C'est une date qu'il faut rejeter. Selon le *Registre* de La Grange, la quinzaine du 1er au 14 a vu jouer *le Fou de qualité, le Parisien, les Auberges, Crispin médecin, la Comédie sans titre, Crispin musicien* et *Crispin bel esprit*, toutes des pièces où Poisson excellait. Il est peu vraisemblable que Poisson soit parti le 1er avril. Il est plus probable, vu cette liste de pièces, qu'on ait voulu profiter de ses derniers jours avec la troupe. C'est pendant la clôture que les changements eurent lieu. Mlles De Brie, Dupin, D'Ennebaut et Guyot sortirent et furent mises à la pension;

Mlles Dancourt, Desbrosses, Du Rieux et Bertrand entrèrent dans la troupe.[54] Nous inclinons donc à penser que c'est plutôt du 14 que date la retraite de Poisson.

Après Pâques, les Crispins se font rares, et, fait remarquable que personne n'a relevé autant que nous sachions, entre le 1er mai et 31 août, date à laquelle le *Registre* de La Grange est abruptement interrompu, pas une seule comédie de Poisson n'est jouée. Entre le départ de Raymond et l'arrivée de Paul (en mars de l'année suivante) on peut présumer que la troupe se ressentit de l'absence de celui qui avait incarné tant de personnages comiques.

La perte d'un comédien aussi important que Poisson dut soulever des problèmes dans la troupe. Nous pouvons nous faire une idée de la situation en consultant la biographie de La Grange faite par M. Young.[55] Cet acteur, à sa mort en 1692, tenait soixante rôles. Il fallait les redistribuer. Les comédiens assemblés établirent une liste où figuraient les rôles et les noms de ceux qui allaient désormais les tenir. La Comédie était mieux organisée en 1692 qu'elle ne l'était en 1685, car, à la retraite de Poisson, bien qu'une redistribution ait dû être faite, personne n'a songé à en faire la minute.

C'est Jean-Baptiste de Rochemore, ancien comédien du Duc de Savoie,[56] qui eut la tâche difficile de remplacer Poisson au moment de sa retraite. Selon Thierry, 'M. de Rochemore devait avoir été lancé à Guénégaud par l'entourage de Mme la Dauphine.'[57] En effet, rien n'indique qu'il devait l'honneur de suivre Poisson à ses seuls talents, qui semblent avoir été minimes. Les comédiens eux-mêmes 'avaient peu d'estime pour le comédien protégé.'[58] Thierry pense que le mécontentement de Madame la Dauphine, qui, selon Dangeau, avait prié le roi de congédier Raisin cadet et Baron,[59] fut causé par le ressentiment de ces deux acteurs. Ils 'eurent sans doute l'imprudence de s'exprimer trop vivement' sur la réception de Rochemore.[60] Cependant, Rochemore resta dans la troupe. Les comédiens n'avaient pas le droit de refuser cet acteur, mais ils eurent leur façon à eux de s'attaquer au problème. Ils lui permirent de se mettre lui-même la corde au cou. Il débuta le 17 mai dans *Jodelet prince* de Thomas Corneille.[61] La bataille fut à moitié gagnée. Deux mois après, on risqua une deuxième représentation.[62]

Cette fois-ci la recette (149 livres 5 sous) était la plus basse du mois de juillet.[63] Le 9 septembre, Dangeau écrit dans son journal, à propos de Rochemore: 'Monseigneur et madame la Dauphine l'ont trouvé mauvais bouffon, et ont ordonné aux comédiens de lui donner cent pistoles et de le renvoyer.'[64] Si Thierry a raison, les comédiens, loin d'avoir voulu prendre Rochemore à la place de Poisson, comme le dit Dangeau,[65] ont dû s'incliner devant la volonté de gens haut placés. Mais on voit que le peu de prix qu'ils ont attaché, en connaisseurs, aux talents de Rochemore, a trouvé à la longue sa justification. Notons à ce propos que la capitulation de Mme la Dauphine fut une victoire considérable vu la tutelle à laquelle la Comédie Française était assujettie dans les premières années de son existence.

Les événements de cette période ont dû rehausser le prestige de Poisson, qui vivait alors dans la retraite. De ses derniers jours avec la troupe, ses biographes ne disent rien. Néanmoins, nous pouvons reconstruire la situation, grâce aux documents du Minutier Central et au *Registre* de La Grange.

Poisson ne figure déjà plus dans les documents du 9 mai 1685, relatifs à la gestion de la troupe et où il est signalé que ses anciens collègues empruntent 4620 livres à Joseph Dumeynis, avocat en parlement.[66] Cependant, il sera indirectement intéressé quand la troupe règle, le 4 mars 1686, l'indemnité à accorder à ceux qui quitteront la troupe ou à la veuve et aux enfants de ceux qui décéderont.[67] Les comédiens se sentaient évidemment tenus de se prononcer sur les mesures à prendre quand un acteur se retirait. Jusqu'ici, chaque acteur concluait un arrangement avec son successeur. Quand Hauteroche quitta la troupe fin mars 1684, il céda sa part, selon La Grange, 'demye part à Mr Raisin l'aisné, et l'autre demye part à Mlle Raisin, qui lui donnent par forme de desdomagement trois cent louis d'or.'[68] Or, Poisson, toujours alerte quand il s'agissait des questions d'argent, 'ayant apris que Mr de Hauteroche auoit cedé sa part, l'année precedente, à Mr Raisin, moyennant trois cent louis, a obtenu que Rochemore luy en payeroit 400 louis d'or.'[69] Une indemnité de quatre mille quatre cents livres était considérable. Il semblait nécessaire que les comédiens pussent exercer un certain contrôle sur ces transactions privées. C'est celle qui a été conclue entre Poisson et Rochemore qui, selon La Grange[70] a donné lieu au règlement du 4 mars 1686.

En l'absence de documents notariés, nous ne pouvons pas vérifier les détails de cette transaction entre Poisson et Rochemore, mais si ce dernier s'est trouvé contraint de débourser les quatre cents louis d'or, son bref séjour à la Comédie Française, expérience coûteuse s'il en fut, a dû le dégouter à jamais de la carrière d'acteur.

Poisson, lui, a entrepris, peu après avoir quitté la troupe, un voyage en province, dont aucun biographe n'a eu connaissance. C'est ce voyage qui nous fournira le point de départ nous permettant de rendre compte des dernières années de sa vie.

5

Les dernières années

Les années de retraite de Poisson posent des problèmes qui n'ont pas été élucidés par les biographes. Jal, qui préfère se pencher sur les registres paroissiaux, se tait sur ces années. Lyonnet, suivant Lemazurier, donne les détails suivants: 'Raymond Poisson se retira ... à Charenton-St-Maurice, puis à Nanterre.'[1] C'est bien peu. Nous sommes en mesure de donner de plus amples détails sur les cinq dernières années de sa vie, et cela grâce au dossier conservé aux archives de la Comédie Française. Nous utilisons ici, pour la première fois, vingt-neuf de ces documents, dont la plupart sont de la main de Poisson. Il y a des reçus de pension, dont le premier date du 4 juillet 1685 et le dernier du 15 mars 1690. Ils sont adressés à La Grange. On y trouve aussi des lettres de caractère plus personnel, adressées à La Grange, et une seule destinée à Dauvilliers (celle du 29 décembre 1685). Quelques uns de ces documents sont sans date. Il nous a été possible de les grouper ensemble et de les assigner à une période qui, quoique approximative, est du moins probable. Ces documents, jusqu'ici négligés, fournissent de précieux renseignements et aident à rectifier quelques petites erreurs commises par nos prédécesseurs.

Le premier document est un reçu de pension envoyé à La Grange et indique que Poisson avait commencé à recevoir sa pension par quartiers. Voici la transcription du reçu:

Je soussigné Confesse avoir Receu de Messieurs les Comediens du Roy par les mains de Mr de la Grange L'un de la somme de deux cent cinquante livres pour le quartier de ma pension Conformement a l'ordre du Roy et du Contrat qui m'en a esté passé en consequence en datte du ... ledit quartier Eschu Le 26eme du mois de Juillet 1685 de laquelle somme de deux cent Cinquante livres Je quitte ces Messieurs et tous autres fait à paris ce 4me Juillet 1685.

[signé] Poisson [avec paraphe]

Le reçu du 23 février 1686 reproduit le libellé du premier reçu, et porte comme lui la mention 'fait à Paris.' Cependant, entre ces deux dates, Poisson a voyagé. Le 29 décembre 1685, il envoya à son gendre Dauvilliers un reçu que celui-ci devait évidemment remettre à La Grange. En voici le texte:

Jay receu de Messieurs les comediens de la troupe du Roy cinc cents livres par les mains de Monsr de la Grange pour deux quartiers de ma pension viagere le premier eschu le dernier septembre et le second au dernier decembre de laquelle somme de cinc cents livres je les quittes et tous autres fait à Nantes ce samedy 29me decembre 1685.

[signé] Poisson.

Sur la même feuille, on lit:

Jay receu pour Mr Poisson les cinq cent Livres. Il y a erreur aux dates de sa quittance le premier est escheü le seize octobre, le dernier le seize janvier 1686.

[signé] D'auvilliers.

Ce document est unique en ce que Poisson adressa toutes les autres quittances directement à La Grange, et s'il n'était pas à Paris, il les expédiait par sa servante Catherine, dont il est question plus d'une fois. Il est unique aussi par son adresse: Nantes. Toutes les autres quittances portent la mention 'fait à Paris,' ou 'fait à Charanton [*sic*].'

Quand Lyonnet dit que Poisson résidait à un moment donné à Nanterre, il pense peut-être à cette lettre. Rien n'empêche qu'il n'ait jeté un coup d'œil rapide sur le dossier en question. Mais son émendation hypothétique résiste à l'examen. L'orthographe du mot ne laisse pas de doute.

Quels étaient les rapports qui pouvaient bien exister entre Poisson et la ville de Nantes? Serions-nous fondé à croire que la famille Poisson était originaire de Nantes? Des recherches faites dans les archives municipales de cette ville n'ont rien révélé. Nous avons fait faire un dépouillement systématique des registres paroissiaux entre 1625 et 1635, sans trouver l'acte de baptême de l'acteur. L'inventaire des archives communales antérieures à 1790 n'a révélé nulle trace de Poisson ni d'autres membres de sa famille.[2] Dans son ouvrage, *les Artistes Nantais*, le marquis de Surgères ne fait aucune allusion à Poisson.[3]

Ayant de notre mieux établi que le séjour que fit Poisson à Nantes était purement temporaire – toutes les paroisses qui existaient au XVIIème siècle n'étant pas dotées d'un répertoire – il s'agissait de savoir ce qui l'avait attiré loin de Paris immédiatement après sa retraite.

Un autre billet de la plume de Poisson ne portant aucune indication de l'année, mais daté du 15 septembre, fut écrit à Nantes. Les autres reçus conservés dans les archives nous permettent d'établir qu'il n'a quitté la région parisienne qu'une seule fois entre sa retraite et sa mort. Par conséquent nous pouvons l'assigner à l'année 1685. La lettre porte l'adresse suivante: 'A Monsieur – Monsieur de Lagrange, comédien ordinaire du Roy, ou estoit la porte de bussy a Paris.'

Il ne connaissait personne à Nantes chez qui loger. Il donne les adresses de quatre personnes aux soins de qui on pourrait lui envoyer des lettres. Les deux premières, qu'il raie après les avoir écrites, sont celles de 'Mr Reval, Rue de la Ch—erie, chez un pâtissier, chez Mr Petit, Rue du four, Banquier.' Les deux autres, non-rayées, sont 'chez Mr Lavocat – au grand [?] conseil à l'hostel de –, Rue des Poittevins, ou chez Mr Rossignol, Rue des Juifs.'

La lettre elle-même, dont nous donnons maintenant la transcription, s'avère à quelques endroits d'une lecture difficile; mais le lecteur en appréciera tout de suite la valeur:

Monsieur et cher camarade – Jay quelque joye que vous ne soyez point de Chambord parce que vous serez de Fontainebleau et que jespere que vous aurez la bonté de me rendre service auprès de Monsieur

Mignon secretaire de Monseigneur de Croissy le plus considerable de mes amis qui peut estre vous prira de parler pour moy à Mgr le controlleur general s'il ne peut pas le faire luy-mesme et de luy presenter un placet s'il juge qu'il en soit besoin cet obligeant amy vous dira qu'il a demandé ou doit demander au roy par un placet la charge de controlleur des droits d'entrée au bureau de la prévosté de Nantes aux gages de 720 livres vacant par la mort de M Claude chabot modere audit rolle a 7000 livres aus parties casuels Mr Reval [?] Intime amy de Mons Mignon qui est icy tres considerable et qui me serts à la priere de son amy, espère fort que je l'auray et que le Roy ou Mons le controlleur général la moderera à 5000 livres. Cette diminution est assurement tres considerable. Mais jay encore besoin que les provisions me soient données gratis. Monseigneur Le chance [Le Chancelier?] ny tous les ostre — [?] n'ont jamais pris un sou de mon argent. Monsieur — pouvoit bien me faire la mesme grace vous avez de l'esprit Infiniment vous entendez les affaires. Je vous demande pour moy seul ycy cette ardeur que vous avez quand il s'agit de servir l'ilustre compagnie qui vous a mis a sa teste avec justice puisque personne ne peu mieux que vous remplir ce penible et glorieux poste. Cette charge est demandée pour moy mais elle sera pour mon fils Jean.

A Nantes ce 15me septembre.

En marge de la lettre, on trouve les lignes suivantes:

Je vous prie de me conserver mon argent jusqu'au jour de l'an et de n'en donner qua Mademoiselle La Thuillerie ma fille si elle vous en demande. Vous m'avez promis de vendre ma rente quand je voudrois sans que j'y perde un sou. Si jay cette charge [?] – et vous prie de le faire et de me croire le plus obligé de vos serviteurs, Poisson.

Ailleurs en marge on trouve: 'Je salue avec respect Madle de la grange et sa charmante fille.'

Cette lettre, révélatrice de l'énergie de Poisson, qui ne prétend nullement à une retraite paisible, montre aussi à quel point il était préoccupé du bien-être de son fils Jean-Raymond. Il n'a pas eu la charge, puisqu'il est de retour à Paris au début de 1686. Son fils est devenu acteur de second ordre.[4]

Il se peut que Poisson se soit établi immédiatement à Charenton, mais les quittances du 23 février et du 29 juin sont faites à Paris.

Sa dernière lettre de Nantes, datée du 18 décembre 1685, suggère que La Grange lui avait conseillé d'abandonner ses efforts:

Je vous suis Infiniment obligé de vos soins, de vos bons avis que je suivray, et de vos contes tres fidelles. Jatands une quitance pour la siner je vous prie de la construire et de la donner a Mr Dauvilliers qui me la fera tenir avec celles de ma rente Elles sont toutes deux pour six mois Je ne vendray pas ma rante que pour une bonne ocasion Jauray passiance qu'elle vienne et je seray tousjours, Monsieur, Vostre tres humble et tres oblige serviteur, Poisson.

Nous avons groupé ici deux documents sans date. Le premier est une lettre dans laquelle Poisson demande à La Grange de lui envoyer sa part des 'revenants bons.' Le second est un mémoire de l'argent 'qui est revenu à Mr Poisson depuis qu'il est sorty de la trouppe.'

A partir du 28 septembre 1686, Poisson réside à Charenton. Pendant deux ans, il y passe tout son temps. De ses activités, nous ne savons rien. Les quittances ne sont pas très éloquentes. Il y a bien entendu quelques petits détails d'intérêt humain. Le 7 décembre 1686, il prie La Grange de remettre à Anne, servante de Paul, sa vaiselle. 'Je la vais conduire a Charenton ou demeure vostre tres humble serviteur.' La Grange poursuit diligemment son devoir de secrétaire-trésorier et les reçus arrivent régulièrement. Ceux du 2 janvier et du 2 avril 1688 sont envoyés avec une lettre jointe chaque fois. Par ces lettres nous savons que Poisson envoyait quelquefois sa servante Catherine chercher sa pension. Celle du 2 janvier contient des allusions d'ordre personnel:

Après avoir souhaitté une heureuse année à Monsieur et Mademoiselle Lagrange et autant de graces D'en haut que je m'en souhaitte à moy mesme Je les prie de donner le quartier de ma pension a Catherine ma servante et quelle me puisse apprendre de leur part sy leur charmante fille est constante Dans sa retraitte.

La fille à qui il est fait allusion doit être Manon, née le 19 février 1675.[5]

Toutes les autres quittances, au nombre de six, sont faites à Paris.

Les derniers documents sont très intéressants, puisque l'écriture trahit la santé ébranlée de Poisson. Les caractères sont irréguliers et l'alignement horizontal fléchit. L'écriture commence pour ainsi dire à se ratatiner, et devient moins lisible, ce qui en dit long sur l'état de Poisson, dont la main généralement ne présente guère de problèmes. A la fin de la quittance du 15 mars 1690 Poisson ajoute un post-scriptum, le tout d'une écriture dont le déchiffrement est rendu difficile par les traits considérablement épaissis. Nous essayerons d'en donner une transcription:

Il faut que je paye demain Mr Loréau (?) marchand: cest ce qui me fait avancer de quinze Jours. Ie croy bien que ce sera icy ma dernière quitance mais ce qui est bon à prendre est bon a prendre.

Poisson n'avait pas tort. Il mourut à Paris le 9 mai 1690. Dans le registre de la paroisse Saint-Sauveur, Jal a trouvé l'entrée suivante:

Le 10 mai 1690, conuoy à chœur de M. Poisson, officier du Roy, décédé rue Saint-Denis, S. [service], "le neuf" [l'ornement neuf]. "Dans l'église" [enterré dans l'église] "20 francs." [signé:] Poisson, de Cuvillier.[6]

L'enterrement de Poisson semble avoir eu lieu sans les difficultés qui accompagnaient celui de bon nombre d'acteurs du temps. Point n'est besoin de récapituler les détails de l'enterrement clandestin de Molière qui n'obtint un coin de terre sainte qu'après l'intervention du Roi, ni ceux de l'enterrement de Rosimond, qui 's'est fait de nuit sans croix, eaüe benite, luminaire, sans drap mortuaire, n'y ayant que deux prêtres en chapeau et habit long.'[7]

C'est que la décision dépendait du prêtre, et nous voyons que d'une paroisse à l'autre l'attitude du prêtre changeait. Le curé de Saint-Sulpice était parfois impitoyable, tandis que le curé de Saint-André des Arcs se montrait beaucoup plus indulgent.[8]

Un comédien qui n'avait pas pris sa retraite était tenu de renoncer à sa profession avant de recevoir l'absolution. Mais s'il avait déjà cessé toute activité professionnelle, l'église considérait qu'il avait librement consenti à renoncer à sa vie irrégulière. C'est le cas de Poisson. Il avait été bon catholique; il avait vécu, comme Tralage nous le dit, chrétiennement. Il avait fait baptiser ses enfants: les registres paroissiaux l'attestent. Il avait mené Catherine Leroy à l'autel de l'église Saint-Sauveur. C'est dans cette église que son corps allait reposer pendant près d'un siècle. Elle fut démolie en 1787.[9]

Encore une fois nous avons lieu de regretter que le biographe de Poisson ne dispose pas du matériel qui a été transmis aux autres biographes. Si seulement nous possédions un état des biens et effets de Poisson, il nous aurait été d'une valeur inestimable. Où est la nomenclature de tous les costumes de sa garde-robe? Nous ne désespérons pas de retrouver un jour ces renseignements.

Il y a cependant des anecdotes. En voici une sur la mort de Poisson qui vaut qu'on l'examine.

> Louis XIV [dit Fournel][10] ne perdit jamais le goût qu'il avait témoigné pour lui dès la première fois qu'il l'avait entendu. Comme on parlait de cet acteur, quelques jours après son décès, au lever du roi, il daigna dire que cette mort était une perte, et que Poisson était bon comédien: "Oui," répondit étourdiment Boileau, "pour faire un *don Japhet*; il ne brillait que dans les misérables pièces de Scarron."

Fournel trouva évidemment ces détails dans l'anecdote rapportée par Lemazurier,[11] laquelle pourtant est plus longue que Fournel ne le laisse supposer. Celui-ci supprime une partie qui offre un intérêt particulier. Voici ce qu'écrivit Lemazurier:

> Louis XIV en faisait beaucoup de cas. Quelques jours après sa mort, on parlait de lui au lever du monarque. "C'est une perte," dit le roi; il était bon comédien ... " "Oui," répartit Boileau, "pour faire un D. Japhet: il ne brillait que dans ces misérables pièces de Scarron." Cette brusque réplique ne plut pas à Louis XIV, qui estimait Poisson, et portait, comme l'on sait, quelque intérêt à la veuve de Scarron. Racine, témoin de cette étourderie de son ami, en fut affligé, et lui dit ensuite: "Je ne puis donc paraître avec vous à la cour, si vous êtes toujours si imprudent." "J'en suis honteux," répondit Boileau; "mais quel est l'homme à qui il n'échappe pas une sottise?"[12]

Sur le feuillet de garde d'un exemplaire du *Baron de la Crasse* qui avait appartenu à Soleinne, nous trouvons cette note:

Si M. Poisson n'estoit pas meilleur acteur qu'il n'est autheur, il ne seroit pas tant estimé. Je m'étonne qu'un homme d'un si grand génie ait pu faire des choses si plates.[13]

La note est signée Boileau-Despréaux, et selon le rédacteur du *Catalogue*, 'paraît autographe du temps de la jeunesse du Satirique.' Au moment où parut la première édition du *Baron de la Crasse*, Boileau avait 26 ans. L'objection faite par Fournel que cette opinion attribuée à Boileau ne s'accorde pas avec celle que rapporte Lemazurier n'est pas d'une grande conséquence, puisque, même si les deux témoignages étaient authentiques, on ne devrait pas essayer de faire accorder les opinions d'un Boileau de 26 ans avec celles d'un Boileau de 54 ans.

Peu après la mort de Poisson, les Comédiens français demandèrent à Florent Carton Dancourt de remanier *les Foux divertissans*, qui avaient été représentés la dernière fois le 6 juillet 1681,[14] et qu'on ne jouait plus. Dancourt en tira *le Bon soldat*,[15] comédie en un acte qui fut représentée dix-sept mois après la mort de Poisson, le 10 octobre 1691.[16]

M. Lancaster a relevé une pièce intitulée *les Originaux ou l'Italien*, de DLM[17] représentée le 13 août 1693, dans laquelle il croit avoir trouvé une allusion à Raymond Poisson.[18] On y parle de 'cet acteur vétéran tant regretté, dont le second tome n'a jamais pu parvenir à l'impression.' Nous accepterions volontiers ce que dit M. Lancaster, si ce n'était cette allusion à un second tome. Poisson avait déjà publié tout ce qu'il avait écrit. Les libraires avaient ajouté en 1681 la seule pièce (*les Foux divertissans*) qui n'avait pas trouvé place dans l'édition des *Œuvres complètes* de 1679, et celle de 1687 les contenait toutes. Remarquons également que les *Œuvres* comportaient déjà deux tomes.

Le public a la mémoire courte. En 1712, Palaprat écrit:

Il est arrivé depuis vingt ans de grands changemens au Theatre: quels acteurs n'a-t-il pas perdu par leur mort ou par leur retraite dont n'a presque pas oüi parler une grande partie de ceux qui aux Spectacles font aujourd'hui la foule ...[19]

Ainsi, une quarantaine d'années après la mort de Molière et une vingtaine après celle de Poisson, Palaprat se lamentait de la fuite du temps. Il fallait rappeler aux jeunes spectateurs les noms de Raisin, de Brécourt, de La Grange, de Villiers, de Rosimond et de Dauvilliers.[20] Quant à Molière et Poisson, Palaprat les traite à part. Deux fois – et ceci a son importance – il les groupe ensemble. A propos de Crispin, il écrit:

> Ce dernier florissoit plus que jamais; c'étoit le nom de theatre ordinaire sous lequel le fameux Poisson brilloit tant à l'Hôtel de Bourgogne. Quoique Moliere eût en lui un redoutable rival, il étoit trop au-dessus de la base jalousie, pour n'entendre pas volontiers les loüanges qu'on lui donnoit; et il me semble fort (sans oser pourtant l'assurer après quarante ans) d'avoir oui dire à Molière, en parlant avec Dominico de Poisson, qu'il auroit donné toutes choses au monde pour avoir le naturel de ce grand Comédien.[21]

Plus loin dans la même préface, Palaprat revient à eux. Pour lui, Molière 'vit et vivra éternellement dans ses ouvrages.'[22] Palaprat avait assez de préscience esthétique pour ne pas se tromper là-dessus. A Poisson, il ne prédit pas le même sort, et encore une fois il avait raison. Mais en 1712, le fils de Poisson était toujours là pour rappeler le jeu de son père: 'On croit tous les jours n'avoir pas perdu le fameux Poisson quand on voit son fils.'[23]

Parmi ceux qui avaient survécu à Poisson, il y en avait, tel l'abbé Laurent Bordelon, qui préféraient rappeler l'agrément de ses comédies plutôt que sa façon d'interpréter ses rôles. Dans les *Diversitez curieuses*, nous trouvons l'opinion suivante: 'Il y a dans les pièces de Poisson un caractère singulier des plaisanteries qui les fait valoir et les rend agréables ...'[24] Ce même auteur allait plus loin que Palaprat dans son effort pour rendre hommage au 'fameux Poisson.' En 1710, il fit publier une pièce dans laquelle l'ombre de notre acteur évolue dans un milieu réservé aux célébrités disparues. Il s'agit de la pièce intitulée *Poisson comédien aux Champs Elysées*.[25]

Même si l'œuvre de Poisson n'a pas les qualités durables de celle de Molière, même si l'année 1762 voit la dernière représentation d'une de ses pièces sur la scène parisienne,[26] le nom célèbre ne va pas être oublié de sitôt. Pendant tout le dix-huitième siècle il y aura un fils ou un petit-fils de l'acteur dans le théâtre pour continuer la tradition, soit en qualité d'acteur, soit en qualité d'auteur. Raymond, Paul et Arnould vont même revivre sur la scène de la Comédie Française au XIXe siècle.

C'est à Isidore Samson que nous devons la comédie, *la Famille Poisson,* représentée le 15 décembre 1845 par les comédiens ordinaires du Roi.[27] Cet acteur-auteur, qui, sur le conseil de Lafon, son professeur, avait pris dès le début des emplois de comique, et qui conserva longtemps les rôles de valets,[28] dut se sentir particulièrement attiré vers les Poisson. Trouvant son inspiration dans l'anecdote qui faisait du petit-fils François Arnould un lieutenant d'infanterie malgré lui, Samson écrivit une joyeuse petite comédie qui met en scène trois générations de Crispins.

Voici un résumé de cette comédie: Arnould a quitté l'armée malgré son père. Il s'est associé à une troupe de campagne qui joue au Mans, mais l'abandonne pour aller à Paris faire son début en Crispin. Beauséjour, directeur de la troupe de campagne, le suit pour le faire arrêter. Paul, le père, entend dire qu'un remplaçant va ce soir-là jouer dans *le Deuil,* arrive au théâtre à temps pour voir son fils s'acquitter à merveille du rôle de Crispin, et lui pardonne sa conduite. Beauséjour accepte de ne plus poursuivre le jeune acteur en justice si les Poisson promettent d'exercer leur influence afin de lui trouver un emploi dans la troupe parisienne. Ajoutons que Samson a su introduire aussi l'inévitable intrigue amoureuse.

Les scènes les plus intéressantes pour nous sont celles où Raymond, le grand-père, donne à François Arnould une leçon d'interprétation, et où les trois générations sont représentées sur la scène par Raymond, Paul et François Arnould. Raymond a dû en effet donner des leçons d'interprétations à son fils Paul. Il a dû lui léguer les coups d'œil, les pas, les gestes qu'il fallait reproduire pour contenter un public qui se faisait sans doute une idée inébranlable du personnage de Crispin, idée que Raymond lui-même avait imposée et fait aimer. Et, soucieux de garder vivant ce personnage, Paul après lui a dû en faire autant lorsque son fils François Arnould s'est montré digne du legs.

Malheureusement, Samson a très peu de respect pour la chronologie. On sait que François Arnould naquit six ans après la mort de son grand-père, et ne fit ses débuts qu'en 1722.[29] L'historien n'espère pas trouver l'exactitude dans les vies romancées, et les entorses faites à la vérité historique, qui ont de tout temps été respectables sur la scène, ne devraient pas nous rendre insensibles à l'intérêt que possède cette petite pièce. C'est que plus de deux siècles après la naissance de Raymond Poisson, le nom qu'il rendit célèbre trouve ici un regain de vie, grâce à cette nostalgie à laquelle les gens de théâtre semblent avoir une plus grande part que les autres. On n'ira pas chercher chez Samson le portrait de Poisson comme on irait chercher chez Cicéron celui de Roscius. Mais sa comédie peut prendre sa place parmi les nombreux monuments érigés à la mémoire d'un comédien qui, il y a longtemps, faisait rire les sujets du Roi-Soleil, et souvent le Roi-Soleil lui-même.[30]

DEUXIEME PARTIE

Crispin

Les portraits de Poisson et la légende de Crispin

Il y a dans le foyer des artistes à la Comédie Française une toile, souvent reproduite dans les histoires du théâtre, qui s'intitule *les Farceurs français et italiens depuis soixante ans et plus.*[1] Sans s'embarrasser de questions de chronologie, de nationalité ou de rivalité, le peintre nous y présente tous les farceurs qui pendant le Grand Siècle firent les délices du spectateur parisien: Gros-Guillaume, Gaultier-Garguille, Turlupin, Jodelet, Arlequin, Pantalon, Trivelin, Philippin, Poisson dans le costume de Crispin et Molière dans celui d'Arnolphe. Ces acteurs portent pour la plupart le costume qui leur était propre, et qui les rendait reconnaissables dès leur entrée en scène: le masque et le manteau noir de Polichinelle, le vêtement à couleurs voyantes du Capitan Matamore, la blouse à double ceinture de Gros-Guillaume, le costume bariolé d'Arlequin, et le chapeau rond, le manteau, la fraise blanche et les bottes de Crispin. La plupart de ces farceurs paraissent sous le nom d'un personnage. Poisson paraît sous son propre nom, comme le fait d'ailleurs Molière. Mais il porte le costume du personnage qu'il s'était approprié: quoiqu'il ait joué beaucoup de rôles différentes pendant sa carrière, c'est toujours dans le costume de Crispin que les artistes du siècle l'ont dépeint.

La belle toile que nous avons reproduite en regard de la page 86 est le meilleur des portraits de Poisson. Elle se trouve aujourd'hui dans une salle de comité de la Comédie Française. Le fait qu'elle n'est pas signée a eu pour résultat d'engendrer une certaine confusion parmi les iconographes. Il y en a qui l'attribuent à Caspar Netscher[2] et d'autres qui l'attribuent à son fils Théodor.[3] Les deux peintres étaient d'excellents portraitistes, et l'attribution de la toile en question pose effectivement un grave problème. Si nous penchons vers le point de vue de ceux qui l'attribuent à Théodor, c'est parce qu'on sait qu'il passa une grande partie de sa vie à Paris à faire des portraits – plus précisément de 1679 à 1699[4] – alors que son père Caspar vécut la plupart du temps en Hollande, et à l'exception d'un beau portrait qu'il fit de Madame de Montespan, ne travailla pas pour la cour de Louis XIV. Les témoignages manquent pour tirer une conclusion plus solide. Le portrait de Poisson a servi de modèle à deux graveurs. Gérard Edelinck a reproduit avec une merveilleuse finesse tous les détails de la toile.[5] On lit en bas de la gravure les vers suivants :

Le Peintre et le Graveur nous ont dans ce Portrait
Du celebre Crispin donné la ressemblance
Il vit, il va parler, mais est il aucun trait
Que pust de ses talens nous peindre l'excellence.

Puisqu'on n'espere point de revoir son Egal;
  Pour l'honneur de la Comedie
Que ne peut on ainsy que la Copie
  Multiplier l'Original.

Le premier quatrain est signé T.C., le second, C.B.

La même pose est reproduite, mais avec beaucoup moins de finesse, par un graveur anonyme,[6] avec le sixain suivant :

Telle Etoit de Poisson la mine Et la posture
Lorsque sur le Teatre imitant la nature
  Sous cet habit il Excelloit.
  Jamais il ne prenoit le change
  Et lon peut dire a sa loüange
  Que c'etoit un maitre valet.

Il y a également une gravure anonyme de Crispin, que Lyonnet[7] considère comme un portrait de Poisson, et qui est accompagnée des vers suivants:

> Crispin par cent Bizarerie [sic]
> Fait sy bien a la Commedie
> qu'il fait connoitre en peu de temps
> qu'il en possede tous les Tallents.[8]

Il faut avouer qu'on reconnaît difficilement dans ce faible portrait les traits dépeints par Netscher.

Lyonnet parle aussi d'une 'peinture, petit ovale, par Cl. Lefebvre, grav. de J. Gole,'[9] qui fut reproduite en estampes populaires. Nous ne l'avons pas retrouvée, et Bouchot ne la mentionne pas. La statuette en biscuit de Sèvres dont parle Lyonnet[10] a disparu, probablement brisée lors de l'incendie de la Comédie Française en 1900. L'artiste anonyme qui exécuta une figurine en bois de Préville dans le rôle de Crispin, qu'on peut voir dans la salle 59 du Musée Carnavalet, s'est visiblement inspiré de la toile de Netscher. Il s'agit d'un Crispin sans ceinture, sans épée, portant le chapeau à la main. C'est la traduction en trois dimensions de la pose de Poisson.

Les iconographies publiées négligent de dire que Poisson figure également sous le nom de Crispin dans une toile intitulée *les Délices du genre humain*, réplique maladroite mais intéressante du grand tableau des *Farceurs*. Elle se trouve aujourd'hui au bureau de réception de la Comédie Française.

Le portrait de 'Poisson en habit de paysan,' gravé par Desplaces d'après Watteau, et reproduit par Got dans la *Gazette des Beaux-Arts*,[11] a été décrit à tort comme un portrait de Raymond.[12] Il s'agit probablement de Paul.

C'est au portrait fait par Netscher que nous nous adresserons pour nous faire une idée de la physionomie de Poisson. Elle est des plus intéressantes. Ce sont les yeux surtout qui frappent par leur expression bienveillante. Ce visage réjoui, aux yeux parlants, au rire communicatif, a d'autres traits frappants: le nez, bossué et épanoui, énorme même, et la bouche, qui annonce un caractère facile. Les contemporains de Poisson disaient que c'était une grande bouche, une bouche démesurée, capable d'enfourner un pain de quatre livres. Si cela est vrai, nous nous avouons incapable de le voir dans ce portrait. Netscher était un artiste trop fin pour exagérer les traits: ce n'était pas un caricaturiste, et s'il nous montre Poisson habillé en Crispin, c'est l'homme qu'il a voulu peindre, et non pas le valet de farce. Nous aurons pourtant d'amples preuves plus tard que les auteurs qui ont écrit des pièces spécialement pour Poisson considéraient cette bouche comme un de ses traits les plus saillants.

Gardons-nous donc d'attacher trop d'importance à ce portrait. Il ne nous donne aucune idée de la physionomie professionnelle d'un comédien qui faisait rire par les innombrables grimaces qu'il était capable d'adopter sur la scène. Pourvu d'un visage comparable à un masque en caoutchouc, Poisson n'avait qu'à utiliser les traits que la nature lui avait donnés pour déchaîner le rire dans la salle. Il n'avait pas besoin des masques à l'italienne; il n'avait pas besoin de s'enfariner comme Jodelet et Gros-Guillaume; il n'avait même pas besoin d'un bon rôle, rempli de répliques plaisantes. Peut-être était-ce aux endroits où les auteurs n'indiquaient qu'un silence que Poisson était le plus drôle. Une image vaut mieux que mille mots, soit, mais dans le cas d'un acteur, cette image est mille fois moins révélatrice que ne le serait une minute passée à le regarder être lui-même.

C'est à ce même portrait qu'il faut s'adresser pour des indications sur le costume de Crispin. Il consiste en un justaucorps noir et un haut-de-chausses de la même couleur, un petit manteau noir couvrant à peine les épaules, une vaste collerette en dentelles blanches, des manchettes à dentelles, une calotte sur la tête, et un chapeau rond et noir que, dans le portrait, Crispin tient à la main. Enfin il porte des bottes de cuir noir à boucles. Ce n'est certainement pas dans ce portrait que Lemazurier a trouvé les moustaches, l'épée et la ceinture de cuir jaune dont il parle.[13] Il s'est sans doute laissé influencer par des portraits ultérieurs dans lesquels on trouve sans exception une ceinture jaune, des gants jaunes et une épée. C'est dans la gravure de Préville en Crispin qu'on trouve ces accessoires pour la première fois. Après lui, les acteurs qui ont choisi de se faire peindre en Crispin portent tous un costume identique, devenu conventionnel.[14] Poisson portait peut-être tous ces accessoires, mais

Netscher préféra les supprimer. C'est en comparant sa toile avec celles du XVIIIe et du XIXe siècles que l'on peut apprécier l'originalité et la finesse de sa manière.

Nous avons trouvé dans l'édition du *Baron de la Crasse* publiée par Quinet en 1662 une gravure fort intéressante qui présente d'une façon composite les éléments essentiels de la petite pièce intérieure intitulée *le Zig-zag*.[15] Au premier plan, on reconnaît aux bottes, aux gants de cuir et à la calotte, le personnage de Crispin. Il a été obligé, en qualité de valet du héros, de se déguiser en homme de bien pour jouer un tour à la future belle-mère de son maître. Par conséquent, il porte aussi un beau chapeau à plumes, posé précairement sur le serre-tête traditionnel. Ajoutez à cela l'élégance de son habit, qui remplace le justaucorps qu'il porte ordinairement, et l'on appréciera le caractère unique de cette illustration. C'est Crispin dans un de ses nombreux déguisements.

Mais il y a autre chose. Puisque *le Zig-zag* est une pièce de Raymond Poisson, et que l'auteur a lui-même pris le rôle du valet, il est permis de penser que le graveur a incorporé dans l'illustration les traits de Poisson lui-même. L'énorme nez, l'expression railleuse ne laissent pas de doute. On ne s'attend pas à trouver un portrait fin dans une gravure in-16 destinée à illustrer une scène de farce, mais celle-ci est digne d'être considérée dans une étude iconographique.

Maintenant que nous avons passé en revue ces éléments d'une iconographie, il nous sera plus facile d'examiner ce que nous entendons par la légende de Crispin. Elle veut que Raymond Poisson ait été le créateur de Crispin. Le germe de la légende est sans doute à chercher dans les souvenirs nostalgiques de ceux qui avaient vu Poisson dans le rôle. Pour eux il n'y avait pas eu de Crispin avant Poisson. Acteur et personnage s'étaient confondus dans leur mémoire. Entourés d'estampes de ce héros populaire, ces amateurs du théâtre parlaient comme si Poisson avait tout simplement inventé le personnage. Et les historiens du XVIIIe siècle de se laisser trahir à leur tour par des témoignages qu'ils n'avaient pas lieu de croire suspects. Selon les frères Parfaict, 'Raymond Poisson fut un des grands comédiens de son temps, il excelloit dans le comique, et principalement dans les rôles de Crispin, qu'il avoit imaginé.'[16] Imaginé, non. La vérité est plutôt que Poisson l'avait adopté.[17]

Il y a dans une comedia espagnole, *Obligados y ofendidos* (1641)[18] un personnage nommé Crispinillo, qui dès sa première apparition sur la scène, habillé de bottes et d'éperons, nous frappe comme étant curieusement familier. C'est un valet, mais il aime à se faire passer pour étudiant comme son maître. Il moralise, raisonne, débite à tout bout de champ les rares expressions latines qu'il a réussi à apprendre. Nous nous rendons compte tout de suite que c'est Francisco de Rojas Zorrilla, auteur de la comedia, qui est le véritable créateur du valet effronté, peureux et fripon qui, un jour, égayera tant de comédies jouées en France. Ce précurseur de Crispin possède déjà l'imagination débordante qui le plongera dans d'innombrables mésaventures. Son érudition empruntée ne nous trompe pas: c'est un illettré. Ses accoutrements d'écuyer ne nous trompent pas non plus. Il n'est pas arrivé à cheval; il ne possède même pas de cheval; un cheval lui ferait peur; mais son air impressionne les ignorants, et c'est tout ce qu'il demande.

Quelques années plus tard, *Obligados y ofendidos* allait suggérer à Paul Scarron le sujet de *l'Ecolier de Salamanque*. L'auteur français gallicise le nom du valet, mais laisse intacts les traits de son caractère. *L'Ecolier de Salamanque* a été publié en 1654.[19] A cette époque-là, Poisson était membre d'une troupe de campagne qui circulait dans le Midi. C'est là, croyons-nous, que l'acteur débutant a joué pour la première fois le rôle qu'il allait par la suite rendre célèbre. Tout dans le personnage a dû lui plaire. Nous savons que s'il lui arrivait de lire autre chose que les textes acquis par la troupe pour les besoins de la représentation, il avait une préférence pour les romans picaresques en traduction.[20] Sa première lecture de *l'Ecolier de Salamanque* lui a révélé les héros de ces romans adaptés à la scène.[21]

Si les choses se sont passées ainsi, d'autres éléments de la légende sont à rejeter. Poisson se serait avisé de porter les fameuses bottines pour cacher une difformité de la jambe, selon Léris et Mouhy; ou pour se protéger contre la boue des rues de Paris, selon Titon du Tillet.[22] L'erreur des historiens a été de ne pas chercher l'explication dans les textes. Pour le reste du costume, nous admettons volontiers, avec Lemazurier, que Poisson a pu s'inspirer des déserteurs espagnols qui s'étaient réfugiés dans le Midi.[23] Il est pourtant clair que le costume est, dans l'ensemble, dicté par la nature du rôle.

Raymond Poisson n'a donc pas inventé Crispin. Ceci dit, restituons à l'acteur la gloire qu'il mérite. Nous nous sommes mis à la recherche de l'origine littéraire du célèbre valet, et l'investigation nous a emmené loin de la scène de l'Hôtel de Bourgogne, où pour les spectateurs, les noms de Crispin et de Poisson étaient synonymes. Nous avons exprès négligé un aspect important de la question: c'est qu'un personnage dramatique n'existe qu'en puissance sur la page imprimée. Pour faire de Crispin un personnage vivant, il fallait un acteur de talent. Pour l'immortaliser, il fallait un acteur de génie. Nombreux sont les comédiens qui se sont affublés du costume distinctif pour sortir sur la scène débiter les goguenarderies tant attendues. Mais Poisson a apporté au rôle une verve, une gaîté difficiles à égaler. En un mot, il s'est approprié le rôle, et Fournel, il y a plus de cent ans, a eu le mérite de comprendre ce phénomène:

> En disant donc de Poisson qu'il fut le créateur de ce type, il faut entendre seulement que le premier il le reproduisit avec des traits communs et le même air de famille ... et sans doute aussi qu'il donna, comme acteur, sa physionomie propre et durable à ce rôle.[24]

Nous tâcherons dans le chapitre suivant de montrer que Poisson, par son interprétation unique du rôle du valet, dans ses propres pièces ainsi que dans celles de ses contemporains – pièces qu'il a lui-même inspirées – a fait une contribution non-négligeable au théâtre comique, et qu'on peut à juste titre lui donner le surnom de Crispin Ier.

La Contribution de Poisson à l'évolution de Crispin

L'existence des nombreux portraits de Poisson dans le rôle de Crispin n'a jamais amené les historiens du théâtre à étudier en détail dans quelle mesure cet acteur a contribué à l'évolution du valet. En effet, ils agissent comme si la vie littéraire de Crispin avait commencé au début du XVIIIe siècle. Or, Regnard, dans son *Légataire universel* et ses *Folies amoureuses*, et Lesage, dans son *Crispin rival*, tout en marquant de leur génie le rôle du valet, n'ont fait que reprendre un personnage déjà solidement campé par leurs prédécesseurs. On est certes fondé à rappeler que Goizet, dans son *Dictionnaire*, donne la preuve que Crispin a inspiré force vaudevilles et comédies en un acte au cours du siècle,[1] et que le mot *crispinade* a été inventé à cette époque pour les décrire.[2] On est fondé aussi à prétendre que cette étonnante exploitation de Crispin n'aurait pas été entreprise sans l'impulsion de Regnard et de Lesage. On n'est pourtant pas fondé à négliger la vie littéraire de ce personnage-type au XVIIe siècle.

Claude Joseph, prince de Ligne, fit en 1774 des observations sur les différents valets, et, sans entrer dans la question de l'évolution du type, consacra à Crispin quelques paragraphes qui montrent l'intérêt qu'on portait à l'interprétation du rôle;[3] mais depuis, Crispin a été malmené par les chercheurs. L'utilité des livres que Celler consacra aux valets[4] est devenue contestable. Crispin d'ailleurs, se trouve relégué dans ses *Types populaires* à une note en bas de page. Léon et Frédéric Saisset, étudiant principalement

Scapin, Arlequin, Briguella et Polichinelle, se bornent à remarquer que 'notre Crispin est le principal représentant de ce type sur la scène française.'[5] La bévue qu'ils commettent en le rangeant avec 'les autres valets de Molière' indique à quel point ils se trompent, car Molière ne lui a jamais fourni de rôle. La première étude vraiment utile des types populaires est l'ouvrage que Doutrepont a publié en 1926.[6] Il y a là des vues très larges, des synthèses magistrales et des conclusions solides portant sur les nombreux emplois du théâtre comique. Il reconnaît l'intérêt particulier offert par Crispin: 'Il est homme de grande, de très grande réputation.' Mais malgré la promesse souvent réitérée au cours de son ouvrage d'approfondir la question de l'origine et de l'évolution de Crispin, Doutrepont y renonce, et nous fermons son livre sans avoir trouvé les révélations tant attendues.

Nous chercherons donc à démontrer que bien avant Regnard et Lesage, Raymond Poisson, en tant qu'acteur, a réussi à faire de Crispin un personnage populaire reconnaissable, doué de certains traits qui le différencient des autres valets, et qu'en tant qu'auteur il a contribué à populariser un personnage capable de subir tous les procédés de transformisme. Le fait que les auteurs comiques contemporains de Poisson se sont hâtés d'exploiter la vogue de Crispin est dû en grande mesure à l'image forgée par l'acteur-auteur.

Pour voir ce personnage tel qu'il a évolué, nous devrons reprendre les comédies dans lesquelles il figure, et chercher surtout la contribution de Raymond Poisson dans son évolution.

Après *l'Ecolier de Salamanque*, Crispin reparaît dans les comédies suivantes: *le Zig-zag* de Poisson, *la Dame d'intrigue ou le Riche vilain*, de Chappuzeau, *le Fou raisonnable* de Poisson, *le Médecin volant* et *les Nicandres* de Boursault, *les Costeaux ou les Marquis friands* et *la Veufve à la mode* de Donneau de Visé, *le Duel fantasque* de Rosimond, *le Comte de Rocquefœuilles* de Nanteuil, *Crispin médecin*, *Crispin musicien*, *le Deuil* et *les Nobles de province* de Hauteroche, *les Femmes coquettes* de Poisson, *les Grisettes ou Crispin chevalier* et *le Parisien* de Champmeslé, *le Comédien poète*, *Crispin gentilhomme* et *la Dame médecin* de Montfleury, *Crispin précepteur* et *Crispin bel esprit* de La Thuillerie, *la Pierre philosophale* de Thomas Corneille et de Donneau de Visé, *les Intrigues de la vieille tour* de Du Perche, et *la Belle cabaretière ou le Procureur à la mode*, d'un auteur inconnu. Dancourt semble avoir négligé Crispin en faveur de Merlin, puisque nous ne trouvons celui-là que dans *le Chevalier à la mode* et *la Gazette*, et qu'il n'a qu'un petit rôle dans *le Nouveau prologue et nouveaux divertissemens pour la comédie de l'Inconnu* et dans *les Divertissemens de Sceaux*. Regnard et Lesage lui ont donné une vie nouvelle au commencement du XVIIIe siècle (*Crispin rival de son maître, les Folies amoureuses, le Légataire universel*), et leur exemple a été suivi par Lafont, Destouches, Fagan, Palissot et d'autres encore.

La carrière de Crispin commence à Tolède, où demeure la famille de son maître. Scarron a suivi de très près son modèle Rojas, en faisant de Crispin un *bergante*, c'est-à-dire un garnement effronté. Dès son entrée il emploie avec impudence les quelques mots de latin qu'il a appris en fréquentant le milieu estudiantin:

CRISPIN
Adsum.

DOM FELIX
Parle Chrêtien, sot homme.

CRISPIN
Non possum.

DOM FELIX
Si je prens un bâton, je t'assomme.
Pour trois mots de Latin que le maroufle sait,
Il est un importun. Hé bien donc, comment fait
Mon bon vaurien de fils?

CRISPIN
Male facit.

DOM FELIX
Encore?
Ah! je t'étranglerai, Pedantesque pecore.

CRISPIN
Tout beau, Monsieur, tout beau, je n'en cracherai plus.

Il aime à se donner des airs, ce Crispin, profitant toujours de l'occasion pour se faire passer pour érudit. Il aime aussi à se faire passer pour cavalier.

DOM FELIX
Quoi! des bottes, faquin, comme un chevau-léger.
Comment ès-tu venu?

CRISPIN
Par la poste, en charrette.

DOM FELIX
L'invention m'en plaît.[7]

Le mot est prononcé: invention. Crispin tout au long de sa carrière sera inventif. Il aimera toujours à se parer d'un costume auquel il n'a pas droit, que ce soit celui d'un ancien combattant (*les Femmes coquettes, Crispin bel esprit*), d'un homme en deuil (*le Deuil*), d'un maître de musique (*Crispin musicien*) d'un pédagogue (*Crispin précepteur*), d'un poète (*Crispin bel esprit*), d'un amant (*le Zig-zag, Crispin rival de son maître*), d'un gentilhomme campagnard, d'une veuve ou d'un mourant (*le Légataire universel*). Il se délectera dans ces rôles. Le seul dans lequel il se sentira mal à l'aise est celui d'un cadavre (*Crispin médecin*). Au siècle de Molière, il serait surprenant qu'il n'endosse pas la robe d'un médecin. Il ne se prive pas de ce plaisir (*le Médecin volant* et *Crispin médecin*). Déjà grand artiste à transformations au début de sa carrière, il ne sera pas toujours si prompt à expliquer ses travestissements. Chez Rojas, il explique sans façons les raisons pour lesquelles il porte l'accoutrement d'un chevalier quand il a voyagé à pied. Il est, dit-il, semblable à cet écuyer dont Lazarillo de Tormes était le valet, qui prenait un brin de paille, sortait sur le pas de sa porte et se curait les dents, sans avoir rien mangé.[8] L'imposture est destinée à impressionner les crédules, race d'humains que les *pícaros* reconnaissent intuitivement. Certes, les impostures que commettra notre valet se fonderont sur des motifs variés, mais toutes dépendront de sa condition de valet et souligneront ses réflexes picaresques.

Cela nous amène à un autre aspect de son caractère se rattachant à son origine picaresque. Comme ses confrères Lazarillo et Buscón, Crispin est marqué par une prudence tout à fait naturelle quand il affronte le danger. Etant valet, il fréquente ces gentilshommes espagnols férus de leur honneur, qui se font gloire de se battre à tout bout de champ, souvent contre une supériorité écrasante. Crispin se voit obligé de partager, malgré lui, les risques que courent les maîtres qu'il sert. Dans *Obligados y ofendidos,* Pèdre brave six assaillants, criant qu'ils ne sont pas assez nombreux, et qu'ils feraient mieux d'aller en chercher six autres s'ils veulent le tuer, ce qui fait dire à Crispinillo :

> Señor, si en la cuenta entré
> de aqueste lance importuno,
> por si les faltare alguno,
> busquen cinco y yo me iré.[9]

Un pareil raisonnement se trouve dans la pièce de Scarron :

> CRISPIN
> Ils sont six, nous ne sommes
> Que deux.
>
> DOM PEDRE
> Et pour combien me comptes-tu, faquin?
>
> CRISPIN
> Pour dix : mais avec vous ayant le cher Crispin,
> Qui n'est pas autrement homme propre à combattre,
> Il faut que de vos dix vous en rabbatiez quatre;
> Qui de dix ôte quatre, il en restera six.[10]

Obligé de rester avec son maître, Crispin emploie toute son adresse à faire semblant de se battre sans prendre des risques. Sa terreur est celle d'un homme qui, comme ses semblables du monde picaresque, consacre sa vie à défendre sa peau, et non pas son honneur. L'existence précaire du picaro, dans laquelle la gloire n'est pas aussi réelle que la faim, lui a enseigné la prudence. Il y a certes dans cette tragi-comédie la distinction conventionnelle entre la grandeur d'âme du maître et la bassesse du valet, mais il ne s'agit pas d'ad-

FIGURE I

T. Netscher. Portrait de Raymond Poisson en Crispin.
Cliché des Musées Nationaux

Jay receu de Messieurs les comediens du Roy par
Les mains de Monsieur de la grange La somme
De deux cens cinquante livres pour un quartier de
ma pension qui echera a La fin du courant
de laquelle somme Je quitte Ledit sieur et tous
autres fait a paris ce 15 mars 1690

Il faut que Je paye demain Poisson
Mr [illegible] marchand [illegible]
avancer de 15 Jours [illegible]
dernière quittance [illegible]

FIGURE 2 EN HAUT A GAUCHE

Dernière quittance autographe de Poisson, envoyée à La Grange. Archives de la Comédie Française

FIGURE 3 EN BAS A GAUCHE

Jean-Pierre Dantan (1800–69). Le comédien Samson dans *la Famille Poisson*. Musée Carnavalet nº S2 019

FIGURE 4 EN HAUT

G. Edelinck. Portrait de Poisson d'après Netscher. Phot. BN

Crispin

Telle étoit de Poisson la mine & la posture
Lorsque sur le Teatre imitant la nature
Sous cet habit il Excelloit.

Jamais il ne prenoit le change;
Et lon peut dire a sa loüange
Que c'étoit un maitre valet.

CRISPIN

Crispin par ceut Bravorie
Fait sy bien a la Commedie
quil fait connoitre en peu de temps
quil en posséde tous les Tallents.

FIGURE 5 EN HAUT A GAUCHE
Anonyme. Portrait de Poisson en Crispin. Phot. BN

FIGURE 6 EN BAS A GAUCHE
Anonyme. Crispin. Phot. BN

FIGURE 7 EN HAUT
Un Crispin du XVIIIe siècle, Préville. Phot. BN

FIGURE 8
Gravure parue dans *le Baron de la Crasse*
Quinet, 1662. Phot. BN

FIGURE 9 A GAUCHE
Arlequin lingère du Palais de Fatouville. Phot. BN

FIGURE 10 A DROITE
Frontispice de *la Holande Malade*, Paris, Promé, 1673. Phot. BN

FIGURE 11

Dessin tiré du *Musée de la caricature* de E. Jaime, Paris 1838

mirer l'un et de mépriser l'autre. Nous savons parfaitement que la poltronnerie de Crispin est un motif de rire, et quand il nous fait rire, il nous désarme. Dans un monde moins occupé d'idéals chevaleresques que celui de Pèdre, la prudence du valet, si comique soit-elle, frappe comme étant plus humaine que l'héroïsme du maître. Crispin se permet les observations suivantes quand Pèdre persiste à affronter le danger:

> Vous n'êtes pas plutôt délivré de prison,
> Que comme un furieux, un homme sans raison,
> Au sortir d'un malheur, vous entrez dans un autre.
> Je ne voi point d'esprit bâti comme le vôtre.[11]

Pour lui, ce n'est pas que son maître soit courageux et lui peureux, au contraire: 'Je suis trop prudent, et vous trop hazardeux.'[12] Voilà qui est raisonnable. Conscient du fait que le tempérament orageux de l'impétueux hidalgo ne passera pas impunément les Pyrénées, Scarron semble donner raison au valet.

La prudence de Crispin se fait sentir d'une façon très comique dans *le Zig-zag*. Le maître, amoureux d'une jeune fille mais repoussé par les parents à cause de sa pauvreté, demande à son valet de se faire cambrioleur pour voler de l'argent à son père. Crispin regimbe:

> Voilà justement la peinture
> D'une potence en mignature,
> Ou pour en parler tout de bon,
> Le grand chemin de Montfaucon,
> Quelque sot s'iroit faire pendre:
> Monsieur, pour vous le faire entendre,
> Si vous ne l'avez entendu,
> Je n'ay jamais esté pendu,
> Ny n'ay d'empressement pour l'estre:
> Je sçais que vous estes mon maistre;
> Mais quand il y va du gibet,
> Monsieur, je suis vostre valet.[13]

Voilà le premier exemple d'un Crispin dont le rôle a été écrit et joué par Poisson. On ne peut pas parler de caractères, puisque les personnages ne sont que des fantoches, mais on aura vu que Poisson n'a nullement prétendu à s'éloigner du portrait moral fait par Scarron.

Les Crispins ne cherchent donc pas la gloire, et surtout pas une gloire posthume. Scarron avait fait dire à Crispin:

> A quoi bon, Monsieur, ce mortel équipage?
> A quoi ce pistolet, intrument de carnage?
> A quoi bon ce poignard, cette épée, et pourquoi
> Tant de fer, et vouloir que j'en prenne aussi, moi?

C'est, dit Pèdre, pour mener Crispin à la gloire, et lui de répondre:

> Ah, je m'appelle gloire,
> Je ne tâchai jamais d'avoir place en l'histoire.[14]

Dans *le Fou raisonnable*, Crispin, déserteur de l'armée espagnole, est devenu propriétaire d'une hôtellerie. Un capitaine qu'il héberge a défendu une jeune femme contre six assaillants dans une rixe survenue près de l'auberge. Crispin a attendu leur fuite:

> Quand je vis qu'ils fuyoient, je suis un pauvre hère,
> Mais je ne pûs, ma foy, retenir ma colère,
> Je sentois mon honneur par trop intéressé,
> Je prens ma course, zeste, et franchis le fossé,
> Mais en courant à vous et vous criant courage
> Je vis que ces fuyars revenoient dans leur rage,
> Je revins au fossé, car ils tiroient bien fort,
> Si je ne le franchis, disois-je, je suis mort.[15]

Ce n'est pas Scarron qui a écrit ces vers, mais on pourrait s'y méprendre. Poisson a toujours présentes à l'esprit les scènes de *l'Ecolier de Salamanque* dans lesquelles Crispin exprime son dégoût pour les aventures de ce genre. Ses souvenirs de Scarron ont aussi suggéré le lieu de la scène – l'action se déroule dans une auberge d'Ilescas, en Espagne – et l'idée du combat entre l'officier et six assaillants.

C'est que Crispin ne s'est pas encore francisé. Quoique Poisson joue le personnage du valet, il ne se l'est pas encore approprié. Cependant, l'influence de Scarron va bientôt diminuer: d'autres facteurs entreront en jeu, et le visage de Crispin changera sensiblement.

Heureusement pour Crispin, la vie qu'il va mener en France va l'éloigner de ces scènes de violence. Ayant survécu à tant de combats, grâce à sa prudence native, il va figurer dans des aventures d'un genre tout à fait différent. Les coups de bâton, traitement réservé au valet français, seront plus supportables que les coups d'épée. Dorénavant, Crispin va se franciser, en réponse au goût décroissant pour les héros et les valets importés d'Espagne. Il va s'attacher à des maîtres qui presque tous ont le même problème: ils sont amoureux, et les parents de la jeune fille s'opposent au mariage. Son rôle sera d'aider son maître à gagner la jeune fille, et sa carrière dans cet emploi sera longue et glorieuse. Ses maîtres ne sont plus des étudiants férus de leur point d'honneur. Quelquefois ils sont aussi fourbes que Crispin lui-même. Leur préoccupation n'est pas la gloire dans les armes, mais l'amour. Quant à Crispin, il commence à se dessiner plus nettement. Rojas et Scarron lui avaient donné un caractère. Maintenant Poisson, comme auteur, ajoutera des traits à son caractère, et comme acteur sera le premier à lui donner une physionomie durable.

Raymond Poisson n'avait pas d'illusions concernant son physique. Il savait que son visage, avec l'élasticité d'un masque en caoutchouc, était un atout. C'est cette physionomie, peu appropriée à la galanterie, qui inspire le stratagème qui plonge Crispin dans sa première aventure. Dans *le Zig-zag*, le maître, Octave, a gagné l'amour d'Isabelle, qui est promise par ses parents à un certain Valère. Personne n'a encore vu Valère, d'où le stratagème:

OCTAVE
Tu peux aisément aujourdhuy
Me servir et passer pour luy.

CRISPIN
Pour qui pour luy?

OCTAVE
Pour ce Valere.

CRISPIN *bas*
Ha! morbleu, l'admirable affaire!
Feignons ... Mais Monsieur, le moyen?
Ay-je sa mine? ay-je son bien?
Pourquoy moy passer pour Valere?

OCTAVE
Afin de dégoûter la Mere,
On sera fort mal satisfait,
Voyant un Homme si mal-fait;
Car ta mine sera fort bonne ...

CRISPIN
Hé, Monsieur, n'offensons personne,
Sans vostre perruque, ma foy,
Vous seriez aussi laid que moy. [sc. 3]

Pour la grandeur de sa bouche, et pour sa façon de rouler les yeux, personne ne surpassait Poisson. Dans *le Deuil*,[16] de Hauteroche, auteur qui tirait les meilleurs effets de la physionomie de son collègue, Crispin est le valet de Timante. Celui-ci, pour mettre la main sur l'argent de son père, fait courir le bruit que son père est mort. Crispin est obligé de jouer l'affligé et de porter le deuil.

CRISPIN
Pour toucher cet argent, ça que faut-il donc faire?

TIMANTE
Pleurer. Sçais-tu pleurer?

CRISPIN
Moi? Non, mais je sçais braire,
Cela suffira-t-il?

TIMANTE
Tu feras de ton mieux;
Et quand je pleureray ...

CRISPIN
J'ai de terribles yeux,
Commencez seulement, pour venir à la charge
Je vous réponds, Monsieur, d'une bouche assez large.
Il ne faut qu'essayer, voyez: him, him, him.

TIMANTE

Bon.

CRISPIN

L'accord est musical, est-ce là votre ton? [sc. 1ère]

Sa physionomie servira à jeter l'effroi parmi les paysans dans *les Nobles de province*, de Hauteroche,[17] quand Crispin, se croyant outragé par les attentions qu'un autre homme a données à son amie, recrute ses camarades pour battre l'importun :

FLORINE

Misérable,

As-tu perdu l'esprit? di.

CRISPIN

J'ai perdu le diable.

FLORINE

Je pense qu'il est fou.

CRISPIN

Si je suis fou, tant mieux.

C'est mon plaisir.

FLORINE

Voyez comme il roule les yeux.[18]

Hauteroche, dans ces deux comédies, écrit exclusivement pour Poisson, et c'est sa physionomie qu'il a présente à l'esprit quand il les compose.

Déjà en 1669, dans *la Femme juge et partie*, Montfleury avait adapté le dialogue pour attirer l'attention sur les traits distinctifs de l'acteur, qui jouait Bernardille :

Pour mon visage, il a, sans être trop farouche,
Quelque chose de grand.

GUSMAN

Oui, Monsieur, c'est la bouche.[19]

De telles allusions sont inconnues chez Rojas et Scarron. C'est qu'un phénomène important s'est produit: le personnage et l'acteur se confondent dans l'imagination de l'auteur et du public. Cela avait commencé dans *le Zig-zag.* Les autres auteurs suivent cet exemple.

Autre trait acquis par Crispin depuis que Poisson a commencé à le faire connaître: il bredouille. Il est à présumer que ce bredouillement était un vrai défaut dont Poisson n'a pu se défaire. Il en a donc tiré avantage. Introduit auprès d'Isabelle, dans *le Zig-zag,* il fait son compliment:

CRISPIN
Veritablement ... en effet ...
Il faut avouer ... tant de charmes ...
Sur mon honneur ... je rens les armes,
Et mon père ... effectivement ...
Certes ...[20]

Une indication scénique nous montre exactement ce que l'auteur a voulu dans cette scène:

Crispin, tandis qu'Isabelle le cajole, fait de profondes révérences, et fait semblant de luy repondre en parlant entre ses dents, par un bourdonnement ridicule, sans articuler aucune parole.[21]

Puisque l'auteur jouait le rôle, cette indication est précieuse en ce qu'elle nous donne un aperçu du jeu que Poisson a dû très souvent adopter, et qui ne saurait se traduire toujours dans le texte. Ce bredouillement, que Poisson exagérait pour l'effet comique, devint par la suite un élément si important du rôle que Paul et Arnoult Poisson l'adoptèrent à leur tour.[22]

Grâce à Poisson, Crispin va désormais figurer dans un nombre toujours croissant de comédies. Nous allons voir, en les étudiant, qu'aux traits suggérés par Scarron et par Poisson, vont s'en ajouter d'autres qui feront sentir l'influence des Italiens et plus encore celle de Molière.

Attaché à Cléon, amant de Lucresse, dans *le Médecin volant* de Boursault,[23] Crispin se trouve dans une des ces situations grotesques chères à la comédie italienne. Cléon, amant désespéré, se résout à faire passer Crispin pour médecin, afin de pouvoir pénétrer dans la maison du père:

Pour faire pleinement réussir mon dessein,
Il faut estre aujourd'huy médecin.

CRISPIN

Médecin?
Bons dieux!

CLEON

Sans perdre icy d'inutiles paroles,
Ce service rendu te vaudra six pistoles.
Si le gain t'encourage, avise, les voilà.
Examine.

CRISPIN

Mon dieu, ce n'est pas pour cela.
Médecin!

CLEON

Médecin; je n'ay point d'autre ruse.

CRISPIN
Mais il faut de l'esprit, et je suis une buse;
Et de plus ...

CLEON

C'est à tort que tu prens de l'effroy ...

CRISPIN
Mais à moins de m'instruire, apprenez ...

Une soutane est vite jetée sur ses épaules, et Crispin est poussé dans la chambre où Fernand se plaint de ses maux. Devant une situation irréversible, Crispin en tire le meilleur parti. Il commence par réciter une liste de noms propres à résonnances gréco-latines, mélangés de noms plus modernes, et, s'habituant vite à son rôle, continue:

Approchez.
Venez voir, grands docteurs, les mystères cachez
De l'Encyclopédie et de la médecine.

FERNAND
C'en est un.

CRISPIN
Venez voir ce que c'est que racine
De la mer Arabique, et le flux et reflux.

FERNAND
Monsieur.

CRISPIN
Que voulez-vous? Ego sum medicus.
Médecin passé maistre, apprenty d'Hippocrate,
Je compose le baume et le grand mithridate;
Je sçais par le moyen du plus noble des arts,
Que qui meurt en février n'est plus malade en mars.
Que de quatre saisons une année est pourveue,
Et que le mal des yeux est contraire à la veue.[24]

Boursault est le premier à imaginer un Crispin si doué pour l'improvisation. Comme Fournel le remarque[25] tous les médecins des vieilles farces ont fait de ces grandes découvertes, et la situation aussi est loin d'être originale. Cette scène a déjà été utilisée dans le *Medecino volante*. Le valet que nous écoutons est un autre Arlequin qui n'a de Crispin que le nom. C'est par de telles rencontres de courants différents que le personnage de Crispin évolue. Le valet espagnol n'est déjà plus à la mode.

Les devoirs d'un valet de comédie sont variés, mais il se peut que de temps en temps il se retrouve dans des situations déjà familières. Après son aventure chez Fernand, Crispin se trouve attaché, dans *Crispin médecin*. Géralde,[26] qui est amoureux d'Alcine, fille du médecin Mirobolan. Son devoir, cette fois, est de porter une lettre à Alcine de la part de son maître. Loin de vouloir se déguiser, il se présente, innocent, à la maison du médecin. Il ne se doute pas du sort qui l'attend. Sa conversation avec la servante Dorine est interrompue par le retour de Mirobolan. Si celui-ci découvre sa mission, c'en est fait de lui. Que faire? Il est sur le point de se retirer par la porte de derrière, quand Feliante, la femme de Mirobolan, frappe. La retraite coupée, Crispin perd la tête. C'est Dorine qui trouve une ruse pour le sauver. Elle lui dit de s'étendre sur la table de dissection. Justement Mirobolan attend le cadavre d'un pendu pour une dissection qu'il doit faire. Il ne soupçonnera donc rien. Remarquons que ce n'est pas Crispin qui est inventif ici mais Dorine, et ce n'est pas la dernière fois qu'il aura à remercier une servante pour l'avoir protégé. La ruse risque de tourner au tragique, car Mirobolan décide de ne pas attendre pour faire la dissection. Gardant son sang-froid, Crispin reste allongé, les yeux fermés, entendant parler de bistouris, d'incisions cruciales 'depuis le cartilage xiphoïde jusqu'à l'os pubis,' et n'osant bouger. Mirobolan fait en passant des remarques très peu flatteuses concernant la physionomie de sa victime:

Il n'a pas mauvaise mine, mais il a pourtant quelque chose de fâcheux dans le visage.[27]

Et le parterre de s'esclaffer en se souvenant de toutes les fois que la grande bouche de ce comique[28] avait prêté à des plaisanteries peu subtiles de la part de ses camarades. Quelle occasion pour Poisson d'improviser des jeux de scène derrière le dos de Mirobolan, jeux que les textes de comédies ne peuvent malheureusement jamais nous transmettre.

Grâce à Dorine, qui fait tout pour empêcher que l'intervention chirurgicale ne soit accomplie, Crispin est sauvé. Le parterre n'est pourtant pas satisfait. Avant que Crispin ait eu le temps de quitter la maison, on frappe encore à la porte, ce qui oblige Dorine à trouver une autre ruse pour expliquer la présence du valet. Elle l'aide à endosser une robe de médecin et ouvre la porte. Deux clients se présentent, qui, le prenant pour Mirobolan, demandent ses conseils. Lise a perdu le chien de sa maîtresse; Grand Simon veut savoir s'il épousera la fille qu'il aime. En réponse, Crispin, faisant le grave, ordonne des pilules 'qu'on prend communément chez l'apothicaire,' et empoche un écu blanc et un écu d'or. Cependant ce n'est pas encore la grand épreuve. Mirobolan entre, et trouvant chez lui un confrère, lui demande son avis sur un cas de leucophlegmatia. Pris au dépourvu, Crispin doit agir vite:

> Monsieur, dans ces sortes de maladies, je ne sçais pas si ... quand ... là-dessus ... on ... la ...

MIROBOLAN
Hom?

CRISPIN
Des pillules ...

MIROBOLAN
Lui donner des pillules, ce seroit ruiner les parties, qui sont déjà fort altérées par le désordre qu'ont causé ces différentes maladies.

CRISPIN
Ho, je ne dis pas cela; je dis ... que des pillules que j'ay prises ce matin m'obligent à vous quitter au plutôt. [II, 9]

C'est par de telles répliques que Hauteroche rivalise avec le créateur de Sganarelle. Cette aventure n'empêche pas Crispin de redevenir médecin au IIIe acte pour conclure l'affaire de Géralde. Seulement cette fois-ci, il insiste pour que son maître lui apprenne quelques mots de latin: une connaissance de cette langue suffit toujours pour convaincre les ignorants. Il s'en va marmottant: 'Medicus sum,' mais sa première aventure l'a rendu trop optimiste. Après avoir eu une discussion animée avec deux étudiants en médecine sur ce qu'il appelle la 'transconfusion' du sang, il rencontre le père de Géralde, qui le reconnaît malgré sa robe de médecin:

Non, coquin, nous n'avons point de maladie.

CRISPIN
Coquin!

LISIDOR
Ouy, coquin!

CRISPIN
Non sum coquinus, medicus sum, medicus sum.

LISIDOR
Toy, médecin?

CRISPIN
Ouy, médecin, et vous êtes un impertinent Araca, lostovi, baritonovaï, forlutom, transconfusiona ... Si vous étiez raisonnable, je

vous parlerois de la transconfusion, mais je vois bien que vous en tenez. Allez, prenez des pillules.

LISIDOR
Si je prens un baston, je t'en donnerai cent coups.

CRISPIN
Ce sera contre mon ordonnance. [III, 6]

Son impudence n'en finit pas: il se défend jusqu'au bout, même en présence de Lise et de Grand Simon, qui ont souffert de ses remèdes et reviennent demander justice. Démasqué, pris au collet par Lisidor, il proteste toujours: 'Non sum coquinus, medicus sum.' Mais à la longue il capitule, il explique la ruse, et tout le monde la lui pardonne.

Ces aventures ne l'ont pas guéri. On le trouve dans *les Femmes coquettes* au service d'un Italien qui a épousé une mégère dépensière.[29] Disposé à aider son maître, Crispin offre de se déguiser en vicomte pour mettre à l'épreuve la vertu de l'épouse. Remarquons qu'il n'a plus besoin d'une Dorine pour trouver des ruses. Poisson lui donne une nouvelle indépendance:

Vous allés voir par mon déguisement
Qu'elle écoute un magot quand il a de l'argent.

FLAVIO
Elle te connoistra.

CRISPIN
Comme je pretens estre
Je le donne à ma mere à me pouvoir connoistre. [III, 2]

Ce sera bientôt la fameuse scène de 'fructus belli.' Crispin, 'manchot, borgne, une jambe de bois et en grand deuil,' s'introduit chez Flavie, l'épouse. Ce n'est plus le valet indécis et peureux qui est devenu médecin malgré lui: c'est un valet débordant de confiance, qui a mis tous ses soins à perfectionner son déguisement:

FLAVIE
En cet état, Monsieur, que vous estes à plaindre.

CRISPIN
Fructus belli, Madame : éloigné de vos yeux,
Que j'ay cent fois nommés, et mes Roys et mes Dieux,
Les fovoris de Mars sont traittés de la sorte.
Fructus belli. Voila tout ce qu'on en rapporte.
Tel porte au Camp de Mars des jambes et des bras,
Qui comme vous voyez ne les rapporte pas.
Une jambe de bois, un moignon, l'œil de verre,
Fructus belli. Ce sont tous les fruits de la guerre. [IV, 12]

Cette confiance suprême vacille un peu quand il en vient à faire le galant, car le beau langage n'a jamais été son fort. Il bredouille, comme il a fait en présence d'Isabelle dans *le Zig-zag*. En vrai comique, Poisson a vu tout le ridicule des scènes de galanterie, et comme auteur et acteur, en a tiré le meilleur parti :

Je vous voy de quoy faire un arsenal d'appas,
Et quatre magazins de ceux qu'on ne voit pas,
Les attrais de vos yeux ... et mon cœur ... dans mon âme ...
L'amour que j'ay ... l'argent ... quand d'une ardente flame ...
Voila cinq cens Louis que je porte en un mot,
Car je ne sçay point tant tourner autour du pot. [IV, 12]

C'est son trop de confiance qui le démasque. En faisant les révérences grotesques qui ont si bien fait son affaire par le passé, il perd sa perruque, et, reconnu sans le savoir, ne sert qu'à divertir les dames, jusqu'au moment où elles décident de le renvoyer à coups de bâton.

En 1671, Champmeslé a donné à l'Hôtel de Bourgogne une farce en trois actes intitulée *les Grisettes*. En 1673 parut une nouvelle édition intitulée *les Grisettes ou Crispin chevalier*, en un acte. Le valet Crispin, dans l'espoir d'être un jour le gendre d'un bourgeois, s'est fait passer pour chevalier de Malte. Son caractère n'a pas changé. Il a toujours besoin de l'aide d'une servante – cette fois elle s'appelle Martine – lorsqu'il se trouve dans un mauvais pas ; et il se voit toujours obligé d'avaler des insultes concernant sa personne :

ISABELLE
Cet air bas, dépouillé de perruque et de linge,
N'expose à mes regards qu'une mine de singe,
Salope, dégoustante. [sc. 4]

Inutile de dire qu'il n'épouse pas cette jeune bourgeoise, ni sa sœur, qui, comme Cathos et Magdelon, sont deux petites précieuses des plus ridicules.

Dans *Crispin musicien*, Crispin entre au service d'un nouveau maître, qui s'appelle Phelonte.[30] Dans une situation de point en point identique à celle de *Crispin médecin*, la servante doit expliquer sa présence, et dit qu'il est maître de musique. Ayant été traité de voleur par le maître de la maison, Crispin saisit l'occasion pour regagner sa dignité, et s'apprête à donner une leçon à Daphnis, l'amante de Phelonte. Mais sera-t-il à la hauteur de son rôle quand un vrai musicien l'interroge? Il ne nous déçoit pas:

LE MUSICIEN
Sur un trio nouveau peut-on vous consulter?

CRISPIN (à part)
Payons d'effronterie.

LE MUSICIEN (lui montrant un papier)
Or faites-moi la grâce
De m'éclaircir un peu sur ce qui m'embarrasse.
C'est un certain endroit que j'ai peine à sauver.

CRISPIN
Pour en venir à bout, il falloit y rêver ...
C'est que cet E mi la qui vous met en souci
Et que ce mi B fa que vous traittez ainsi,
Sortant de la De mode, en fait la raissonnance,
Qui rentrant en B mol, forme la conséquence.
Il faut considérer, qu'ut re mi fa sol la,
Rebattant en B quarre, et puis s'arrêtant-là,
Font des accords aigus ... s'il faut que je m'explique
Qui fait que dans les sons ... on voit de la musique ...
Comprenez-vous bien? [II, 10]

Le musicien ne comprend pas, et d'ailleurs ne veut pas comprendre: c'est un Gascon. Ils se querellent. Leur débat continue plus tard, Crispin employant impudemment ses connaissances fragmentaires pendant que le Gascon s'emporte de plus en plus. Il faut dire que Crispin se complaît à jouer le maître de musique, pourvu qu'il puisse jouir de l'appui de ses complices. Il est naturellement démasqué à la fin, mais sans conséquences fâcheuses. Dorénavant, Crispin, rassuré au sujet de ses talents d'imposteur, sera prompt à s'offrir pour n'importe quel rôle qui exige un travestissement.

Il se reconnaît 'l'air sévere, la voix d'un habile orateur,' attributs qui le rendent digne de jouer le précepteur.[31] Du coup, il devient Crispinius, armé d'une férule, d'un fouet et d'un Rudiment, fier de sa bibliothèque imaginaire:

Homere, Rabelais, la belle Maguelone,
Les quatre fils Aimon, les Amadis Gaulois,
J'ai tout là, sans compter le Cuisinier François. [sc. 8]

Crispin a appris il y a longtemps déjà, que s'il fait montre de son érudition fragmentaire, il gagnera le respect des crédules. Il va maintenant faire des progrès, en faisant perdre contenance même aux vrais érudits. Présenté à un vrai précepteur, il le dégonfle sans peine:

SEVERIUS
Recté loquor?

CRISPIN
Ces mots ne sont plus à la mode.
Du temps de Cicéron on parloit comme lui;
Mais la mode a changé. [sc. 14]

Pendant que la servante, sa complice, se tord de rire dans les coulisses, il disserte sur la langue latine, l'air mélancolique et pédant:

Eh bien, fructus est donc du fruit,
Bonus, bona, bonum est un bonnet de nuit. [sc. 15]

Son impudence ne connaîtra plus de bornes. Ecoutons-le parler à Valère, son maître dans *Crispin bel esprit*:[32]

> Je sçais fort bien user de fourberie,
> On ne peut mieux que moi payer d'effronterie,
> Et pour mieux abuser les crédules esprits,
> Monsieur de Clairvoyant est le nom que j'ai pris. [sc. 1ère]

Pourquoi prendre ce nom sinon pour duper Victorine, femme à prétentions littéraires, dont Valère aime la fille. Pour entrer dans la maison, non seulement il se travestit sans être prié, mais encore il suggère que son maître se travestisse aussi. C'est ainsi que Valère entre chez sa bien-aimée, déguisé en abbé:

> Vous pouviez passer, Monsieur, pour la copie
> De ces gens qui souvent ne sçachant A ni B
> De ces gens qui souvent ne sçachant A ni B
> Passent pour beaux-esprits avec le nom d'abbé. [sc. 1ère]

Dans le petit cercle de soi-disant savants, il entreprend avec aplomb d'expliquer son Art Poétique:

> Il faut premierement que la cacophonie
> D'un vers harmonieux conduise l'harmonie;
> Que liratus ... attend ... c'est lhiatus je croi,
> Donne un beau sens au vers ... car c'est là son emploi;
> Que sur la fin du vers, l'hémistiche repose,
> Et que la rime y soit ... et tout cela pour cause. [sc. 5]

Crispin est devenu bel-esprit pour se concilier les bonnes grâces de Victorine, mais maintenant survient le père, un de ces gens d'épée qui detestent les beaux-esprits. Grâce à Crispin, une métamorphose s'opère, et nos imposteurs reviennent déguisés en gens d'épée. Questionné par le père quant aux campagnes qu'il a vues, Crispin relève effrontément le défi:

> J'étois en Catalogne, où je vis, Dieu merci;
> Des choses ... Par ma foi, la campagne fut rude.

VICTORIN (le père)
Vous prîtes Puycerda.

CRISPIN
Ce ne fut qu'un prélude. [sc. 7]

Bien en train, tandis que Victorin s'impatiente, Crispin se souvient de son Corneille:

Mais enfin, pour pousser à bout notre entreprise,
Nous rompîmes le pont, et la ville fut prise ...
Et la terre et le fleuve, et leur flote, et le port,
Sont des champs de carnage où triomphe la mort. [sc. 7]

Crispin s'est surpassé dans cette situation, mais quel effort cette imposture lui a coûté:

... Malgré le secours de tout mon bel esprit,
J'ai cru loin du combat mourir dans le récit. [sc. 8]

On ne s'en étonne pas. Le don de s'adapter à diverses situations est rare, et Crispin ne les aborde pas muni de l'instruction qui serait nécessaire pour convaincre les gens intelligents. Heureusement les personnages de la farce sont plus ou moins faciles à duper. D'où sa réussite. Formé à l'école des picaros, Crispin a toujours su juger et classer les gens, pour pouvoir distinguer ceux qu'il peut duper. C'est pourquoi Crispin, aussi illettré que l'on peut l'être, a survécu à tant d'aventures, acquérant en chemin cette impudence qui est si caractéristique de lui. Parlant de son ennemi mortel, Marin, qui menace, dans *Crispin médecin*, de faire échouer un de ses projets, il dit:

Je ne me soucie guéres de lui. Parbleu, à cause qu'il sçait lire et écrire, et que je ne sçai rien du tout, il s'imagine qu'on n'est pas aussi sçavant que lui. [I, 8]

Ayant dû transporter une lettre que son maître avait écrite à son père, Crispin la perd en chemin, et dicte le contenu à un paysan. Le résultat est tel que le père ne reconnaît ni le style ni l'écriture de son fils. Voici ce que Crispin a dicté, substituant son propre style à celui, sans doute plus châtié, de son maître:

Monsieur mon père, on me voit le cû de tous les côtés, je prie Dieu qu'ainsi soit de vous. Autre chose ne puis vous mander, sinon que je vous prie ... [I, 6]

Le père est visiblement choqué. Voilà le vrai Crispin, fils de la pauvreté, ne sachant ni lire ni écrire. Comment peut-on se faire passer pour médecin, précepteur, bel-esprit, quand on manque des rudiments mêmes de l'instruction? C'est précisément en recourant à cet esprit prompt qui a autrefois sauvé Lazarillo et Buscón de la potence. 'Nous ne sommes pas si sots que nous sommes mal habillés,' explique Crispin. (I, 8) Encore a-t-il eu ses moments d'appréhension. A Dorine, qui dit ne pas pouvoir s'empêcher de rire des ordonnances qu'il a faites, il dit:

Que diable voulois-tu que j'ordonnasse, moi qui ne sçais ni lire ni écrire, ni rien de tout ce qu'elle veut que je sçache? Les pillules se sont présentées, et j'en ay ordonné. [II, 7]

Crispin se rend compte que s'il veut se tirer d'embarras à l'avenir, il devra apprendre quelque chose. Si bien que lorsqu'il est obligé de commenter un morceau de musique, il n'est pas pris au dépourvu. Nous avons entendu le superbe exemple de galimatias pseudotechnique dont il est capable. La situation a été préparée. Il est valet dans une maison où le maître Phelonte est féru de musique. Celui-ci joue du clavecin, encourage sa servante Fanchon à prendre des leçons de chant, et se fait constamment entourer d'instrumentistes. Crispin a été tout oreilles, et ce sont les deux ou trois termes qu'il a appris qu'il débite lorsque l'occasion s'en présente. A chaque étape de sa carrière, il puise dans cette source sans fond de ses expériences personnelles. Comment se fait-il passer pour précepteur?

Je servois autrefois au Collége d'Harcour
Un pédant qui parlait latin et nuit et jour.
Après l'avoir servi deux ans à maints usages,
De quelques mots latins il me paya mes gages.

Ainsi j'en sçais sans doute assez pour hazarder
D'être le Précepteur d'un fat à nazarder.
Je sçai tous les Auteurs par leurs noms, je n'ignore
Que tout ce qu'ils ont fait.[33]

Notons que Crispin n'est pas dupe de la nature de ses connaissances, qui sont toutes en superficie. C'est une bonne qualité. Il tourne à son profit tout ce qu'il a entendu. On se rappellera que lorsqu'il est obligé de parler des campagnes militaires qu'il a vues, il emploie ses souvenirs cornéliens. Crispin a évidemment accompagné un de ses maîtres au théâtre, et il a appris par cœur, comme tous les Parisiens, les beaux endroits du *Cid*.

Tout n'est pas encore dit sur Crispin. Il est illettré, entreprenant, certes, mais il est aussi raisonneur et moraliseur. S'il manque d'instruction formelle, de tout temps le bon sens a régné dans son esprit. Dès son arrivée sur la scène française, sa désinvolture picaresque nous a frappés. Fidèle à la tradition de la comédie, il prend les libertés permises aux domestiques attachés aux grands seigneurs, et étant le confident de son maître, il trouve ici un éxutoire pour sa loquacité extraordinaire. A Tolède, il avait repris son maître Pèdre pour avoir choisi de courtiser la sœur d'un comte:

Si vous vouliez au moins parfois tirer la laine,
On s'y pourrait sauver ...
Si vous étiez un Comte, ou du moins un Baron,
Mais on n'en trouve plus, à ce que j'entens dire,
Cela sent le vieux temps. Pour ces comtes pour rire
Ou bien faits à plaisir, des Marquis Ducs et Pairs,
L'année en est fertile, et les chemins couverts
De maréchaux de camp l'année est aussi bonne.

DOM PEDRE
Moralise, faquin, sans offenser personne.

CRISPIN
La race des Crispins eut du ciel ce talent,
Comme vous possédez celui d'être galant.[34]

Crispin ne perdra pas son talent de moraliseur, ni son humeur raisonneuse. Devenu hôtelier, il accepte de faire passer ses hôtes,

Pèdre et Félician, pour des fous, pour faciliter la réunion des amoureux. Il présente Pèdre comme son fils, à qui il a donné une très bonne éducation, mais, dit-il, cette éducation a causé sa folie:

> ... Je croy fortement
> Qu'un scrupule d'amour, un gros de jalousie,
> Deux onces de chicane, une de Poesie
> Trois dragmes de musique et six grins de procez
> Infusez la-dedans causent un grand accez,
> C'est pour perdre un esprit un remede admirable.[35]

Grâce à son aide, les amoureux se marient. Crispin a le dernier mot:

> Il faut faire des fous pour faire la fortune.

Poisson a donc repris ce trait du caractère de Crispin, y trouvant un assaisonnement aux hors d'œuvre purement visuels qui constituent ce qu'il y a de plus original dans ses modifications. D'autres auteurs ont conservé ce trait de caractère. Lorsque Crispin, observateur de la société de son temps, devient valet d'une veuve à la mode,[36] la mort du mari lui inspire l'observation que voici:

> De diverses façons on honore un trépas;
> De pleurer avec art, aujourd'hui l'on se pique;
> Et les Grands, seulement, sont pleurés en musique. [sc. 3]

Il devient valet au service de l'Italien Flavio, et déplore les changements qu'il a vus dans sa vie:

> Paris est tout changé, la langue l'est aussi.
> Vous savés bien qu'on a retranché grand mercy,
> Et je vous remercie.
>
> FLAVIO
> On ne s'en sert plus guere.
>
> CRISPIN
> Ce sont cinq ou six mots dont on n'a plus que faire.[37]

Dès Rojas, Crispin est loquace. Il n'a pas changé, même si, depuis que Poisson l'a adopté, il bredouille. Il aime régaler son maître de ses idées sur les transformations que subira la capitale maintenant que le roi a à ses ordres les meilleurs ingénieurs du monde. Déjà à Versailles on cultive des orangers, on fait jouer des jets d'eau, tout cela en plein hiver. C'est de la magie. On trouvera bientôt le moyen d'empêcher qu'il ne pleuve à Paris.

FLAVIO
Si nous voyons cela, nous verrons un prodige.

CRISPIN
Avant qu'il soit un an, vous le verrez, vous dis-je.

FLAVIO
Cela ne se peut pas.

CRISPIN
Non?

FLAVIO
Asseurement

CRISPIN
Non?
... Mais Versailles, le Louvre, et ces grands bastimens,
Tout cela ne se fait que par enchantemens,
Croyez-vous que ce soit de veritable pierre?
De la pierre qui vient du ventre de la terre?

FLAVIO
Ouy, qu'on polit en marbre et que l'on adoucit.

CRISPIN
Ce n'est que du carton que le diable endurcit.[38]

Flavio, fatigué de ces commentaires incessants, lui dit de se taire, mais Crispin ne peut pas contenir son enthousiasme:

Monsieur, parlons encore de Paris, je vous prie,
Paris, je suis badaut Monsieur, c'est ma patrie.

Il ne se considère plus comme un expatrié d'Espagne. Paris, c'est sa patrie adoptive, et il pense et agit en Parisien. C'est un Monsieur Je-sais-tout depuis qu'il a pris les traits de Raymond Poisson.

Nous avons vu, en passant en revue les divers aspects de son caractère, qu'il a sa façon à lui de résoudre les problèmes. Mais ces problèmes sont presque toujours ceux de son maître. Va-t-il passer toute sa vie à satisfaire les humeurs de ce maître? Il est valet, et les valets ont de tout temps eu droit à leurs amourettes. Voilà pourquoi il cherche Béatris à Tolède, et pourquoi à la fin il l'épouse.[39]

Poisson et ses contemporains lui donneront de nombreuses amantes. Une fois à Paris, il fera d'autres conquêtes, malgré sa physionomie peu avenante. Ecoutons Catin, la servante de Léonore dans *le Zig-zag*:

> Un jour y me diset, Catin,
> Ma mignonne, que je te baise:
> Ce pauvre garçon fut plus aise,
> Car je le laissy faire un peu.[40]

C'est une amourette poursuivie sans galanterie, moins drôle que celles qu'il entreprend déguisé en vicomte, mais bien dans la tradition de la vieille farce, chère à Poisson.

Ses aventures chez le docteur Mirobolan lui font connaître la servante Dorine, à qui il parle d'amour à la première occasion.[41] Crispin est ici un modèle de subtilité, si l'on considère ses manières de naguère. Son amour s'affine au fur et à mesure que ses aventures se multiplient sous d'autres plumes. Chez Phelonte, dans *Crispin musicien*[42] il nous entretient de:

> ce chien d'amour qui sans cesse m'entraîne
> Vers l'objet dont mon cœur est embrasé.[43]

Cet objet est Toinon, servante de Dorame. C'est elle qui imagine de faire de Crispin un maître de musique. Leur amour prend une telle importance que tous les musiciens chantent une chanson en leur honneur quand leur mariage est annoncé.[44] Quand il est précepteur, il joue brièvement le galant avec Lise,[45] et, bel esprit, il la retrouve et l'épouse.[46]

Dans *les Nobles de province*[47] Hauteroche a donné le nom de Crispin au fils d'un fermier. Il est peut-être vêtu de sa façon traditionnelle, mais son caractère est celui d'un fier-à-bras aggressif, qui cherche querelle à tout le monde. Il menace un certain Monsieur D'Islmarets; celui-ci s'emporte:

Sans cérémonie,
Délogeons; autrement je pourrois ...

CRISPIN
Oh! jarnie,
Ne vous y frottez pas; vous n'êtes point hupé
Assez haut pour ... (Il le pousse) Je crois que vous m'avez frappé?
Si j'en étois certain, je vous ferois connoître ...
Un soufflet sans rien dire! Ah! c'est frapper en traître. [I, 8]

On dirait qu'il s'appelle Jodelet plutôt que Crispin. Mais on est rassuré quand on se souvient que Crispin a été assez aggressif dans *Crispin médecin* (III, 2) et que sa répugnance pour les rixes remonte jusqu'à Rojas. Les scènes de *Crispin bel esprit* dans lesquelles Pénétrant et Crispin s'évitent pour ne pas avoir à défendre leur honneur ont peut-être été suggérées par ces vers de Hauteroche.[48] C'est un paysan mal dégrossi, certes, mais quand il roule les yeux pour imprimer la terreur aux villageois, nous sommes plus disposés encore à convenir que c'est un rôle conçu pour Raymond Poisson. Chassé par M. Chiros le chirurgien, qui tient à lui faire une saignée, Crispin réagit comme devant les bistouris de Mirobolan.[49]

N'oublions pas que Crispin a été à Rome. Flavio, dans *les Femmes coquettes*, l'avait envoyé en Italie pour chercher un diamant. (I, 8) Ce fils de fermier lui aussi est allé à Rome, si bien qu'il entreprend d'enseigner l'Italien à un laquais:

FABRICE
Tu parle donc la langue?

CRISPIN
Un poco, un poco.
Je sçai cent jolis mots que j'ai pris soin d'écrire.
Tu sei, un forfante, un mato.

FABRICE
C'est-à-dire?

CRISPIN
C'est-à-dire je suis vostre serviteur.

FABRICE
Bon,
Je retiendrai cela.

CRISPIN

Mais prend bien garde au ton,
Tu sei, un forfante, un mato. Dans la rûe,
Si tu veux aborder quelque'un qui te salue,
Vorria che fosti impicato.

FABRICE

J'entends.

CRISPIN

Pour dire, vivez sain jusqu'à plus de cent ans.[50]

L'impudence d'un valet qui crache quelques mots de latin n'a pas été oubliée, mais la mode est à l'italien.

Redevenu valet dans *le Parisien*,[51] Crispin est encore une fois reconnaissable. Champmeslé lui a donné l'occasion de retrouver sa personnalité d'autrefois. Il lui permet même d'endosser son costume espagnol :

CRISPIN

Voyant le temps couvert, de peur d'être mouillé,
J'ai pris mon manteau noir, et j'ai chaussé mes bottes
Pour en marcher plus vite et pour braver les crottes. [IV, 6]

Cela lui donne l'air, dit son interlocuteur, 'd'un porteur de Billets mortuaires.' (IV, 6)

Il est vrai que cette fois Crispin n'est pas le protagoniste, mais il a sa part de situations amusantes. On lui demande, par exemple, de servir d'interprête pour traduire les paroles d'Elmire, jeune Italienne dont le héros Clitandre est amoureux :

ELMIRE

Potessi per levarmi d'impaccio andar a volo hors.

CRISPIN

Vous êtes un voleur! Elle le dit je pense.

ELMIRE

Perche mi manca tal potentia.

CRISPIN

Potentia vous dit que ... gare la potence. [III, 12]

Plus tard, il reçoit l'ordre de retenir Monsieur Jérôme, de trouver n'importe quel sujet de conversation, et de faire traîner l'entretien. Celui qui, dans d'autres situations, s'est fait fort d'expliquer la partition d'un trio, les aspects techniques de l'alexandrin, la stratégie militaire et les dernières découvertes de la médecine, se plonge maintenant dans une tirade absurde qui tient de la parade :[52]

> Ah! si pour défâcher votre douleur qui crie
> Vous pouviez concevoir la grande fâcherie
> Qu'eût mon maître, apprenant cet accident fâcheux,
> Et comme il fut fâché contre ces malheureux,
> Qui portant en fâcheux ces nouvelles fâcheuses
> Fâcherent jusqu'aux pleurs, ces larmes larmoyeuses,
> Et se fâchant pour vous, comme il en fut touché,
> Comme ... Ma foi, Monsieur, il en est bien fâché.[53]

Tout Crispin est là. Analphabète, il bredouille ses inepties sans perdre la face, résolu à inventer ce qu'il ne sait pas, le tout avec une verve irrésistible.

Il reviendra en 1687 dans *le Chevalier à la mode*, de Dancourt. Indispensable à son maître le chevalier de Villefontaine, Crispin vit avec lui sur un pied de camaraderie sans vergogne. Moins moralisateur que Sganarelle dans *Dom Juan*, moins vigoureusement dépeint que les autres Crispins dont nous avons parlé, il n'en reste pas moins mémorable. Sa présence dans la meilleure pièce de Dancourt atteste sa popularité.

Résumons. Une fois francisé, Crispin subit des influences nouvelles. Les situations dans lesquelles il se trouve ne correspondent plus à celles qu'on trouve dans la comedia espagnole. Hauteroche, qui est plus proche de Molière que de Scarron, a lancé Crispin dans une série de comédies qui exploitent les impostures et les déguisements. Poisson lui-même imagine des situations semblables. La Thuillerie produit deux comédies qui consacrent les talents de Crispin comme artiste à transformations.

Le caractère de Crispin ne change pas sensiblement. Sa désinvolture picaresque est toujours aussi forte qu'au début; tantôt fanfaron, tantôt peureux, il fait penser de temps en temps à Jodelet, mais on lui garde toujours certains traits qui sont bien à lui. Il reste raisonneur, moralisateur et pédant, comme il avait été au début.

Quant à son importance relative dans la pièce, après avoir occupé une position secondaire chez Rojas et Scarron, il en vient à occuper la position centrale. Il devient dans bien des cas la raison d'être de la pièce.

Nous croyons que c'est grâce aux talents comiques de Poisson que le personnage de Crispin est ainsi devenu le valet préféré des auteurs comiques. Synonyme de gaieté et d'effronterie, Crispin prend le pas sur les autres valets, tels que Philipin, Merlin et Jodelet, malgré la préférence que Quinault, Boisrobert, Chappuzeau et Scarron avaient accordée à ceux-ci dans les années cinquante.[54] Si la nouvelle génération d'auteurs choisit d'exploiter la popularité de Poisson, c'est parce qu'il est des leurs, parce qu'il assure la réussite des pièces qu'il crée. Mais son influence ne s'arrête pas là. Même ceux qui écrivent pour d'autres troupes, qu'elles soient celles de Paris ou de province, profitent de la vogue de Crispin pour égayer leurs pièces. Tels sont Rosimond, Nanteuil et Du Perche. Dans *le Duel fantasque*,[55] Rosimond met sur la scène un Crispin fort en rhétorique, proche parent de Matamore, qui, obligé de se battre en duel, opte pour un duel verbal, qu'il gagne. Amoureux de la servante Marine, il essaie de s'exprimer en termes poétiques, et le grand nombre de points de suspension indique clairement que celui qui a joué le rôle a dû adopter le bredouillement traditionnel.[56] Nanteuil, dans *le Comte de Rocquefoeuilles*,[57] introduit un Cryspin [*sic*] qui se déguise en comte et chante des chansons populaires. On pense au *Zig-zag* quand on l'entend débiter des propos licencieux et quand on écoute cette loquace Catin qu'il aime. Du Perche, dans *les Intrigues de la vieille Tour*,[58] fait de Crispin un meneur de jeu admirable, qui ne peut pas résister à la tentation de se travestir, et qui émerge comme le modèle parfait du valet fripon. Dans *la Belle cabaretière*, d'un auteur anonyme,[59] Crispin a l'occasion d'inventer au sujet de ses expériences militaires, de splendides mensonges qu'il bredouille avec toute l'effronterie qu'on attend de lui. Un Crispin peureux revient dans *la Pierre philosophale* de Thomas Corneille et de Donneau de Visé.[60]

Certains auteurs refusent de mettre sur la scène un Crispin qu'ils trouvent peut-être trop souvent copié. Montfleury, par exemple, dans *Crispin gentilhomme* et *la Dame médecin*, a écrit pour le valet des rôles qui ne doivent presque rien à la tradition. Mais l'important c'est qu'il a choisi ce nom plutôt qu'un autre. Il en va de même pour Chappuzeau et Boursault. *La Dame d'intrigue* du premier, et *les Nicandres* du second, sont des pièces où la présence de Crispin semble dictée par sa popularité croissante.

Sans Poisson, Crispin aurait pu continuer à occuper une position secondaire, comme Philipin, Marin, Frontin et Merlin. Mais le jeu supérieur de Poisson a élevé ce valet au-dessus de son rang. Les auteurs qui ont écrit pour lui ont été prompts à exploiter la cocasserie de son interprétation du rôle. On le regarde sur les planches. C'est un phénomène de mouvement, de rythme, d'activité, qui atteint au grandiose dans la bouffonnerie. Les yeux roulants, il mime, il chante, il bredouille, tirant d'un simple texte des effets comiques que les auteurs n'avaient même pas osé espérer. On lui confiera donc des compliments burlesques, des récits de batailles, des explications d'ordre technique qui lui permettrant d'user de ses ressources infinies. Poisson lui-même compose des rôles qui mettent en valeur les talents particuliers dont il est doué. C'est de cette façon que Crispin prend une physionomie durable dans la seconde moitié du XVIIe siècle.

Qu'est-il arrivé après la disparition de Poisson? Dans *les Folies amoureuses*, *le Légataire universel* et *Crispin rival de son maître*, Crispin est par moments fanfaron, malicieux, fourbe, il se fait passer pour magicien, mousquetaire, campagnard, veuve, mourant, soupirant. Entreprenant quand la réussite de ses artifices paraît assurée, il se montre pusillanime devant le danger. C'est avec ces caractéristiques qu'il reparaîtra dans d'autres comédies du XVIIIe siècle dans lesquelles il a un rôle. Infidèle à son maître dans *le Naufrage ou la Pompe funèbre de Crispin* de Lafont (1710), vantard et raisonneur dans *le Curieux impertinent* de Destouches (1710), rusé dans *le Rendez-vous* de Fagan (1733), prompt à se déguiser dans *les Tuteurs* (1754) et *les Philosophes* (1760) de Palissot, Crispin continue à divertir le public parisien pendant bien des années. Qu'il soit travesti en antiquaire[61] ou en globe-trotter,[62] nous nous sentons en présence d'un Crispin familier. On n'est pas déconcerté de trouver qu'en 1760, Crispin est partisan des théories de Rousseau.[63] Ce Crispin qui entre à quatre pattes pour annoncer aux philosophes réunis qu'il abandonne la société et qu'il va vivre selon la nature, et qui brandit une laitue comme preuve de sa bonne foi, nous le reconnaissons. C'est que les efforts conjugués de Poisson et des nombreux auteurs qui ont écrit pour lui ont fourni une base solide sur laquelle les générations suivantes ont bâti.

'On a observé,' dit Doutrepoint,[64] 'qu'un emploi, un rôle ne restait pas figé dans un cadre immuable et sans être susceptible d'aucune évolution, qu'un acteur, si original fût-il, n'immobilisait pas à jamais par son talent le caractère qu'il avait imprégné de sa personnalité. Ce caractère se modifiait en quelque mesure dès qu'il passait dans l'âme d'un autre artiste apte à le différencier.' Les divers interprètes de Crispin au XVIIIe siècle ont su rajeunir, regénérer le rôle. Sous la plume de multiples auteurs, qui veulent faire peau neuve d'une pièce à l'autre, ce personnage-type est devenu objet de refontes. Mais les gaietés d'usage, les gestes et les attitudes traditionnels, continuent à distinguer Crispin des autres rôles. 'La différence,' dit le prince de Ligne,[65] 'qu'il y a entre le Valet et le Crispin, c'est que celui-ci doit être beaucoup plus leste ... et qu'il doit avoir l'air un peu bretteur, tandis que l'autre est poltron de bonne foi. Le Crispin demande aussi plus de jeu et de mines. Il y en a d'ordonnance, comme le geste de l'épée, les révérences, les courbettes, les sauts sur une jambe, le tour du manteau.' N'enlevons pas au père de tous les Crispins l'honneur qui lui est dû.

TROISIEME PARTIE

Poisson auteur comique

Lubin ou le Sot vangé

Les circonstances de la composition de *Lubin ou le Sot vangé* sont difficiles à élucider. Quoiqu'indiquant que cette petite pièce est la première que Poisson ait écrite, Chappuzeau et Titon du Tillet n'en donnent pas la date.[1] Ce sont les frères Parfaict qui les premiers ont essayé de lui en assigner une. Leur décision de parler de la pièce sous l'année 1652,[2] pour des raisons que nous examinerons, a amené des générations d'historiens et d'érudits[3] à adopter cette date. La pièce n'est certes pas une merveille de la littérature comique, mais la forme et la substance – c'est une farce d'inspiration populaire, en vers de huit syllabes – indiquent combien il est souhaitable d'en connaître la vraie date de composition, ce genre étant devenu de plus en plus rare à mesure que le siècle s'avançait.[4]

Pour en arriver à la date 1652, les Parfaict ont dû se laisser influencer par deux affiches que Villiers avait préparées pour l'Hôtel de Bourgogne, qui annonçaient que les Comédiens allaient jouer *l'Amaryllis*, suivi de *Lubin ou le Sot vangé*. Cet *Amaryllis*, qui est, comme l'a prouvé Bernardin,[5] la pastorale de Tristan, fut joué en 1652, et publié en 1653.[6] Les Parfaict, ayant vu ces affiches, conclurent naturellement qu'elles étaient pour une représentation de 1652 et que, par conséquent, *le Sot vangé* devait remonter lui aussi à cette date. Ils ne semblent pas avoir été déconcertés par le fait que la première édition de *Lubin* date de 1661.[7]

Bernardin a avancé l'hypothèse que les affiches en question furent destinées à une reprise d'*Amaryllis* en 1661. Voici son raisonnement: *a* Si les affiches avaient existé avant 1660, Villiers les aurait publiées avec les trois comédies, *les Sœurs jalouses, l'Apothicaire dévalisé* et *la Magie sans magie*, publiées cette année-là au lieu d'attendre jusqu'à 1662, date à laquelle il publia les affiches avec *les Fragmens burlesques.*[8] *b* Il y a eu une nouvelle édition d'*Amaryllis* en 1661, qui a dû résulter d'une reprise. *c* Le prix des places au parterre selon les affiches – quinze sous – convient plus en 1661 qu'en 1652. *d* L'allusion à Louis XIV, dans l'épître dédicatoire de *Lubin*, où Poisson l'appelle 'le plus grand Roy de la terre,' convient plus en 1661 qu'en 1652.

Nous sommes maintenant en mesure d'ajouter deux faits à cette hypothèse. *a* Raymond Poisson n'était pas encore à l'Hôtel de Bourgogne en 1652. Il semble peu probable qu'il eût pu y faire jouer une pièce de sa façon sans y être comédien. *b* L'édition de 1661 de *Lubin* est indiscutablement la première, le privilège étant du 31 juillet et l'achevé d'imprimer du 17 septembre. La question d'une édition antérieure, que Bernardin a cherchée en vain, ne se pose pas.

L'hypothèse de Bernardin est digne de considération. Quand on pense que les autres pièces de Poisson se suivent d'une façon plus ou moins régulière à partir de 1662, il est difficile d'imaginer qu'il a pu laisser passer dix ans entre sa première pièce et les autres. Nous inclinons donc à penser que *Lubin ou le Sot vangé* a été composé après l'arrivée de Poisson à l'Hôtel de Bourgogne.

La date de sa première représentation est aussi incertaine que celle de sa composition. M. Mélèse parle de février 1661.[9] Il semble suivre ici Fournel, qui dit avoir trouvé mention du mois de février chez Léris.[10] Celui-ci pourtant ne dit rien de la sorte et se contente, comme ses contemporains,[11] de supposer que la publication en 1661 ait suivi de près les représentations. Inutile de chercher des indications dans les gazettes de l'époque. La première représentation d'une si petite pièce n'attira pas beaucoup d'attention. Les seuls vers que la petite presse lui consacre ne datent que de 1671[12] et ne constituent qu'un rappel du succès de la comédie.

Nous devrons donc nous contenter d'approximations. Compte tenu du fait que Poisson n'est entré à l'Hôtel de Bourgogne qu'au début de 1660, nous serions porté à croire que *Lubin* a été représenté pour la première fois fin 1660, début 1661.[13]

Avant d'aller plus loin, il convient de donner un résumé de la pièce. La scène est à Paris. Les personnages principaux sont un couple marié, Lubin et Lubine. Lubin est 'chef de la grande Confrairie des cocus.' Sa femme, coquette et belle, a pris un amant, le Compère, mais refuse de partager ses faveurs avec un certain M. Ragot, qui est également épris d'elle. Pour se venger, il décide d'aider le mari négligé à se débarrasser du Compère. Après des scènes de ménage dans lesquelles Lubine se conduit en vraie mégère, Lubin rencontre Ragot qui offre de lui prêter une racine magique. Cette racine, que Lubin doit appliquer sur le dos de sa femme, en récitant une formule magique, aura la qualité merveilleuse de la mettre à la raison une fois pour toutes. Lubin apprend avec difficulté la formule, rentre à la maison, suit à la lettre les instructions de Ragot, et trouve avec joie que la racine fait des merveilles. Lubine fait tout ce qu'il ordonne. A son commandement, elle rit, elle chante, elle éternue. Quand elle bronche, il augmente la dose. Il lui ordonne de chasser le Compère, qui, l'air hébété, se trouve soudain dans la rue. Ragot, satisfait de sa vengeance, promet de prêter sa racine à Lubin toutes les fois que celui-ci en aura besoin.

Le titre de cette petite pièce est suivi, dès la première édition, du mot 'comédie.'[14] Ayant lu notre résumé, le lecteur conviendra que c'est plutôt le mot farce qui aurait dû suivre le titre, mais ce mot n'était guère employé à l'époque.[15] Quand Molière, de retour à Paris en 1658, risqua devant Sa Majesté une représentation du *Docteur amoureux*, il le qualifia simplement d'un 'de ces petits *divertissements*[16] qui lui avoient acquis quelque réputation, et dont il regaloit les provinces.'[17] Mais quand plus tard il fit imprimer ses *Précieuses ridicules*, il usa du terme comédie,[18] quoique Mlle Desjardins en parlât en usant du terme farce.[19] Poisson suivit l'exemple de Molière une année plus tard, quand il communiqua au libraire son *Sot vangé*. Il n'avait pas le droit d'user de cette description, car sa petite pièce n'est rien d'autre qu'une de ces farces joyeuses qui étaient si répandues au Moyen Age. Cette constatation devrait être en soi suffisante pour attirer l'attention de l'historien du théâtre du XVIIe siècle.[20] Poisson nous présente en effet un exemple de l'ancienne farce française,[21] écrite en octosyllabes, qui étale les mésaventures du ménage et la victoire remportée par le mari sur l'épouse acariâtre. Quoique la farce ancienne eût souvent d'autres thèmes,[22] il n'en reste pas moins vrai que c'est l'éternel conflit entre mari et femme qui caractérise les meilleures farces de l'ancien théâtre comique. Pour s'en convaincre, on n'a qu'à lire *la Farce nouvelle tres bonne et fort joyeuse de l'Obstination des femmes, la Farce du cuvier, la Farce d'un chauldronnier.*[23] Les spectateurs ne se lassaient jamais, semble-t-il, de ces scènes de ménage, de ces querelles prises sur le vif.

Or, ce genre de divertissement est censé avoir été remplacé sur la scène française par d'autres formes de divertissement beaucoup plus subtiles. Après tout, il y a loin de *la Farce du Cuvier* aux *Femmes savantes.* Cela signifie-t-il que *le Sot vangé* n'est pas digne de notre attention? Au point de vue esthétique, cette petite pièce n'a pas beaucoup de mérite, mais au point de vue de l'histoire du théâtre, elle a une place importante, car au seuil de l'époque la plus illustre du théâtre français, elle a eu un assez grand succès, d'abord à Paris et plus tard dans d'autres parties de l'Europe.[24] Il nous incombe donc d'expliquer pourquoi l'on n'a pas dénigré cette pochade lors de sa première représentation.

Il est impossible d'apprécier la situation sans avoir passé en revue les constatations des médiévistes du siècle passé, Viollet-Le-Duc,[25] Magnin,[26] Fournier,[27] La Croix,[28] plus tard celles de Lintilhac,[29] et Magne,[30] et surtout celles de Gustave Cohen,[31] qui, d'une façon ou d'une autre ont révélé les multiples influences qui se sont exercées sur notre ancien théâtre comique. Les Basochiens et les Enfants-sans-Souci ont joui pendant longtemps d'un champ libre. C'est à leur époque qu'on voit la floraison de la farce nationale. Avec la Renaissance, l'influence de l'Italie se fait sentir: la remise en valeur des auteurs de l'antiquité déclenche une vague d'imitations littéraires; l'arrivée des Comici Gelosi révèle aux Français de nouvelles façons d'être acteur comique, et les nouvelles farces subissent des changements sensibles. L'octosyllabe commence à s'user. Les négligences qu'autorise la nature même du genre ouvrent la voie à la prose, qui deviendra le véhicule naturel de tout acteur comique prêt à adopter les suggestions de la commedia dell'arte. Les Basochiens et les Enfants-sans-Souci disparaissent de la scène parisienne vers la fin du XVIe siècle, et l'on commence à entendre parler de Gros-Guillaume, Gaultier-Garguille et Turlupin, entre autres. Il est évident que ce trio inséparable de l'Hôtel de Bourgogne a adopté la mode italienne: Robert Guérin, Hugues Guéru et Henri Legrand deviennent dans la farce des personnages-type, comme l'étaient Pantalone, Pedrolino et Arlichino sur la scène italienne. Les types de ce genre n'existaient pas dans la vieille farce nationale. Les farces qu'ils jouaient révèlent la même influence. Celle qui a été reproduite par les frères Parfaict[32] est en prose et révèle une ébauche d'intrigue. *La Farce de la Querelle de Gaultier-Garguille et de Perrine sa femme, avec la sentence entre eux rendue*[33] est un curieux mélange de dialogues en prose et d'explications rappelant les canevas des Italiens. Ce même pot-pourri de farce gauloise et de commedia dell'arte est illustré par les ouvrages de Tabarin.[34]

Il semblerait donc que sur la scène parisienne, la vieille farce nationale ait été remplacée par un nouveau genre, qu'on peut appeler la farce italo-gauloise. Cela veut-il dire que la farce nationale était déjà morte ? Non, loin de là. Gustave Charlier a démontré qu'à l'époque d'Henri IV, elle était toujours vivante: 'On recherche les vieilles pièces, et on en corrige les parties par trop gothiques; leur toilette faite, on les publie à nouveau ou on les reporte à la scène.'[35]

Magnin suggéra en 1858 que les farces réimprimées dans les trois premiers volumes de *l'Ancien Théâtre François*, d'après le recueil du XVIe siècle,[36] étaient des copies de farces remontant au XVe et même au XIVe siècles.[37] Après lui, Fournier[38] fit de son mieux pour leur assigner des dates, justifiant dans beaucoup de cas l'hypothèse de son prédécesseur. La vivacité de ces farces ne peut être expliquée que par la popularité immense du genre; et si, comme Fournier le prétend, la publication d'une farce était un phénomène exceptionnel,[39] leur nombre a dû être énorme. Nous ne nous attendons donc pas à voir disparaître du jour au lendemain un genre si profondément enraciné. Et en effet, nous trouvons que des recueils de farces ont été publiés en 1612 (celui de Rousset), en 1619 (celui de Copenhague, publié à Lyon), en 1624, 1628 et 1632 (tous publiés à Lyon).[40] Il est évident que les conclusions de Charlier sont basées sur des faits solides.

Si l'on veut d'autres preuves, on peut examiner *la Farce du Porteur d'eau*, 'vrai spécimen de farce absolument populaire'[41] qui date de 1632. On n'y trouve pas le cachet de Gaultier Garguille et de son 'école.' Ce qu'on y trouve, c'est la structure simple et le laisser-aller de la vieille farce, et, plus important encore, un sujet qui pourrait faire croire à une réadaptation d'une des farces du règne de Louis XII. Mais la langue et l'orthographe sont bien de 1632. Lintilhac[42] a eu tort de ne pas consacrer un peu plus de temps à cette farce, car elle échappe à l'influence italienne: point de lazzi, point de masques: simplement une poignée de personnages pris sans façon dans la vie commune. Ecoutons l'auteur de la farce:

> Un porteur d'eau se voulant marier fit l'amour à une jeune fille; et là où ils convièrent leurs amis, luy ayant emprunté un manteau de vingt francs et un habit à l'équipolent, le galland s'en alla avec les estrines, les escots, et le manteau et l'habit et si peu que pouvoit avoir son espousée, et depuis le temps personne n'en a jamais ouy parler, qui est la cause que pour réjouir le lecteur on a mis ceste farce en public ...[43]

Pour nous, qui essayons de trouver le lien entre la vieille farce et la petite pièce que Poisson composa vers 1660, ces témoignages de la vitalité du genre sont précieux. La chose la plus importante est peut-être que tous les recueils que nous avons mentionnés ont été publiés loin de la capitale. Cela ne prouve-t-il pas que c'est dans les provinces que la vieille farce continuait d'attirer le public? Scarron n'avait pas tort de dire dans *le Roman comique* qu'en province la farce divertit 'encore plus que la comédie, comme il arrive d'ordinaire partout ailleurs hors de Paris.'[44]

La farce donc, genre traditionnel, respirant un air essentiellement français, une spontanéité qui se fait reconnaître et applaudir par tous ceux qui ne se rendent pas facilement aux importations de l'étranger, est loin d'être éteinte en province du temps de Poisson.

Pendant les années cinquante, la carrière de Poisson ressemble à celle de Molière. Celui-ci est en tournée dans les provinces, où la farce s'est exilée. Il n'a pas dû laisser d'en voir. Ce qui est certain, c'est qu'il a rencontré les Italiens,[45] notamment à Lyon. On sait l'influence qu'a exercée sur lui Nicolo Barbieri, dit Beltrame, dont *l'Inavvertito* a servi de modèle pour sa première comédie *l'Etourdi.* Le jeu de Molière porte aussi les marques de la commedia dell'arte, comme on peut juger d'après ses comédies en général. De retour à Paris, il aidera à la résurrection de la petite pièce en un acte, formule qui reprendra sa vogue dans la seconde moitié du siècle. Il y a bien entendu d'autres pièces en un acte jouées à Paris avant le retour de Molière. Boisrobert en 1655 avait écrit *l'Amant ridicule* pour un ballet de cour; Quinault en 1656 avait écrit *la Comédie sans comédie,* dont l'acte III est une pièce en un acte détachable; Chappuzeau en 1656 compose *le Cercle des femmes,* qui a pu influencer *les Précieuses ridicules.* Cependant, le fait incontestable qui frappe le lecteur de ces pièces est qu'elles ont une source littéraire: la première vient d'une comédie en cinq actes de Thomas Corneille, la seconde vient de Cervantès et de Rabelais, la troisième d'un Colloque d'Erasme. Ces pièces sont donc le produit au point de vue du ton, des personnages et de la forme, de la comédie en cinq actes.[46] Ainsi la nouvelle vogue de la petite pièce en un acte peut être considérée comme datant des *Précieuses.*

Poisson a aussi été en tournée dans les provinces. Il rentre à Paris peu de temps après Molière. Il trouve qu'à l'Hôtel de Bourgogne, les comédiens qui seront dorénavant ses collègues ont tourné le dos au genre de divertissement dont, il y a trente ans, ils étaient les maîtres incontestés. Au dire de Grimarest: 'Depuis quelque tems on ne jouoit plus que des Pièces sérieuses à l'Hôtel de Bourgogne: le plaisir des petites comédies étoit perdu.'[47] Nous verrons plus loin la joie éprouvée par Villiers, qui a dû se sentir quelque peu dépaysé dans cette atmosphère de gravité, quand paraîtront les premières pièces de Poisson.[48] Le rétablissement de la 'petite comédie' à l'Hôtel ne datera que du *Sot vangé.*

Quel sujet Poisson choisit-il pour sa première pièce? Il n'ira pas piller la comédie en cinq actes, comme faisaient Boisrobert, Quinault et Chappuzeau. Il n'essaiera pas de satiriser la société contemporaine, comme Molière. Il reprend au contraire un sujet dans la vie commune : l'éternelle bataille du couple marié. Il a dû évidemment s'interroger sur l'accueil que ferait le public parisien à ce sujet, accoutumé qu'il était aux conflits pastoraux et romanesques qui lui avaient été offerts pendant longtemps. S'il voulait des preuves que les vieux sujets pouvaient encore faire rire à Paris, il n'avait qu'à considérer *Sganarelle*, qui, en 1660, avait remis en honneur le plus gaulois de tous les sujets, le cocuage.[49] Nous croyons voir l'influence de Molière dans le soin qu'a pris Poisson d'éviter dans son titre le mot 'cocu,' mot que Molière emploie dans son sous-titre, pour lui substituer le mot 'sot.' Il semble avoir voulu à tout prix éviter de se voir comparer avec Molière.[50]

Si c'est justement ce que nous faisons en ce moment, ce n'est que pour montrer les différences entre les deux acteurs-auteurs. Molière, ayant trouvé bon, dans les *Précieuses*, de suivre les Italiens dans l'action et les personnages – lazzi des gilets multiples de Jodelet,[51] personnages-types de Mascarille et de Jodelet,[52] toujours fariné comme en son temps Gros-Guillaume[53] – construit son *Sganarelle* autour de l'équivoque du portrait, procédé qui rappelle la commedia dell'arte, et fait entrer dans l'action un couple de jeunes amoureux, ce qui ajoute encore une note italienne à la pièce. Signalons enfin qu'il choisit de composer *Sganarelle* en alexandrins.[54]

Poisson se met à la tâche d'écrire *le Sot vangé* comme si les Italiens n'avaient jamais mis pied en France. Sa farce ne doit rien aux malentendus, aux quiproquos, aux enfants enlevés et aux parents retrouvés. Elle fuit les lazzi et les masques des *Précieuses* et méprise l'imbroglio de *Sganarelle*. C'est qu'il entend faire rire les Parisiens en leur proposant le genre de farce qui a fait rire en province.

Peut-on accuser Poisson d'avoir reculé les aiguilles de l'horloge, en présentant aux spectateurs de l'Hôtel de Bourgogne une farce dont le sujet et le traitement reflètent si peu les progrès que fait le théâtre comique depuis quelque temps ? La réponse, croyons-nous, apparaîtra à la confrontation de deux textes : celui du *Sot vangé* et celui d'une farce ancienne qui traite du même sujet, et qui s'appelle *la Farce nouvelle fort joyeuse du Pont aux Asgnes*. Cette farce, tirée du Recueil du British Museum, fut réimprimée dans *l'Ancien Théâtre François*.[55] Fournier la fit remonter au XVe siècle, règne de Louis XI.[56] En voici un résumé:

La femme, rétive à la besogne, refuse de servir le dîner à son mari. Lui entend se faire obéir, mais imperturbable elle réplique:

Ce sera quand je seray morte
Doncques que je t'obéiray;
Car tant que l'ame du corps (me) parte,
Un pas pour toy ne passeray.

LE MARI
Si obeyras-tu.

LA FEMME
Non feray.

S'il veut manger, il doit préparer le repas lui-même. Ses menaces n'ont aucun effet, elle n'a pas peur de lui. Dans son désespoir, il consulte Messire Domine De, 'persona prudente,' qui baragouine un jargon pseudo-italien. Le mari lui explique son problème:

Helas! C'est à nostre maison
Un dyable, monsieur, un dyable;
Par ma foy, il est veritable;
Je suis mort si n'est conjuré.
[C'est ma femme; elle a juré]
L'ennemy, le pape et le roy
Qu'el ne fera jamais pour moy
Un pas, quelque petit qui soit,
Et que je serve tort ou droit,
Et que je bate[s] et que je vanes.

Le conseil que donne Messire Domine De est laconique:

Vade, tenés le pont aux asgnes.

La mari continue le récit de ses maux, et Messire répète le même conseil.

LE MARI
Et bien doncq, pour vous complaire,
Je yray voir que ces asgnes font,
Et c'on leur fait dessus ce pont
Et puis je vous diray, beau sire ...

MESSIRE DOMINE DE
Basta tant qui debet suffire.

Qu'est-ce que le mari trouve sur le pont? Un 'boscheron' qui trouve dans son âne le même esprit de révolte que le mari trouve dans sa femme. Il a beau crier:

Sus, Nolly, sus, tire avant, tire.
Hury, ho! le dyable y ait part,
Tant tu me donnes de martyre;
Sus, Nolly, sus, tire avant, tire.

L'âne ne veut pas obéir. Le 'boscheron' a recours donc à la force:

Puisque j'ay ce baston de houx,
Je vous frotteray les costez.

Voilà, dit le mari,

Voilà le propre enseignement,
Et j'ay bien pou d'entendement,
Dont le sage homme me parla.

Il rentre, ordonne à sa femme de préparer le repas; elle s'obstine dans son refus:

Par le vray Dieu qui me fist naistre,
Je mourroys plus tost.

Elle a eu sa dernière chance. Il empoigne un 'baston de haistre' et commence à la frapper. Et la voilà soudain aussi obéissante que l'âne. Elle accepte de lui chercher de quoi manger, s'offre à décrotter ses souliers et à faire chauffer son bain.

Le pont aux asgnes est temoing:
Besoing fait la vieille trotter.

Si Poisson reprend les données de cette farce, ce n'est pas nécessairement une question d'imitation. C'est un conte traditionnel dont d'innombrables variantes ont dû exister pendant toute la période du Moyen Age et après, et non seulement en France mais dans d'autres pays européens aussi. C'est un thème qui appartient au folklore et qui ne connaît pas de frontières. On n'a qu'à lire l'*entremés* de *la Reliquia*,[57] attribué diversement à Moreto et à Malo de Molina: voici le même conte mis sur le théâtre espagnol. Couët suggère que c'est là une source de la farce de Poisson, et fonde son argument sur le fait que le mari bat sa femme avec une relique qui a le pouvoir divin de rendre obéissantes les mégères.[58] Mais on ne sait la date de *la Reliquia*, et la traduction que cite Couët ne date que du XVIIIe siècle.[59] On ne peut donc dire avec certitude que l'entremés ait été connu de Poisson. Nous préférons nous en tenir à l'opinion, partagée par Lancaster, que les deux pièces ont une source populaire commune.[60]

Le sujet mis à part, il y a entre *le Pont aux asgnes* et *le Sot vangé* des différences qui sont dignes d'être mentionnées. Quand Lintilhac[61] écarte la farce de Poisson comme étant 'une variante grasse et typique' de la vieille farce, il ne fait que trahir sa répugnance à trouver une telle farce à une date si avancée dans l'histoire du théâtre.

En quoi la farce de Poisson marque-t-elle des progrès sur *le Pont aux asgnes*? D'abord elle a une exposition des plus rapides, dont le rythme est tout moderne. Nous y voyons concentré le germe de la vengeance que M. Ragot va tirer, après s'être vu mépriser par Lubine, et nous y voyons un croquis rapide du Compère, celui qui a supplanté Lubin dans sa propre maison. Les fausses politesses échangées dans la troisième scène font songer aux procédés qu'utilisera Molière dans *le Misanthrope*.[62] Lubin n'apparaît qu'à la scène 5, au cours de laquelle sa femme lui cherche querelle pour une tête de veau qu'il vient d'acheter et qu'elle lui ordonne de rendre au boucher. L'humiliation d'avoir à faire le marché pour sa femme est cuisante, mais recevoir l'ordre de retourner chez le boucher pour échanger la marchandise c'est trop. Cet incident semble être devenu proverbial à l'époque.[63]

Lubine a mauvais caractère; elle querelle sans cesse: personnage de convention, dira-t-on, et propre à la farce populaire. Mais Poisson explique son amertume: c'est qu'étant fille d'un bon tapissier de la ville de Paris, elle se croit supérieure au point de vue social, à ce distributeur de billets d'opérateur qui ne gagne que deux sous par jour. C'est ce gueux qui veut maintenant faire le maître! Ayant perdu le respect que devrait lui témoigner la femme qu'il a épousée, quoi de plus naturel s'il se permet des réflexions sur le bon vieux temps où l'homme et la femme étaient heureux, où ils partageaient des jeux innocents et ne voyaient pas l'infidélité détruire l'harmonie du ménage:[64]

> Mais nous sommes en recompense
> Depuis ce temps là qui n'est plus
> Un nombre infiny de cocus.

C'est l'observation que Molière mettra bientôt dans la bouche d'Arnolphe,[65] et qui ne sera pas déplacée dans celle de George Dandin.

Lubin, qui a depuis longtemps perdu l'habitude de tenir tête à sa femme, est réduit au rôle de valet: il fait le ménage, il nettoie les habits de Lubine et du Compère, et quand il se couche, c'est dans une 'roulette' d'où il entend jusqu'à minuit les ébats de sa femme et de son 'passionné.' C'est une situation très peuple, et drôle seulement dans la mesure où la farce l'autorise, mais l'important pour nous c'est d'attirer l'attention sur le fait que Poisson a su nous intéresser aux chagrins de Lubin. On nous excusera de nous servir de ces grands mots en parlant de la farce, mais il est vrai que nous éprouvons de la compassion pour Lubin. C'est que Poisson a eu soin d'ajouter des détails que l'auteur de la vieille farce néglige.

Lubin est d'une ignorance extrême. Ragot lui parle de ses voyages à Rome et ailleurs (scène 10) et Lubin de lui demander en toute innocence: 'Peut-on aller plus loin que Rome?' Il n'a vu que Paris et le trésor de Saint Denis, et croit que les Antipodes sont une ville. Il aimerait se servir de la racine magique, si seulement il n'y avait pas certains inconvénients: Lubine ne consentirait jamais, et le

Compère n'aurait pas un endroit pour se coucher. Ragot écoute patiemment le récit des obstacles qu'il faudrait surmonter et essaie de lui faire apprendre les quatre mots de grimoire qu'il est nécessaire de répéter quand on se sert de la racine magique. Lubin n'y parvient pas. Il interrompt continuellement son précepteur, fait toutes les fautes imaginables et il est sur le point d'y renoncer quand soudain il croit les savoir. Il s'agit alors de mettre la racine à l'épreuve. Elle réussit à merveille. A ce point-là, *le Pont aux asgnes* se termine. Poisson, conscient des possibilités d'une autre 'scène à faire' réintroduit le Compère, qui, confus, se voit mis à la porte sans explications. Mais la vengeance est douce, et Lubin profite de la situation. Menacée de la racine, Lubine doit rire, pleurer, éternuer, et si elle ose protester qu'elle se sent malade, Lubin lui offre de la médecine:

Quatre prises de ma racine
Purgent les mauvaises humeurs.

Elle est donc obligée d'obéir à son ordre de chanter une chanson populaire. Ils chantent ensemble.[66] Mais tout ne finit pas par cette chanson, car le Compère, qui n'a pas eu le bon sens de s'éloigner, va aussi subir les effets de la racine magique. Lubin est vengé, Ragot est vengé. Celui-ci revient pour assurer Lubin que sa racine est en tout temps à sa disposition.

Il est évident que Poisson a choisi un vieux thème populaire, mais il l'a accommodé au public populaire de 1660. Le nombre de ressorts comiques est plus élevé que dans une vieille farce; les personnages sont mieux peints; il y a l'ébauche, quelque faible qu'elle soit, d'une intrigue. Tout comme le choix du sujet, dont *Sganarelle* a autorisé l'usage, le ton est bien dans la tradition gauloise. Notons toutefois que Poisson a eu soin d'éviter les obscénités qui caractérisent les farces de Gaultier-Garguille et de Tabarin, et les chansons de celui-là. On peut considérer certaines allusions comme grasses,[67] mais la grivoiserie délibérée est très réduite, et Poisson a choisi d'omettre le genre de détail qu'on trouve, par exemple, dans *la farce d'un gentilhomme (Naudet)*.[68]

Si, comme le dit Poisson, *le Sot vangé* 'a sceu contribuer aux divertissemens de la plus belle Cour de l'Europe et ... s'est fait non seulement connoistre, mais applaudir d'un des plus beaux Esprits' du siècle,[69] c'est sans doute parce que l'auteur a su travailler cette veine qu'est l'esprit de la farce nationale. Il a su entretenir la mémoire d'une tradition de longue date, qui appartient au peuple, et qui risquait d'être étouffée par l'élément avant tout littéraire qui avait envahi le théâtre comique. C'est Molière, et non pas Poisson, qui va sauver le théâtre comique. Mais Poisson a montré dans sa première petite pièce qu'il n'est pas la dupe de ceux qui voudraient lui faire croire que les sources du rire changent radicalement du jour au lendemain. *Le Sot vangé* ne saurait être considéré digne d'une reprise de nos jours, comme en sont dignes *les Précieuses* ou même *Sganarelle*, mais, comme nous allons le montrer, pendant bien des années cette farce a continué à divertir.

Nous avons déjà dit que cette farce fut montée par les comédiens de l'Hôtel de Bourgogne fin 1660, début 1661. Nous n'avons relevé aucun renseignement relatif à la mise en scène, car les mémoires des décorateurs ne traitent en général que des grandes pièces. Nous ne savons pas non plus qui a joué dans *le Sot vangé*, mais selon un passage de l'épître dédicatoire, nous pouvons affirmer que Poisson a joué un rôle. Il dit:

> Vous souvient-il aussi, Monsieur, qu'elle vous mit d'assez belle humeur pour vous obliger à chercher le mechant Autheur de cet heureux Ouvrage, et que l'ayant trouvé, pour l'accabler de joye et pour l'étouffer de gloire, vous luy fistes l'honneur de l'embrasser obligeamment, et de luy dire qu'on ne pouvoit plus plaisamment écrire, ny mieux joüer qu'il avoit fait.[70]

Lubin[71] selon Mouhy, 'n'a jamais été remis au Théâtre.'[72] Ce renseignement est inexact, à moins qu'il ne veuille parler du théâtre de Paris, car il existe des témoignages incontestables du succès qu'a eu la pièce ailleurs. Elle faisait partie du répertoire des comédiens du maréchal de Villeroy (Nicolas IV de Neufville) qui, en sollicitant l'autorisation de jouer à Dijon en 1668, joignent à leur requête un tableau des pièces qu'ils comptent jouer.[73] La farce de Poisson y figure à côté de pièces de Molière, de Racine, de Scarron et de Boursault. Le goût éclectique des provinces est évident et expliquerait la présence du *Sot vangé* à côté des chefs-d'œuvres. Ainsi quoique disparue de la scène parisienne peu après 1661, elle reste dans le répertoire d'au moins une troupe provinciale. Elle fut traduite en hollandais par Y. Vincent en 1669 et connut cinq réimpressions entre 1691 et 1714.[74] On ne la trouve pas en province après 1668. Nous l'avons cherchée en vain dans les ouvrages de Lepage, Tribout de Morembert, Mugnier, Brouchoud, Clouzot, Bouteiller, Detcheverry et Lefebvre. Cependant, *le Sot vangé* reparaît dans la liste de pièces dressée le 5 septembre 1742 par l'intendant du théâtre de Son Altesse Sérénissime Electorale Palatine et de Son Altesse Monseigneur le duc de Soultzbach.[75] Remarquons que trois autres pièces de Poisson figurent dans cette liste. Le répertoire de cette 'Comédie Française Electorale' est vaste, et comprend des pièces de Molière, de Scarron, de Hauteroche, de La Thuillerie, de Nivelle de la Chaussée et de Marivaux. On verra que c'est le goût éclectique de cette cour électorale qui explique la présence de *Lubin* sur une scène européenne en 1742.

Le Sot vangé, n'est, il faut le dire, qu'une bagatelle insignifiante dans la vaste littérature dramatique du XVIIe siècle, mais nous pouvons en tirer une idée de l'indépendance de Poisson en face des grands courants.

Le Baron de la Crasse

La deuxième comédie de Poisson est *le Baron de La Crasse,* titre qui englobe en réalité deux petites pièces, la première étant une tranche de vie dans laquelle un baron campagnard se trouve en butte aux plaisanteries d'un chevalier et d'un marquis, la deuxième une farce en octosyllabes intitulée *le Zig-zag.* Le 15 juillet 1662, Loret écrivit :

> Hier, qu'il êtoit Vendredy,
> A quatre heures aprés midy,
> Monsieur, avec sa belle Epouze
> Et des siens plus de deux fois douze,
> Tant Domestiques, qu'autrement
> Prirent un grand contentement
> A voir une Piéce nouvelle
> Fille de la docte cervelle
> Du sage et renommé Gilbert
> En l'art d'Apollon trés-expert ...[1]
>
> Mais comme ce sujet nouveau
> Est aussy sérieux que beau,
> Il fut, avec grande éficace,
> Suivy du *Baron de la Crasse,*
> Farce, d'une rare façon,
> Dont est Autheur le sieur Poisson,
> Qui changeroit en Démocrites
> Tous les plus hargneux Héraclite

Tant on y voit à tous momens
De rizibles évenemens.[2]

Loret est le seul à fournir des renseignements sur cette représentation, que M. Mélèse prend pour la première.[3] Fournel a pourtant relevé chez Duval la mention d'une représentation le 4 juin.[4] Nous ne saurions nous fier à ces assertions, parce que le privilège de la première édition fut obtenu le 4 mars, et la pièce fut achevé d'imprimer le 13. Si nous acceptions les renseignements de Loret et de Duval, il nous faudrait croire que Poisson avait fait imprimer la pièce avant de l'avoir fait jouer, ce qui ne cadre pas avec les usages du temps. Il semble, dans les circonstances, que nous devions reculer de quelques mois la date de la première. Après tout, Loret ne dit pas qu'il s'agit d'une première. La représentation que Loret a vue est sans doute une soirée de gala, vu la présence dans la salle de Monsieur et Madame, fait qui aurait attiré son attention de nouvelliste. Lancaster semble par son silence à ce sujet rejeter la conclusion de M. Mélèse. C'est qu'en l'absence de témoignages il est impossible de fixer la date de la première. Les historiens auxquels nous avons habituellement recours n'éclairent en aucune manière ce problème.

L'action se passe dans le château du Baron en Languedoc. Ayant visité Fontainebleau, où il a été victime de la raillerie des courtisans, le Baron reçoit la visite d'un marquis et d'un chevalier qui viennent s'amuser à ses dépens. Il raconte ingénûment son expérience humiliante quand il avait essayé d'entrer dans la chambre du roi. Un huissier avait brusquement fermé la porte, et ses cheveux avaient été pris. Au grand amusement de la noblesse assemblée, il s'était trouvé réduit à se couper les cheveux et à s'enfuir, le chapeau rabattu sur les oreilles. A la fin de son récit, on annonce l'arrivée d'une troupe de comédiens, dont le porte-parole cite une cinquantaine de pièces qu'ils sont prêts à jouer. Le choix s'arrête sur *Don Sanche d'Aragon,* mais en l'absence d'un des comédiens nécessaires pour cette pièce, on décide de jouer d'abord une petite pièce qui s'intitule *le Zig-zag.* Avant la représentation, le Baron se fait haranguer.[5]

Poisson a porté son attention dans *le Baron de la Crasse* sur un sujet tout à fait différent du *Sot vangé*. Ce sont maintenant les mœurs qui l'attirent. Poisson n'est pas le premier à mettre en scène un hobereau de province, car Scarron et Gillet de la Tessonnerie se sont déjà égayés aux dépens d'un marquis et d'un baron dans *le Marquis ridicule* et *le Campagnard*.[6] Dans celle-là, Scarron a présenté un Dom Blaize-Pol ignorant, soupçonneux, vantard et lâche dans une intrigue espagnole typique. L'élément de burlesque est fort, la volonté de caricature évidente. Dans celle-ci, le Campagnard est un amant ridicule qui débite un phébus de seconde main, et dans ses récits de bataille trahit sa parenté avec le Matamore de convention. A notre avis Poisson ne leur doit rien si ce n'est l'idée que les hobereaux se prêtent à la raillerie, et il n'avait vraiment pas besoin de modèles littéraires pour le savoir. Plutôt que de s'intéresser à une intrigue, il se borne à la peinture des mœurs. Son Baron n'a rien du personnage conventionnel, et il paraît plus vraisemblable en comparaison du marquis de Scarron et du baron de Gillet. Poisson profite de la vogue de la pièce en un acte, qui lui donne assez de temps pour camper son personnage sans l'obliger à inventer une intrigue qui ne l'intéresse pas. Son choix de sujet est heureux. Depuis longtemps déjà, le titre de baron est tombé en discrédit. On se souviendra du mot de Crispin dans *l'Ecolier de Salamanque*:

> Si vous étiez un Comte, ou du moins un Baron: Mais on n'en trouve plus, à ce que j'entens dire, Cela sent le vieux temps.[7]

Les barons existent, bien entendu, mais ensevelis en province. On n'en voit guère à la Cour. 'Les auteurs comiques réservent presque toujours le titre de barons aux gentilshommes de province qu'ils mettent en scène, principalement quand ils sont ridicules, et qu'ils veulent s'en moquer.'[8] Fournel a raison, mais il aurait dû dire aussi que c'est Poisson qui a lancé la mode. On cherchera en vain des allusions subséquentes au campagnard de Gillet, mais le Baron de la Crasse deviendra proverbial.

Poisson a aussi eu l'heureuse idée de situer la gentilhommière du Baron à Pézenas, en Languedoc, aussi loin que possible du centre de la société mondaine. On voit qu'il est de tradition de plaisanter aux dépens de cette localité dans l'altercation entre le Baron et l'huissier à la porte du roi :

> Qui diable est l'insolent qui frappe de la sorte?
> Je n'ay pas frapé fort, luy dis-je, excusez moy,
> C'est le désir ardent qu'on a de voir le Roy.
> Mais d'où diable estes-vous, pour estre si Novice,
> Dit-il? De Pezenas, dis-je, à vostre service.
> Hé bien, apprenez donc, Monsieur de Pezenas,
> Qu'on gratte à cette porte, et qu'on n'y heurte pas. [sc. 2]

La tradition de railler les provinciaux, et particulièrement ceux de certaines localités, est profondément enracinée à Paris. Pour Poisson, qui a été longtemps en province, cette attitude a dû être encore plus frappante que pour ceux qui s'y étaient habitués. Il a dû en être de même pour Molière, qui s'en est pris aux provinciales dans *les Précieuses.* Si les carrières des deux auteurs avaient été différentes, nous n'aurions peut-être pas eu *les Précieuses* et *le Baron de la Crasse.* Et c'est sans aucun doute son contact avec la société parisienne qui a révélé à Poisson les mœurs comme source du rire.

La part de l'observation est grande. Poisson a vu la cour de Fontainebleau, et ce qu'il nous en dit constitue un document précieux. Le marquis dit :

> Sept ou huit mois durant elle fut sans égale :
> Les Seigneurs se portoient dans la cour de l'Ovale,
> Et le plus souvent ceux qui venoient les derniers
> Estoient heureux d'avoir leurs lits dans des Greniers :
> Dans les Chambres du Roy, dedans celles des Reynes
> On n'y pouvoit entrer, elles estoient si pleines,
> Que fort souvent j'ay vû commander aux Huissiers
> Qu'ils fissent tout sortir jusques aux Officiers.[9]

Les sarcasmes des gens de la cour qu'il dépeint attestent ses dons d'observation : quand le Baron avait vu entrer les nobles, il avait cru que son nom le ferait estimer :

> Aussitôt que j'eus dit, le Baron de la Crasse,
> Tous ceux de devant moy font d'abord volte-face,

L'un à droit, l'autre à gauche, et tous si prestement
Qu'il sembla que mon nom fut un commandement.
Un Baron, dit l'huissier; un Baron! place, place,
A Monsieur le Baron; que l'on ouvre de grâce:
L'on croyoit à la Cour les Baron trépassez.
Mais pour la rareté du fait, dit-il, passez.

Poisson a appris aussi qu'une telle scène est assez amusante en soi pour être mise en récit, et que l'action, incontestablement farcesque, a plus d'effet quand elle est racontée – avec une naïveté inconcevable – par celui qui en a été la victime. C'est que le Baron n'a nullement tiré profit de son expérience et ne se rend pas compte que ses invités aussi se moquent de lui.

Si le Baron est naïf, il est aussi d'un esprit lent et sans culture. Le chef des comédiens ambulants ayant fait son compliment au Baron, le Marquis loue ironiquement son 'abord' et le Baron, imperméable à l'ironie, en convient. Il se laisse haranguer par le comédien, et après avoir écouté le tissu d'inanités et d'allusions obscènes, fait remarquer que la harangue a été belle et que le comédien a beaucoup d'esprit. Le Baron ne brille ni par l'intelligence ni par le goût. La troupe s'offre à jouer une pièce de leur vaste répertoire

LE BARON
Messieurs, il les faut voir:
Les pouvez-vous bien jouer toutes ce soir?

Puis, s'avisant du ridicule de ce qu'il a dit:

J'entens l'une après l'autre, et non pas pesle-mesle. [sc. 5]

Il aimerait voir *le Cid*, mais il n'arrive pas à s'en rappeler le titre. Il accepte la suggestion du Marquis qu'on joue *Don Sanche*, mais il ne sait pas que c'est une pièce sérieuse. Il préfère quelque chose pour rire, et il est ravi de savoir que la troupe possède un bon bouffon pour la farce.

Tel est ce Baron qui, avec tous ses défauts, représente un type que Poisson a observé, quitte à exagérer certains traits pour l'effet comique. Pour lui, son château, c'est sa vie. Comme Pourceaugnac plus tard, il ne rentrera jamais plus à Paris pour y être berné. La Comtesse d'Escarbagnas essayera d'imposer les mœurs parisiennes chez elle. Le Baron de la Crasse, quoique s'impatientant de la rudesse de son valet Marin (Sc. 3), ne veut rien changer à sa vie de campagnard.

Il est évident que le récit du Baron est la source principale du comique, mais comme M. Garapon l'a bien remarqué, Poisson se sert, à l'occasion, de la fantaisie verbale,[10] et il note, à ce propos, la répétition des vers:

> La comédie étant un divertissement
> Qu'un homme comme vous prend ordinairement [sc. 5]

que le comédien adresse d'abord au Marquis, ensuite au Chevalier, et finalement au Baron. Il note aussi, en parlant de la liste de pièces proposées par le comédien, qu'il y a dans cette énumération 'une joie de dire des noms sans rapport les uns avec les autres qui tient manifestement du boniment.'[11]

Dans la harangue du comédien, on aperçoit un comique différent, qui tient du burlesque:

> Comme il est tres-difficile de faire une Salade, sans que quelqu'un y trouve trop, ou trop peu de quelque chose; de mesme la Harangue est un mets, dont l'assaisonnement n'est pas toujours heureux. Le potage trop mitonné devient boüillie, et la louange trop exagérée fait mal au cœur. Il faut des Homères pour des Achilles, et des Plines pour des Trajans: mais tout ce que ces Sçavans Hommes ont dit de ces Heros, ils l'auroient dit de vous ... Le nom du Baron de la Crasse s'est assez fait connoistre à la cour, et je ne pourrois en faire le Portrait sans le tirer aux cheveux ... [sc. 5]

Le ton du reste est franchement grivois et rappelle le comique de Gaultier-Garguille. Mais Poisson a conscience de forcer la note et il n'entreprend pas d'offrir cette harangue simplement pour divertir le vulgaire. Son but est de démontrer le mauvais goût du Baron, qui y prend plaisir. Le Marquis et le Chevalier font preuve d'un meilleur goût que lui. Poisson a eu deux ans pour apprécier la différence entre le goût du public parisien et celui du public provincial.

Que dire de l'introduction d'une troupe ambulante dans cette comédie? Poisson lui-même a fait partie d'une telle troupe et veut ici profiter de son expérience. Il a dû lui-même jouer dans des châteaux comme celui-ci, où il a eu l'occasion d'étudier les mœurs et les goûts. Il sait aussi tout ce qu'il y a à savoir sur les répertoires offerts par ces troupes, et installé maintenant à l'Hôtel de Bourgogne avec son répertoire moderne, il saisit l'occasion de ridiculiser un répertoire démodé. La plus récente des piéces offertes par la troupe qui rend visite au Baron date de 1652. La question qui se pose est la suivante: se moque-t-il ici de la troupe de Molière? On l'a suggéré.[12] Le comédien serait donc Molière, dont le répertoire en 1662, il faut l'admettre, n'est pas riche en nouveautés.[13] Cet acteur

> Se croit fort habile homme, et fort grand Orateur;
> Les premiers de son art, les plus inimitables,
> Il ne les trouve pas seulement suportables. [sc. 2]

Ce serait une réponse à l'allusion faite par Molière dans *les Précieuses* aux Grands Comédiens. Si tel est le cas, c'est la première échauffourée entre l'Hôtel de Bourgogne et le Palais Royal, dont l'antagonisme se fera beaucoup plus violent après la représentation de *l'Ecole des Femmes*. Le ton satirique de Poisson – si satire il y a – est plutôt bénin. Si ses collègues l'avaient encouragé à lancer une pierre dans le jardin du Palais Royal, on voit que Poisson le fait sans enthousiasme. Il n'a jamais recommencé après.

Nous avons dit que *le Baron de la Crasse* renferme une seconde pièce, la farce du *Zig-zag*, mais c'est l'histoire du Baron qui a saisi l'imagination du public. Pour cette raison, nous différerons notre étude de la farce, pour suivre les fortunes du Baron. Quand la comédie fut représentée en 1662, c'est Poisson lui-même qui joua sans doute le rôle du comédien. En tout cas, c'est ce qu'on peut conclure. Dans la scène 5, le comédien révèle que c'est lui qui jouera le bouffon dans la farce, et le rôle auquel il fait allusion est celui de Crispin. Or il est certain que Poisson a écrit ce rôle pour lui-même.[14] Quant aux autres rôles, nous n'en savons pas grand'-chose. Mademoiselle Poisson dit[15] que Hauteroche jouait parfaitement plusieurs rôles comiques, tel celui du Baron de la Crasse. Il y a donc lieu de croire qu'il a créé le rôle, mais les informations contemporaines nous manquent.

Dans les *Nouvelles nouvelles* de 1663, Donneau de Visé a publié ce qu'on peut considérer comme les premières observations critiques sur un ouvrage de Poisson. C'est un beau commencement, et Poisson a dû se sentir très fier en lisant le jugement enthousiaste du nouvelliste. Le *Baron de la Crasse* est pour lui 'un des plus plaisans et des plus beaux tableaux de campagne que l'on puisse jamais voir.' Le futur fondateur du *Mercure Galant* continue son compte rendu sur un ton propre à tourner la tête à l'auteur de la pièce. 'Plus on la voit, plus on la veut voir ... Chaque représentation y fait découvrir de nouvelles beautés.'[16] On peut se demander s'il aurait été aussi charitable s'il avait su que deux ans après, sa comédie de la *Mère coquette* allait être concurrencée par la pièce de Quinault sur le même sujet, dont la réussite allait être assurée par le jeu de Poisson. (v. *supra*, 18)

La pièce eut un succès considérable, il n'y a pas de doute. Nous n'avons pas de registres pour l'Hôtel de Bourgogne, mais les allusions qui abondent dans les auteurs du temps attestent la vivacité de la comédie. *Les Amours de Calotin* de Chevalier[17] nous mettent en présence d'un groupe de seigneurs qui attendent le lever du rideau au théâtre du Marais. Un baron, qui s'est senti blessé par la raillerie de Molière, déclare:

> Poisson aussi s'amuse
> A s'ébaudir l'esprit parfois avec sa muse,
> A ce que j'ai pu voir, et loin de nous priser,
> Il se mesle à son tour de nous satyriser;
> Mais qu'il sçache, sur moy si quelque chose il trace,
> Qu'il n'aura pas affaire au Baron de la Crasse,
> Puisque je l'en ferois diablement repentir. [I, I]

Parmi ceux qui arrivent pour voir la pièce se trouve le Baron de la Crasse en personne. Un chevalier le salue:

Mais qui te croyait voir en ce lieu de retour,
Après tous les sermens qu'on te vit faire un jour
Et qu'on ne te verroit à la Cour de la vie?

LE BARON DE LA CRASSE
Je ne viens en ces lieux que pour la comédie;
Pour la Cour, serviteur.

La raillerie de Molière et de Poisson commence à porter, et le Baron et ceux de son acabit ne vont qu'au Marais. Quand Rosette prononce en manière de prologue les vers:

Je veux qu'on me tonde en Baron de la Crasse
Si dessus cet habit vous n'avez bonne grâce [sc. dernière],

notre campagnard comprend qu'il ne sera jamais plus à l'abri de la moquerie, et il n'a qu'à rentrer à Pézenas.

Saint-Evremond, dans *les Opéra* (1677) met en scène une famille noble de Lyon. Il n'a pas oublié l'expérience du Baron de la Crasse quand il fait dire au père de famille:

J'étais allé au lever et je me trouvai à la porte avec quantité de ces jeunes messieurs, qu'on appelle *les marquis*. Après avoir attendu assez longtemps, je m'impatientai et dis à l'huissier: "Huissier, le Baron de Pourgeolette." L'huissier crut avoir trouvé son Baron de la Crasse et redit tout haut "le Baron de Pourgeolette," pensant faire rire le Roi et les courtisans; mais il fut bien étonné quand le Roi dit aussitôt: "Qu'on fasse entrer le Baron." J'entrai au grand étonnement de mon huissier et de mes marquis, que je laissai fièrement derrière.[18]

On voit que le Baron est devenu proverbial. Il est synonyme du gentilhomme provincial qui se couvre de ridicule, et quand Champmeslé compose son *Ragotin* en 1684, son nom s'introduit tout naturellement dans une situation appropriée. La Baguenaudière, qui accueille chez lui une troupe de comédiens ambulants, demande à La Rancune ce qu'il pense de son habit de chasse, et l'acteur trouve qu'il est 'beau pour jouer un baron de la Crasse.'[19]

Quand en 1727 Marc-Antoine Legrand écrit sa curieuse allégorie de *la Nouveauté*, il mettra en scène à côté de ses amoureux mécontents, ses poètes et ses musiciens, un couple campagnard. Le Baron et la Baronne, 'vêtus à l'ancienne mode,' se plaignent de la cour:

Ennuyés dans la suite de cette vie champêtre, nous avons eu au bout de quarante ans, la curiosité de revenir à la cour, et à notre arrivée, nous y venons d'être raillés de tous les courtisans sur notre ajustement.

LA NOUVEAUTE
Est-il possible?

LE BARON
On y a pris la baronne pour une baronne de Sotenville.

LA BARONNE
Et monsieur le baron, pour un baron de la Crasse.[20]

M. Mélèse a relevé une autre allusion intéressante dans une épigramme visant le célèbre acteur Baron père, qui, vivant dans la retraite, s'est entendu calomnier de la manière suivante:

Baron qui récitoit si bien,
Cessant d'être comédien,
Quoi qu'il dise ou qu'il fasse
Il devient Baron de la Crasse.[21]

Personne n'a relevé, que nous sachions, l'allusion suivante. Dans une lettre écrite de Versailles à la Duchesse de Hanovre, le 18 février 1699, Madame la princesse Palatine, Duchesse d'Orléans, décrit un bal masqué qui vient d'avoir lieu à Marly, et qui a été marqué par des ébats assez peu raffinés dont elle donne les détails. En finissant, elle écrit:

Mon cher duc de Berry alla se déguiser en baron de la crasse et revint danser tout seul une entrée bien drôle.[22]

Le nom du baron fictif vit ainsi dans la mémoire du public, et trouve sa niche dans la galerie de portraits héritée par le XVIIIe siècle. Il va de pair avec les Sotenville dont Molière fit les portraits dans *George Dandin*. Si le public du XXe siècle les a oubliés, c'est parce que M. et Mme de Sotenville et le Baron de la Crasse sont des types d'une société qui s'est effacée, tandis que les Harpagons et les Tartuffes sont des types d'une vérité éternelle que le genre humain reconnaîtra toujours.

On peut dire que Poisson est responsable de la vogue des campagnards ridicules, et notamment des barons. Après le Baron de la Crasse, nous voyons défiler le Baron Des Essars, le Baron Teste-Boeuf, le Baron d'Albikrac, le Baron des Fondrières et le Baron d'Asnon.

Molière, qui en est arrivé sur le tard à dépeindre les hobereaux, semble avoir eu besoin de l'exemple de Poisson pour se décider à travailler cette veine. Quand il s'y mettra, il renchérira sur Poisson, d'abord avec les Sotenville, ensuite avec Pourceaugnac, finalement avec la Comtesse d'Escarbagnas. C'est après *George Dandin* (1668) que Donneau de Visé imaginera le Vicomte de la Sablonnière dans *le Gentilhomme guespin* (1670), que Montfleury fera de son *Gentilhomme de Beauce* (1670) un seigneur d'un hameau ruiné, que Thomas Corneille évoquera le côté ridicule du Marquis dans *la Comtesse d'Orgueil* (1671) et que Hauteroche créera Monsieur de Fatencour, dans *les Nobles de province* (1678).

Il faut dire que dans ces comédies, c'est Molière plutôt que Poisson que les auteurs ont pris pour modèle. La vogue a été lancée par Poisson, mais il a fallu un auteur plus doué que lui pour en profiter. Il semble que Poisson n'ait pas vu toutes les possibilités offertes par le sujet. On ne peut pas par exemple dire que le créateur du Baron de la Crasse ait fait un pas en avant en créant par la suite le Baron de Calazious dans *le Poète basque*, qui est loin d'être aussi mémorable que son confrère de Pézenas. *Le Baron de la Crasse* s'inscrit comme une heureuse exception dans son théâtre.

Dans *le Zig-zag*, Poisson choisit l'octosyllabe qu'il a déjà employé avec succès dans *le Sot vangé*, et que Montfleury et Chappuzeau emploient respectivement dans *le Mariage de Rien* (1660?) et *Colin-maillard* (1662). Le sujet du *Zig-zag* diffère sensiblement du conflit conjugal de Lubin et de Lubine. Octave, amoureux d'Isabelle, trouve un obstacle dans la mère de celle-ci : elle ne veut pas d'un gendre sans argent. Il oblige son valet Crispin à cambrioler la maison paternelle pour pouvoir convaincre la mère de ses mérites en lui montrant une poignée de jacobus. Isabelle est déjà promise à un certain Valère, que personne n'a encore vu. Octave conçoit l'idée de déguiser son valet en Valère afin de dégoûter la famille de ce prétendant. Or Crispin s'imagine lui-même amoureux d'Isabelle, et accepte de jouer le rôle, dans un oubli complet de ses engagements envers Catin, la servante d'Isabelle. Celle-ci, avertie du stratagème dans une lettre qui lui a été communiquée au moyen d'un zig-zag,[23] reçoit Crispin en présence de Catin, et s'amuse à jouer son rôle. Expulsé en raison des libertés grossières qu'il a prises, Crispin essaie de se réconcilier avec Catin, qui ne se laisse attendrir qu'après l'avoir fait souffrir. La mère, rassurée, accepte Octave pour gendre, et Catin accepte Crispin pour mari.

On verra immédiatement que Poisson n'a nullement prétendu à répéter le succès de *Lubin*. Au lieu des éléments traditionnels de la farce ancienne, il a introduit de jeunes amoureux, venus de la comédie italienne plutôt que de la farce gauloise, il fait usage du déguisement, élément également italien, et il introduit le zig-zag, dispositif d'inspiration italienne.[24]

Isabelle et Octave sont des personnages de convention; Léonor, une mère tyrannique qui ne se laisse fléchir que par la vue de l'argent. De Crispin nous avons déjà longuement parlé dans notre étude du type qu'il représente. Reste Catin, qui est d'un intérêt particulier. Son nom rappelle immédiatement l'ancienne farce gauloise. Le glossaire de *l'Ancien Théâtre François* donne 'Catin, cattin, expression caressante, qui a pris depuis un sens peu Flatteur.'[25] C'est de la même famille que tatin et tetot.[26] Dans *la Farce de Colin qui loue et despite Dieu*[27] nous lisons:

Je ne sens nul mal, ma cattin;
Sans cause prieroye les sainctz.[28]

C'est dans les chansons de Gaultier-Garguille qu'on trouve le mot écrit avec une majuscule:

Chascun sçait au pays latin
Que je suis assez beau mastin,
  Si je voulois mordre.
Mais vous donnez, belle Catin,
  Du fil a retordre.[29]

Ou bien:

Catin dormoit dessus l'herbette.
Colin leva sa chemisette.[30]

Après Poisson, on retrouvera le nom, donné à une servante, par exemple dans *le Comte de Rocquefœuilles*, de Nanteuil.[31]

En créant Catin, Poisson fait revivre l'esprit comique du temps de Gaultier-Garguille et de Tabarin. Sur le Pont Neuf ou au théâtre des Halles, elle serait dans son élément, et l'on s'étonne de la voir à l'Hôtel de Bourgogne. Son rôle, digne d'une Perrine, est rempli de traits qui font penser au bon vieux temps des farceurs, et révèle que l'auteur ne dédaigne aucunement les types traditionnels d'une autre époque. L'existence de Catin nous prouve que Poisson connaissait le répertoire de Gaultier-Garguille. Le premier monologue de Catin semble une version parlée d'une chanson de ce célèbre farceur:

Y alon, y alon, Godeluriau,
Jour de Dieu je le trouvon bieau,
Ce Crispin, il a de quoy frire,
Et si je l'auron, c'est tout dire.
Qui m'a donné ce sot bastié?
Dieble soit le gallefretié,
Y croyoit par son biau langage
M'avoir peut-estre en mariage:
J'aime trop mon pauvre Crispin.
Un jour y me diset Catin,
Ma mignonne, que je te baise:
Ce pauvre garçon fut plus aise
Car je le laissy faire un peu. [sc. première]

Sa loquacité est des plus comiques; elle met le nez dans les affaires de sa maîtresse, et si, comme Léonor, quelqu'un commet l'erreur de lui poser une question, il n'y a pas moyen de la faire cesser de caqueter:

LEONOR
Quelle mine avoit ton Yvrogne,
Ton chien de Mary, dy Carogne,

Il estoit laid, et n'avoit rien;
T'a t'il pas laissé force bien?

CATIN
Quoy! je n'estiens pas à nostre aise?
J'aviesme le faudeüil, la chaise,
Le lit tout garny, les rideaux,
La paire de chenets fort biaux,
Et le tapy vard sur la table. [sc. 4]

Elle continue ce récit, que nous renonçons à reproduire, dans ce savoureux langage des Halles,[32] sans entendre Léonor qui lui dit de se taire. Les chansons qu'elle chante au nez de Crispin dans la scène 9 sont aussi dans la tradition de Gaultier-Garguille. Elle chante:

On dit que la grosse Marthe,
En revenant de Montmarte ...

ou bien

Venant de Versailles
Je vis un Bergé ...

Il nous suffit d'en citer ces bribes pour montrer que les chansons de Catin ressemblent à celles qui terminaient le spectacle dans l'ancien théâtre:

Un beau matin je rencontray
Margot le long d'une prairie ...[33]

En m'en revenant de Gascogne
Je passay par le Poictou ...[34]

L'autre jour me cheminois
Mon chemin droit à Lyon ...[35]

Poisson fait donc revivre une tradition de longue date. Le premier à s'en apercevoir et à s'en réjouir fut Villiers, ce vétéran de la scène, premier acteur comique à l'Hôtel de Bourgogne après la mort de Turlupin et la retraite de Guillot-Gorju. Il a reconnu en Poisson le véritable successeur des anciens farceurs français. Si bien qu'à la parution du *Baron de la Crasse,* il a composé des stances que Poisson a fait imprimer en tête de la pièce. S'il admire le personnage du Baron, c'est à Catin qu'il dédie ses louanges les plus sincères :

Catin m'amour, vous valez trop,
Et vous faites trop de merveilles,
Il faut accourir au galop

Pour en remplir ses yeux ainsi que ses oreilles,

Toutes vos petites chansons
Que vous chantez sur divers tons
Charment toute vostre assistance :
Et pour vous dire ingenuement
Quel est pour vous mon sentiment,
Vous seriez ma Catin, si j'estois Roy de France.[36]

Pour Villiers, Catin surpasse toutes ses devancières,

Car je juge sans vous flater,
Qu'elles n'ont pas valu d'estre vos Chambrieres.

Et il en sait quelque chose, car il était leur contemporain :

Nous avons eu le tems passé
Et Dame Alizon, et Gigongne;
Mais elles ont le nez cassé.

Cette évocation des 'dames' du temps jadis est pour nous particulièrement intéressante, car elles appartiennent à la tradition de la première moitié du siècle. On sait que le rôle d'Alizon était tenu par un homme[37] et qu'elle se trouvait dans diverses comédies, telles *la Comédie des proverbes* (où il se trouve un rôle pour Philippin, c'est-à-dire Villiers)[38] et la comédie d'*Alizon.*[39] On sait aussi que Dame Gigogne apparaissait dans maintes farces, qu'elle appartenait au théâtre des Halles[40] et que, 'sœur roturière de Grandgousier et de Gargamelle' elle était le type même de la fécondité.[41] Ce personnage, devenu célèbre comme marionnette, et donc type très connu, fournit à d'Assoucy l'image burlesque qu'il cherchait pour caractériser le chaos qui existait au commencement du monde.[42] Dame Gigogne fut aussi chanteuse comme Gaultier-Garguille:

> Voulez-vous ouïr quelque Stance? ...
> J'en ay de Madame Gigogne.[43]

Si Villiers, voyant Catin, se souvient de cette époque de comique grossier et de dames grotesques représentées par des hommes, c'est dire que Poisson fait revivre cette époque, et que Villiers s'en rend compte avec joie.

Le goût de Villiers n'avait pas changé. Poisson se défend en présentant une farce jouée pour un gentilhomme de province au goût défectueux. Ses portraits du chevalier et du marquis révèlent qu'il a conscience du changement de goût. Mais le fait demeure qu'il a écrit une farce qui rappelle les sketches des premières années du siècle. C'est notre avis que Poisson joue double peu: tout en adoptant la comédie de mœurs, il témoigne d'un goût secret pour la farce style ancien.

Le procédé technique qui consiste à encastrer une pièce dans une autre est loin d'être une nouveauté en 1662. On le trouve déjà dans la *Spanish Tragedy* de Kyd et dans *Hamlet* de Shakespeare. Andreini publia en 1623 *Le due commedie in commedia,* et Baro en 1629 dans la tragi-comédie *Célinde* introduit une tragédie.[44] M. Lancaster dit que *Célinde* devait influencer Scudéry, Molière et Poisson.[45] Cette assertion nécéssite une interprétation très large, car personne ne saurait affirmer après avoir lu la pièce de Baro et *le Baron de la Crasse* que Poisson ait pris *Célinde* pour modèle. Une distinction s'impose entre les pièces encastrées détachables et les pièces encastrées non-détachables.

Le premier auteur à adopter ce procédé après Baro n'était pas Scudéry mais Gougenot, dont *la Comédie des comédiens* parut en 1633.[46] Il écrivit une comédie d'intrigue, qui remplit les trois derniers actes. Les deux premiers actes servent de prologue, dans lequel le comédien Bellerose s'efforce de réunir une troupe pour jouer la comédie d'intrigue. Or la principale originalité de Gougenot est d'avoir fait des deux premiers actes un prologue indépendant. Dans les pièces précédentes, la pièce à l'intérieur faisait partie intégrante de l'action principale. Chez Gougenot, on pourrait substituer n'importe quelle autre pièce après le prologue. *Le Baron de la Crasse* rentre dans cette catégorie. Les représentations de 1762 substituent au *Zig-zag* le *D. Pasquin d'Avalos* de Montfleury,[47] et *le Baron de la Crasse* n'en a pas souffert. Scudéry, dans sa *Comédie des comédiens*,[48] écrite pour le théâtre du Marais, ne fait que copier Gougenot. Après avoir discuté de leur profession, les comédiens jouent une Eglogue Pastorale et, à la fin du deuxième acte, annoncent une tragi-comédie, *l'Amour caché par l'amour*, qui remplira les trois derniers actes. Il s'agit donc d'un prologue suivi d'une pièce indépendante.[49]

Quinault reprend cette formule en 1657 dans sa *Comédie sans comédie* où quatre pièces en un acte suivent le prologue qui constitue le premier acte. Dorimond dans sa *Comédie de la comédie* (1660) compose un prologue dans lequel les spectateurs discutent du théâtre avant d'entrer dans la salle pour voir *les Amours de Trapolin*. Comme nous verrons en temps opportun, c'est dans *le Poète basque* que Poisson a tourné à profit les efforts de ses prédécesseurs pour introduire une discussion entre acteurs.

S'il emploie la formule des pièces qui s'encastrent dans *le Baron de la Crasse*, c'est avec une originalité incontestable, car il est le premier à mettre en scène une troupe de comédiens ambulants qui représentent une farce pour un gentilhomme dans un château de province. C'est ce qu'on n'avait pas vu auparavant.

Nous serions téméraires de voir l'influence de Poisson dans les nombreuses pièces qui reprendront cette technique après 1662. Chevalier dans *les Amours de Calotin* (1663–4) s'inspire plutôt de Dorimond que de Poisson; Gilbert, dans *le Courtisan parfait* (1663), introduit une seconde pièce qui est essentielle à l'action de la pièce principale, comme dans *le Véritable Saint-Genest* (1647) de Rotrou. C'est la seconde catégorie de pièces encastrées que nous avons jugé prudent d'écarter comme étant étrangère à notre étude. Molière dans *l'Impromptu de Versailles* (1663) adopte le prétexte d'une répétition pour introduire une discussion sur le théâtre professionnel, à la manière de Scudéry. Plus tard, il revient à cette technique dans *la Comtesse d'Escarbagnas* (1671). Cette fois-ci, on peut bien effectuer un rapprochement avec *le Baron de la Crasse,* en ce sens que le divertissement intercalé est indépendant des scènes qui l'introduisent; le portrait de la Comtesse montre que Molière se préoccupe des mœurs d'une provinciale; les comédiens viennent représenter leur divertissement dans une maison particulière; quelques répliques sont ajoutées à la fin de la pièce et sont destinées aux personnages des premières scènes, comme dans *le Baron de la Crasse,* pour arrondir l'action.

Poisson a adopté une technique de composition qui avait existé avant lui, il a aidé à la maintenir en vie, et l'usage qu'il en a fait révèle une bonne part d'originalité.

Si l'Hôtel de Bourgogne avait eu son La Grange, nous aurions à présent des preuves statistiques du succès du *Baron de la Crasse* entre 1662 et 1680. A défaut de ces preuves, nous sommes obligés de nous rabattre sur les témoignages de Donneau de Visé, et sur les nombreuses allusions relevées plus haut chez les auteurs contemporains de Poisson. Les registres de la Comédie Française attestent le succès continu de la pièce, qui, entre 1680 et 1762, a été jouée 255 fois,[50] avec quelques interruptions dues à la fluctuation du goût. Les deux dernières fois en 1762, on l'a jouée sans *le Zig-zag,* farce visiblement destinée à vieillir plus vite que la petite comédie de mœurs qui la précède. Elle est mentionnée dans le Répertoire rédigé par Laurent,[51] et selon la liste des accessoires nécessaires à la mise en scène, 'il faut deux tabourest, un fauteuille, un zic-zac, une bource.'[52] Le *Répertoire des Comédies françaises qui se peuuent joüer en 1685* la mentionne comme étant une des 'petittes comedies.' (p. 77)

Son succès ailleurs a été considérable. La pièce figure dans le répertoire des comédiens français à la cour de Mannheim en 1742.[53] Gouvenain dit que le 27 avril 1788, les spectateurs de l'hôtel Mathieu à Dijon rendirent un nouvel hommage au talent et à la beauté de Mme Guyard qui 'joua supérieurement' les principaux rôles du *Baron de la Crasse* et de *la Colonie*.[54] Puisqu'il n'y a pas de rôle de femme dans *le Baron,* on présume qu'elle jouait dans *le Zig-zag.* La province aurait donc toujours aimé la farce.

La seule allusion que nous ayons trouvée à des représentations en province du vivant de l'auteur est rapportée par Gouvenain,[55] qui a trouvé la pièce dans le répertoire des comédiens du duc d'Enghien en 1674–5.

A part la première édition de 1662, il y a une édition publiée par Quinet en 1667. La pièce a été republiée dans *les Œuvres complètes* de Poisson en 1678, et dans les éditions ultérieures. On la trouve dans *le Théâtre françois*, publié à Genève, chez Pellet (1768) et dans *les Contemporains de Molière* de Fournel (Paris 1863).

C'était la plus goûtée des pièces de Poisson, ayant été représentée plus souvent que toutes les autres. Pour le chercheur moderne, sa valeur est incontestable. Chardon[56] et Lancaster[57] l'ont employée comme livre de référence, la liste des pièces proposées par les comédiens étant un véritable répertoire d'une troupe de campagne en 1662.

Le Fou raisonnable

La troisième comédie de Poisson, *le Fou raisonnable*, connue plus tard aussi sous le titre du *Fou de qualité*,[1] parut en 1664. L'auteur, avec beaucoup d'esprit, la dédia à un autre fou de qualité, le Marquis d'Angely, amuseur attitré de Louis XIV. G. Quinet demanda et obtint un privilège, qui est du 14 mars, et la première édition parut le 9 avril. Fournel assigne à la première représentation la date de juin 1664. Si tel était le cas la pièce aurait été imprimée avant d'être jouée, ce qui nécessite toujours une tentative d'explication. Comme Fournel a trop souvent tendance à allouer des dates de première sans fournir de preuves conclusives, nous avons procédé à un examen des historiens pour trouver ses sources. Chez les frères Parfaict, Mouhy, Léris et La Vallière, nous avons trouvé une mention de l'année de la représentation, mais aucune indication du mois. M. Mélèse, en l'absence de témoignages dans les gazettes du temps, a adopté la date suggérée par Fournel.[2] Nous concluons que la date de la première se place quelque temps avant le 14 mars 1664, date du privilège. Lancaster suggère[3] que les comédiens ont bien pu jouer *le Fou raisonnable* en 1663, et nous convenons que cela est tout à fait possible.

C'est un Poisson tout à fait inattendu que le public a rencontré dans cette comédie. Pour indiquer dans quelle mesure l'auteur s'est éloigné des sujets de ses comédies antérieures, nous commencerons par résumer la pièce.

Un jeune Espagnol, Don Pèdre, amoureux depuis deux mois[4]

d'Isabelle, fille de l'ambassadeur Rodolphe, vient à Ilescas, ville d'Espagne, où il espère la voir malgré les efforts de Rodolphe pour la tenir isolée. La veille, le carrosse de l'ambassadeur ayant été attaqué par une bande d'hommes armés, Pèdre leur est venu en aide, et a mis les assaillants en déroute. L'hôtelier Crispin, témoin de la scène, a ramené Rodolphe et Isabelle à son hôtellerie. Pèdre voudrait se faire connaître, mais il est un réfugié de la justice, après avoir tué un brave à Madrid. Il tient à s'entretenir le plus tôt possible avec Isabelle, car elle est promise à son cousin Léopolde, qu'elle déteste. Son père ne la quitte jamais, et Pèdre est réduit à se faire passer pour fou afin de pouvoir lui parler. Crispin accepte de le présenter comme son fils rendu fou par trop d'études. Entretemps, Léopolde et son valet Glosfen sont arrivés à l'hôtellerie. C'est Léopolde qui a préparé l'embuscade, croyant que le carrosse appartenait à Constance, sœur de Don Pèdre, à laquelle il fait la cour depuis quatre ans, et dont il veut à présent se débarrasser pour faire un mariage plus avantageux avec la fille de l'ambassadeur. Il est présent quand Pèdre feint d'être Alexandre le Grand et son valet Félician joue le personnage d'Ephestion. Entretemps, Rodolphe a envoyé son ami Don Alphonce à Madrid pour chercher un escorte après l'incident du carrosse et pour tâcher d'éclaircir les circonstances du complot. Ayant découvert que Léopolde est le coupable, il revient à Ilescas, révèle le résultat de son investigation, et annonce en même temps qu'un pardon a été accordé à Don Pèdre. Crispin explique que le prétendu fou est en réalité Don Pèdre, qui s'avance pour venger l'honneur de sa sœur, abandonnée et humiliée par Léopolde. Léopolde accepte d'épouser Constance, et Rodolphe se montre favorable au mariage de sa fille avec Pèdre.

Ce résumé montre clairement que *le Fou raisonnable* est tout à fait différent des pièces précédentes de Poisson. Jusqu'ici, nous avons étudié une farce aux allures médiévales, suivie d'une étude de mœurs, accompagnée d'une pochade à l'italienne. *Le Fou raisonnable* n'appartient à aucune de ces catégories.

La pièce est franchement une *comedia* à l'espagnole. Le lieu de la scène, les noms de Pèdre, d'Alphonce, de Lazarille, tout nous plonge dans cette atmosphère propre aux comedias de Rojas. Le héros, Pèdre, se conduit en vrai Espagnol, n'hésitant pas à se battre contre six assassins après s'être battu en duel avec un brave. Ajoutons que l'homme promis à Isabelle a eu une liaison avec la sœur de celui qui est maintenant son rival, coïncidence typique du genre.

Or, on n'a pas besoin de rappeler que la comedia, par la complexité même de son intrigue, exige la formule des cinq actes. Poisson a en fait écrit une comedia en raccourci : sa méthode a été de mettre en récit les scènes de violence qui auraient constitué le spectacle d'une comedia, de réduire presque à rien l'élément dramatique, et de développer les scènes comiques. Le long récit de Crispin (91 vers d'exposition tout au début de la pièce) sert à nous plonger *in medias res*: c'est un tour de force de concentration dramatique, adopté par Poisson pour en venir plus vite aux scènes comiques.

Poisson n'est pas le premier à écrire une pièce en un acte basée sur la comedia. Boisrobert en 1655 donna son *Amant ridicule*, dont l'intrigue vient du *Dom Bertrand* de Thomas Corneille, ou peut-être de son original espagnol.[5] Mais Boisrobert avait eu le bon sens de simplifier l'intrigue : c'est ce que Poisson ne s'est pas avisé de faire. Au lieu d'élaguer, il a concentré, tentative périlleuse et malavisée que l'auteur, il faut l'admettre, n'a pas réussie. C'est un exemple, s'il en fut jamais, d'un sujet mal choisi.

Qu'est-ce qui lui a dicté ce choix? Poisson subissait probablement à cet instant de sa vie une influence très forte – celle de Scarron. Nous avons montré ailleurs[6] que dans cette pièce Poisson a réintroduit le personnage de Crispin tel qu'il était dans *l'Ecolier de Salamanque* de Scarron. Ayant créé dans *le Zig-zag* un Crispin qui ne doit que peu à son prototype, Poisson s'efforce maintenant de lui prêter toutes les caractéristiques du valet de Scarron. C'est un déserteur de la campagne des Flandres ; son instinct de conservation lui dicte la prudence lors de l'embuscade ; il est bavard ; il se vante de ses études ; et il moralise.

Scarron mourut en octobre 1660. Trois ans après son décès, il parut un fragment d'une tragi-comédie, à laquelle Scarron avait donné le titre du *Faux Alexandre*. Il n'avait mis en vers que le premier acte et deux scènes du deuxième. On voit ses intentions dans l'exposition. Lancaster a essayé de deviner l'acheminement que Scarron aurait donné à l'intrigue[7] mais ceci n'est pas important. Ce dont nous devons tenir compte c'est que le fragment est tombé sous les yeux de Poisson. Voici un résumé de ce qu'il a trouvé:

Un marquis nommé Léandre et son valet Jodelet se sont fait passer pour Ephestion et Alexandre respectivement, afin de permettre à Léandre de courtiser une jeune Anglaise, Aminte. Le père de celle-ci, le comte de la Tour, a choisi pour gendre un cousin que sa fille déteste. Ce cousin, nommé Felton, est glorieux, fanfaron et poltron au dernier point. La mère d'Aminte, femme à idées romanesques, voudrait marier sa fille à un prince, ce qui suggère à Léandre un stratagème: il fait passer son ami Stilpon pour un grand seigneur. Il espère ainsi faire différer les noces d'Aminte et de Felton. La troisième scène du premier acte est la confrontation du comte, de Felton, d'Aminte et des prétendus fous. Au deuxième acte, Scarron introduit Isabelle, sœur de Felton. Amoureuse de Léandre, elle s'est déguisée en Aminte, et a ainsi appris les projets de Léandre et de Jodelet. Elle jure de faire tout son possible pour contrecarrer l'amour de Léandre et d'Aminte. Ici le fragment se termine.[8]

Poisson, qui se passionnait pour les ouvrages de Scarron jusqu'au point de lui dérober son Crispin et d'accaparer les rôles que Scarron avait destinés à Jodelet, a dû se pencher avec un intérêt plus que passager sur ses ouvrages. Quand le fragment du *Faux Alexandre* parut en 1663,[9] Poisson a dû évidemment regretter que le projet de Scarron n'ait pas été mené à bonne fin. Il a donc repris les données exposées dans ce fragment, et s'est mis au travail. Il a d'abord interverti les rôles. Scarron avait voulu donner le grand rôle burlesque du faux Alexandre à Jodelet. Poisson n'a aucune intention d'écrire un rôle important pour ce personnage populaire. S'il va y avoir un meneur de jeu, ce sera Crispin. C'est lui qui aura les longues tirades et les belles saillies satiriques sur les causes de la folie.

Le faux Alexandre sera joué par Pèdre, et le faux Ephestion par son valet, Félician. Le comte anglais devient un ambassadeur allemand; la mère est supprimée; Felton est remplacé par Léopolde. La fille, à qui Poisson donne le nom d'Isabelle, a le même dégoût pour l'homme qu'elle doit épouser. Conscient du fait que dans les limites d'un acte sa pièce va être affreusement compliquée, Poisson supprime la sœur de Felton, mais commet l'erreur d'ajouter du sien. Est-ce en l'honneur de Scarron qu'il a imaginé l'incident du carrosse?[10] Il est permis de le croire.

Dans *le Fou raisonnable* comme dans *le Faux Alexandre*, le héros et son valet jouent les fous d'une façon très divertissante. On leur permet de venir amuser l'assistance, puisqu'ils ne sont pas des fous furieux qu'on enferme ou qu'on lie.

Scarron fait de Jodelet ce qu'il avait toujours fait de lui, un valet lâche et raisonneur. Après avoir essayé de détourner son maître de ses projets extravagants, qui les mettront tous deux en prison si la feinte est découverte, il s'incline devant l'inévitable, et joue son rôle à merveille. Dans de longues tirades burlesques, il évoque toute la brillante histoire d'Alexandre, fait mention de Roxane, de Statira, de son père Philippe, et de son maître Aristote, le tout épicé d'allusions anachroniques. Profitant de la position privilégiée dont jouissent les fous, il n'épargne pas le cousin Felton, qui s'entend dire ses quatre vérités. L'amant n'a pas grand'chose à dire, et l'on peut se le figurer qui dévore des yeux la belle Aminte. Il n'a pas l'occasion de lui parler. Scarron n'était pas pressé: il disposait de quatre autres actes pour peindre leurs doux entretiens.

Poisson, pour sa part, ne voit dans la scène qu'un prétexte pour la jeune fille et son amant de s'entretenir. Félician est là pour occuper l'attention des autres pendant que les amoureux se parlent. Comme l'a bien fait remarquer M. Garapon,[11] Poisson a un faible pour les discours sans suite. Si Félician multiplie les incohérences ici, c'est justement pour donner à son maître les précieux moments dont il a besoin:

FELICIAN
Nous voyons arriver d'étranges aventures;
Car comme un homme sage a plus d'esprit qu'un fou,
Une tulipe est bien différente d'un chou,
Par la mesme raison quand l'erreur se dissipe,
On voit fort bien qu'un choud n'est pas une tulipe,
Vous m'avoüerez encore que l'on a veu depuis
L'orage bien plus grand sur mer que dans un puits,
C'est pourquoy nous voyons l'été les hirondelles ...
Oüy-da, ce ne sont pas icy des bagatelles,
Qu'en dites-vous? [sc. 10]

On voit bien que la fatrasie remplace les allusions burlesques du rôle de Jodelet.

Dans le rôle de Pèdre-Alexandre, Poisson a mis du pur Scarron :

PEDRE (*à Léopolde*)
Vous estes Allemand volontiers?

LEOPOLDE
Oüy, Monsieur,
Je le suis.

PEDRE
J'ay jugé que vous le deviez estre,
Il faut estre Allemand pour ne me pas connoistre,
Demandez qui je suis à tous les Lydiens,
A tous les cypriots, à tous les Phrigiens,
Aux Medes, aux Persans, aux Paphlagoniens,
Scites et Bactriens et Babilioniens,
A tous ceux dont le nom se termine en iens,
Tous ces Peuples vaincus et soümis à ma gloire
Vous diront qui je suis, s'ils ont bonne mémoire. [sc. 10]

Cette infraction à la règle de l'alternance des rimes masculines et féminines n'est pas sans rappeler la scène comique des *Boutades du Capitan Matamore* que Scarron fit imprimer en 1647, où chaque vers se termine en *-ement*, et le poème du *Pédant joué* de Cyrano (1654), où chaque vers se termine en *-if*. Ces exemples tirés de deux maîtres du burlesque suffisent pour indiquer ce que Poisson aimait à lire.

Notons que Pèdre n'est pas l'amant languissant du *Faux Alexandre*. Il joue son rôle d'une façon magistrale. Mais Poisson n'a pas eu le temps de s'attarder à écrire pour lui de longues tirades.

Léopolde, comme Felton, est obligé de se plier à la folie des deux imposteurs, à qui tout est permis; et Isabelle, au courant de la ruse, ajoute une ironie à cette scène qui est absente de la même scène chez Scarron.

S'étant essayé aux autres genres de comédie dans ses premières pièces, Poisson a tenté dans *le Fou raisonnable* d'introduire un peu de l'esprit de son modèle récemment disparu, mais, n'osant pas encore s'aventurer sur le terrain de la comédie en cinq actes – cela ne viendra qu'en 1670 – il commet la bévue énorme de tout mettre dans les quinze scènes que nous venons d'exposer.

Le résultat est une pièce surchargée, précipitée, qui doit négliger l'unité d'action et surtout la vraisemblance pour amener un dénouement rapide. Ce n'est pas tout. Il n'a pas le temps de développer les caractères. Rodolphe n'en veut pas au scélérat qui a attaqué son carrosse; Pèdre l'accepte comme beau-frère malgré ses crimes, ce qui détruit son caractère de seigneur espagnol. Celui de Rodolphe manque de vraisemblance: pour un ambassadeur, il est assez facile à duper, et son rôle ne laisserait jamais supposer ses hautes fonctions d'homme d'état. Les autres personnages ne sont que faiblement esquissés, exception faite de Crispin, pour qui Poisson écrivit un rôle soutenu et bien conçu.

Pourtant, la pièce eut du succès, et ne disparut du répertoire de la Comédie Française qu'en 1719.[12] Cela est dû sans doute à la présence de Crispin. Mais ne serait-ce pas aussi à cause de la franche gaieté qui caractérise les dialogues?

Félician rejoint son maître:

D. PEDRE
Tu viens fort à propos,
Que dit-on dans Madrid? J'attendois ta venuë.

FELICIAN
L'on y parle de vous à chaque coin de ruë.

D. PEDRE
De moy!

FELICIAN
Je ne sçay pas ce que cela produit,
Mais par ma foy, Monsieur, vostre nom fait grand bruit,
Car il n'est prononcé qu'avec des trompettes,
Ils sont trois à cheval montez sur des mazettes,
Un autre en robe-longue et le bonnet carré
Aussi pasle qu'un mort, d'un ton mal assuré,
Monté sur son mulet, sa mule, ou sa bourique,
Lit dans un grand papier vostre panégyrique,

Et tout cela se fait pour vous faire sçavoir
Que l'on vous aime tant qu'on brusle de vous voir,
Que si vous n'apportez à Madrid vostre face
On va faire élever vostre portrait en place. [sc. 2]

On voit que Poisson était capable d'autre chose que la fatrasie citée tout à l'heure. Prenons un autre exemple. Crispin se vante de son érudition: Apprenez, dit-il,

Quoy que vous me voyez Maistre d'une Taverne,
Qu'il n'est aucun Autheur ancien ou moderne
Qui ne soit là-dedans, puis que je les ay veus
Avec attachement et tous leus et releus;
J'ay mesme escrit contre eux, ou fait quelque remarque
Et pour le renvier encore sur Plutarque,
Qui croit avoir tout dit de ces fameux Heros;
Mais il est fort trompé, j'ay remué leurs os,
Je travaille à leur mort en dépit de l'envie
Et de ce fat qui n'a travaillé qu'à leur vie. [sc. 4]

Il partage avec Rodolphe sa recette pour la folie:

Je croy fortement
Qu'un scrupule d'amour, un gros de jalousie,
Deux once de chicane, une de Poësie,
Trois dragmes de Musique, et six grains de procez,
Infusez là dedans causent un grand accez,
C'est pour perdre un esprit un remède admirable. [sc. 4]

Il est permis de penser que le public de 1664 a pris plaisir non seulement à entendre les tirades amusantes de Crispin et de Félician, mais à voir les scènes de bas comique, dignes de la farce, où figurent Lazarille, le garçon d'hôtellerie, et Pasquette, la servante. Alexandre ordonne à Ephestion de 'joindre sa voix à sa lyre.' Le garçon annonce que le bois lui a manqué:

Vous n'aviez plus de lut tardant encore un peu,
Car faute de fagot on l'alloit mettre au feu,
Pour donner la couleur à deux oisons. [sc. 13]

Fausse consternation de la part de Félician.

Pasquette vient annoncer que le repas est prêt:

RODOLPHE
Cette petite fille est tout à fait aimable.

PASQUETTE
Oüy fort.

LEOPOLDE
Mais ces tetons sont gros et bien placez.

PASQUETTE
N'y touchez pas, Monsieur, vous les applatissez.

LEOPOLDE
Mignonne.

PASQUETTE
Ha que de bruit!

LEOPOLDE
Ah! treve de furie.

PASQUETTE
Ah! treve de tetons, Monsieur, je vous en prie.

FELICIAN
Je les patineray[13] pour moy.

PASQUETTE
Tout doux, tout doux,
Tredame, on se laira patiner par des foux? [sc. 13]

La comédie fut réimprimée dans les éditions des *Œuvres complètes* de Poisson. Celle de 1679 (Paris), et de 1680 (La Haye) gardent le titre original, tandis qu'elle porte dans celle de 1687 le titre du *Fou de qualité*. C'est sous ce dernier titre qu'on la trouve dans *le Mémoire de Mahelot*[14] parmi les 'petittes comedies.' Pour les besoins de la mise en scène, sont nécessaires 'cinq chaise, une batte, 4 serviette, 2 lestre, un habit de fou.'[15] Elle figure dans le *Répertoire de 1685*, mais nous ne savons rien de la distribution. On doit présumer que Crispin fut joué par Poisson. Entre 1680 et 1719, la pièce fut jouée 46 fois.[16]

Clouzot[17] dit qu'une pièce intitulée *le Fou raisonnable* fut jouée à Poitiers le 25 novembre 1790 par le célèbre Volange. Porté d'abord à y voir une reprise de la pièce de Poisson, nous avons par la suite rejeté cette possibilité, après avoir trouvé que Joseph Patrat avait écrit une pièce intitulée *l'Anglais, ou le Fou raisonnable*, comédie en un acte et en prose, qu'on trouve dans le tome 6 du recueil publié en 1785. Le fait que nous ne trouvons aucune mention de la comédie de Poisson après 1719, ni à Paris, ni en province, ni à l'étranger, semble confirmer que c'est dans la pièce de son contemporain Patrat (1732–1807) que Volange a joué. Tribout de Morembert[18] dit que 'le 11 août 1787, Metz reçoit la visite du duc d'Orleans, qui le soir même se rend à la Comédie ... Le sieur Volange, acteur des Variétés amusantes, a rempli les principaux rôles dans *le fou raisonnable*, *On fait ce qu'on peut et non ce qu'on veut*, etc. ...' Ici encore nous croyons qu'il s'agit de la comédie de Patrat. Une troisième allusion datant de la même époque est plus explicite. Gouvenain[19] dit 'Le 11 août 1783, on représenta à l'hôtel de Langres, place Royalle une comédie en deux actes intitulée: *la Vaporeuse* [*sic*] (de Marsollier) ... Après la première pièce, on représenta: *le Fou raisonnable ou l'Anglais à Paris*, de Patrat.'

En 1691, quand Dancourt remania *les Foux divertissans* de Poisson, on ne considérait déjà plus les fous comme étant très divertissants, et *le Bon Soldat* supprime la partie qui concerne les petites maisons. Il est fort possible donc que le sujet du *Fou raisonnable* ait déjà vieilli à la fin du siècle, et que les onze représentations de 1718–19 n'aient été qu'un succès accidentel.

L'Après-soupé des auberges

La quatrième comédie de Poisson, *l'Après-soupé des auberges*, fut représentée en février 1665, en plein carnaval. Le carnaval, c'est la saison des festins, des concerts, des ballets et des représentations dramatiques. Pour nous figurer la gaieté à laquelle les Parisiens s'abandonnaient en cette saison, nous n'avons qu'à choisir au hasard une page de la *Gazette* de Loret :

> Comme durant le Carnaval
> (Soit que l'on fasse bien, ou mal,)
> Pluzieurs vivent d'une maniére
> Qui n'est pas toûjours coûtumiére,
> Il est très-certain que Paris,
> Séjour des plaisirs et des ris,
> Est remply de réjoüissances
> De Cadeaux, de Bals et de Dances,
> D'admirables Colations,
> Contenant des profuzions
> De bons vins et de limonades;
> Bref, de diverses Mascarades ...[1]

Le plus haut point de la saison est le ballet royal. C'est ce dont rendent compte les gazettes. En 1659, Loret décrit *le Ballet de la Raillerie*, au Louvre.[2] En février 1661, il fait l'éloge du *Ballet de l'Impatience*.[3] Robinet est à Saint-Germain-en-Laye pendant le Carnaval de 1667 pour voir *le Ballet des Muses*,[4] et en janvier

1668, il assiste au *Grand Porte-Diadème*, dansé aux Tuilleries.[5] Nous pourrions multiplier les références. Mais c'est le ballet royal de 1665 qui doit retenir notre attention.

La Naissance de Vénus donna au Carnaval de 1665 un éclat jusque-là inégalé. Les gazettes attestent que les dames et les hommes de la cour participaient à ces ballets, que le roi y dansait, qu'ils étaient somptueux et qu'on ne regardait pas à la dépense quand il s'agissait de fournir des décors et des machines. Les préparatifs pour le ballet de *la Naissance de Vénus* avaient dû remplir les loisirs des gens de la cour pendant bien des semaines avant qu'il fût dansé pour la première fois le 26 janvier.[6] Par la suite, il fut représenté trois fois par semaine jusqu'au 12 février.[7] Le *Registre* de La Grange indique une interruption des représentations données par la troupe de Molière, précisément à cause de ce ballet royal.[8]

Dans les *Relations véritables* de Bruxelles, du 21 février, on trouve ce communiqué envoyé par leur correspondant à Paris:

> La Cour a continué ses divertissements pendant cette semaine au Palais Roial, le ballet de la Naissance de Venus y aiant été derechef dansé, et une mascarade, composée de 10 entrees, y aiant parû des plus belles, comm' aussi une comédie nouvelle y aiant été représentée par la trouppe Roiale.[9]

On peut regretter que l'auteur de ces lignes n'ait pas considéré cette mascarade et cette pièce comme étant assez importantes pour mériter un compte rendu détaillé. Il nous a fallu rassembler des témoignages de diverses autres sources pour arriver à la conclusion que la pièce indiquée est *l'Après-soupé des auberges*.

C'est Fournel qui a fourni le chaînon manquant. Dans ses *Contemporains de Molière*[10] il cite la *Gazette* de Loret du 14 février:

> Une mascarade galante
> Ou, du moins, comique et parlante,
> Dont le sujet vrayment folet,
> Ne plaît guéres moins qu'un Balet,
> Etant des mieux imaginée
> Par une âme rare et bien née,
> Cependant que j'écris cecy,
> Dans le Palais-Royal, aussy,

Lieu de respect et de plaisanze,
Pour la derniére fois se dance.
J'ay sceu d'un Amy cordial,
Qu'il n'est rien de plus jovial,
Et que ladite Mascarade
Pouroit faire rire un malade,
Avec ses drôles d'incidents,
Eût-il la mort entre les dents.[11]

Loret fut empêché d'y assister par ses autres devoirs de gazetier. La mascarade en question fut reconnue et identifiée par Fournel, qui la publia intégralement.[12] Elle s'intitule *la réception faite par un gentilhomme de campagne à une compagnie choisie à sa mode.* Il s'avoue incapable de nommer l'auteur, et l'allusion que fait Loret à 'une âme rare et bien née' ne nous aide guère. Selon le texte, nous savons que Sa Majesté eut un rôle dans la dernière entrée, avec le Marquis de Villeroy et Beauchamp, et que le Marquis de Saint-Aignan figura dans la troisième entrée. Ce qui nous intéresse particulièrement, c'est qu'à la septième entrée, il y a l'indication qu'une troupe de comédiens de campagne jouent 'L'Après-soupé de l'auberge [sic] ou les marionnettes du Sieur Poisson.'

Compte tenu de la date de la dernière représentation (le 14 février) et de celle de la dernière représentation du ballet de *la Naissance de Vénus,* on pourrait conclure à la possibilité que *la Réception faite par un gentilhomme de campagne* fût jouée simultanément avec le grand ballet, dès le 26 janvier. Une chose pourtant jette quelque doute sur cette conjecture. La *Gazette* du 31 janvier dit que le roi avait 'laissé la conduite' du *Ballet* à Madame. La même *Gazette* du 14 février dit que *la Mascarade de la Réception* fut jouée au Palais Royal, devant Madame, qui se portait mieux.[13]

La chaîne des événements est évidente. Madame a dû se surmener dans ses efforts pour porter à la scène ce vaste spectacle qu'était *la Naissance de Vénus,* elle était tombée malade, et Louis XIV, désireux de lui plaire, avait demandé à la Troupe Royale, et à plusieurs autres acteurs, y inclus les Italiens, de concerter rapidement un spectacle. La *Gazette* nous assure que la mascarade fut 'concertée en un seul jour.'[14] Cela n'est pas difficile à croire, les textes n'étant que hâtivement esquissés: c'étaient les danses qui comptaient avant tout. Il est pourtant évident à quiconque lit le texte de *l'Après-soupé des auberges* que cette comédie était déjà prête pour la scène. On ne peut aucunement supposer qu'elle aussi comme la mascarade, fût concertée en un seul jour. Ce qui se serait donc passé, c'est que la Troupe Royale, ayant reçu l'ordre de Sa Majesté, aurait choisi une comédie qu'elle avait déjà répétée, et qui était de la longueur requise pour s'encastrer dans la mascarade. *L'Après-soupé*, répondant aux besoins du moment, fut donc l'objet de leur choix. La date de la première est peut-être bien le 12 février, comme dit M. Mélèse,[15] mais il est permis de penser qu'elle avait déjà vu le jour avant cette date.

Deux remarques s'imposent avant que nous allions plus loin. Fournel ne voit pas de rapport entre la Mascarade en question et le ballet de *Vénus*, et par conséquent n'essaie pas d'expliquer les circonstances dans lesquelles *la Réception* fut composée. En effet, il semble ignorer complètement l'existence de *la Naissance de Vénus*: il publie vingt-deux autres ballets de moindre importance pour la plupart, mais ne mentionne même pas celui de 1665. Notons en second lieu que la cinquième référence donnée par M. Mélèse ne s'applique pas à *la Naissance de Vénus* mais à *la Réception*, qui ne fait pas partie du grand ballet, comme nous avons essayé de le démontrer.

Il serait probablement oiseux de faire des conjectures sur l'identité de l'auteur de la mascarade, qui porte toutes les marques d'une improvisation hâtive. Notons pourtant que *a* la pièce de Poisson en fait partie; *b* le protagoniste est un gentilhomme de campagne, un seigneur de province, ce qui rappelle *le Baron de la Crasse*; *c* il chante:

Sur mon pallier de province
Nul n'est plus heureux que moy;
Ma noblesse n'est pas mince,
Sur mon pallier de province,
J'y suis plus content qu'un Prince,
Et peut-estre autant qu'un Roy.[16]

On se souviendra du mot du Baron: 'Mon château, c'est ma vie.' *d* Il reçoit en visite des gens qui prennent un repas, comme dans *le Baron de la Crasse*; *e* l'arrivée d'une troupe de comédiens de campagne qui jouent une pièce est encore une réminiscence du *Baron*; *f* dans *le Baron* l'hôte les appelle une 'bande,' mot qui doit servir plutôt à décrire des Egyptiens, comme le lui rappelle le Marquis; dans *la Réception*, le seigneur les prend pour des Bohémiens, et craint pour ses dindons; *g* l'idée d'encastrer une pièce dans la mascarade fait également penser au *Baron de la Crasse*.

Si Poisson n'y a pas mis la main, il est hors de doute que ceux qui l'ont concertée ont eu présente à l'esprit sa comédie si réussie de 1662. Nous oserions même dire que la mascarade est une version en musique du *Baron de la Crasse*, avec une différente pièce encastrée, et des interprètes quelque peu plus illustres.

Voilà donc les circonstances qui entourent la représentation de *l'Après-soupé des auberges*. Venons-en maintenant au texte.

Malgré le succès du *Fou raisonnable*, spectateurs et acteurs ont dû exprimer des opinions sur les fautes que Poisson y avait commises, notamment en y accumulant tant de détails superflus. On peut dire que c'est en dépit de ces fautes que le comique a percé. Assagi, Poisson évita rigoureusement de surcharger *l'Après-soupé* d'une intrigue qui aurait pu soulever les mêmes critiques. Par conséquent, sa quatrième pièce est simplement une tranche de vie. L'opinion des frères Parfaict est que *l'Après-soupé* est 'moins que rien.'[17] Cette opinion est par trop sévère, parce qu'il y a des moments très amusants dans la pièce. Si cette attitude est fondée sur l'absence d'une intrigue, elle manque de force, car la pièce sans intrigue peut dans les années soixante constituer un divertissement de premier ordre. Songeons à *la Critique de l'Ecole des Femmes* et au *Misanthrope*. Si les portraits font la fortune du *Misanthrope*, pourquoi ne pas chercher dans les portraits la raison du succès de *l'Après-soupé*? Les frères Parfaict l'attribuent au jeu des acteurs. C'est en effet une des raisons pour les soixante-dix-sept représentations que la pièce a eues entre 1680 et 1720.[18] Mais Poisson leur a donné largement sur quoi bâtir, en créant une galerie de portraits qu'il a composés avec amour. Pour l'auteur, ces personnages étaient vivants. Dans la dédicace, adressée à Monseigneur le Prince de Rohan, Grand Veneur de France,[19] l'auteur dit:

Mes Campagnards tout bouffis de gloire, d'avoir tant de fois diverti le

> plus Grand Roy du Monde, s'imaginent que tout leur est permis, et qu'aprés avoir receu un accueil si favorable dans le Palais Royal, il n'y a point de Cabinet, quelque précieux qu'il puisse estre, qui se puisse deffendre de leur servir d'azile ... Je crois, Monseigneur, que vous n'attendez point de louanges d'eux: La Grasseyeuse estropieroit la moitié de celles qu'elle auroit dessein de vous donner ... Voudriez-vous en recevoir du Marquis Bahutier, vous de qui la naissance est toute illustre? ... Le Gascon si accoustumé à l'hyperbole, est le dernier que je voudrois choisir ... et le Flamand attend qu'au milieu de son Païs vous fassiez vostre Panegirique vous-mesme.[20]

Ce sont ces personnages que nous allons maintenant rencontrer dans un résumé de la comédie.

La scène est à Paris, dans une auberge, gîte préféré de provinciaux en visite. Parmi les hôtes se trouvent un Flamand, un Normand, un Gascon, une vicomtesse, un marquis et une jeune provinciale, Climène, pour qui la province est un Enfer. Obligée de loger dans cette 'vilaine Auberge' dans 'la plus sale Ruë' de Paris, pendant que son père s'occupe d'un procès dans la capitale, Climène pense mourir d'ennui. Laurette, sa servante, partage ses sentiments. Elles se rebutent à l'idée de recevoir dans cette atmosphère, et elles sont réduites à accepter le 'cadeau' que leur offre l'un des provinciaux. Leur plus grand divertissement pourtant c'est d'être témoins des extravagances des autres hôtes. Un gentilhomme, Timante, est leur complice. La vicomtesse affecte un grasseyement qu'elle a appris à la Cour. Elle a un admirateur fervent en la personne du marquis, dont la noblesse est toute récente, son père ayant été bahutier. Le Gascon lâche et hâbleur se querelle avec l'honnête et franc Normand. Le Flamand les régale de ses impressions de Paris. Fanchon, fille de l'hôtelier, fait entrer des acteurs avec leurs marionnettes, qui dansent des courantes, un ballet de six entrées, et jouent une petite farce. Le Gascon lance des insultes au Flamand, qui riposte avec un soufflet. Une foule vient réclamer les acteurs, et quand la paix a été rétablie, les hôtes se retirent pour la nuit.

Avant d'en venir à l'étude du texte, il convient de dire un mot d'une nouvelle que Donneau de Visé avait publiée l'année avant, et qui s'intitule *les Soirées des auberges*.[21] Un gentilhomme de province, Mélandre, ayant épousé une jeune fille qui ne l'aime pas, vient la rechercher à Paris, où elle s'est enfui avec son amant. Il descend à une auberge, où il passe son temps à raconter ses ennuis à un ami. Tous les autres hôtes contribuent des histoires et des bons mots. Ayant enfin retrouvé sa femme fugitive, il la ramène chez lui et meurt de ne pouvoir s'en faire aimer. Poisson a probablement trouvé ici le décor de sa pièce, l'idée que des hôtes rassemblés dans une auberge peuvent être divertissants, et le personnage d'une comtesse.[22] *L'après-soupé* sera connu aussi sous le titre *la Soirée des auberges.*[23]

La structure dramatique est celle que nous avons déjà trouvée dans *le Baron de la Crasse*, et que nous retrouverons dans *le Poète basque*. La liste des personnages se divise en deux: d'un côté il y a les personnages raisonnables, de l'autre, les personnages ridicules. Les premiers sont les témoins de l'extravagance des autres. Dans *le Baron de la Crasse*, c'étaient d'un côté le marquis et le chevalier, de l'autre le Baron lui-même. Ici, c'est d'un côté Climène, Laurette et Timante, et de l'autre, la vicomtesse, le marquis, et les trois représentants de provinces éloignées. Le comique jaillit de la confrontation des gens ridicules et des gens raisonnables. Rien de plus simple, et pourtant rien de plus efficace. Comme dans *le Baron*, ceux qui seront les témoins des actions grotesques des autres serviront aussi à les dépeindre avant leur arrivée.

Quelles sont les sources du comique? Les faiblesses risibles de l'humanité sont caricaturées dans la vicomtesse et dans le Marquis bahutier, et les caractéristiques régionales dans les autres. Plus important pour notre étude est le fait que Poisson a exploité ici une source intarissable de comique: les patois. Il a compris que les divergences qu'on trouve dans la prononciation de la langue sont une source sûre d'effets comiques. Dans *l'Après-soupé*, il reproduit avec fidélité les parlers les plus variés. Mais il ne s'arrête pas là. Ayant rassemblé dans cette tour de Babel un Normand, un Flamand et un Gascon, il introduit un marquis qui bredouille d'une façon à peu près inintelligible, et une vicomtesse qui est convaincue que le zézaiement et le grasseyement qu'elle adopte sont tout ce qu'il y a de plus charmant. Dans notre galerie de portraits, c'est elle qui doit occuper la place d'honneur.

Cette dame est une précieuse ridicule que Molière n'aurait pas reniée. Climène fait son portrait avant son arrivée en scène:

Elle se pique fort de beauté, de jeunesse,
Mais sur tout elle affecte un certain parler gras,
Qui la contraint si fort, que pour n'en rire pas,
Il faut estre plongé dans la mélancolie;
Tantost elle le parle, et puis elle l'oublie;
Et cette ridicule encore sottement
Dit qu'elle n'a jamais pû parler autrement.

C'est dans la scène 3 que nous faisons sa connaissance; elle est très consciente du charmant effet que produit sa prononciation:

Vous nous avez titez, ma Sele, sans lien disse.
Me fais-ze entendle au moins, et mon glasseyement
Ne m'oublize-t-il point d'avoil un Tlucement?
Teltes-uns de mes mots vous essape, ze daze.

CLIMENE
Pas un seul, j'entens tout, d'un si charmant langage,
Je pense oüir parler mille petits Amours ...

LA VICOMTESSE
Et moy, ze ne voudlez zamais ouvlil la bouce,
Tomme le pallé gueas est tout à fait salmant:
Z'ay toûzoul, toûzoul peul de pecel en pallant;
Ze ne say point de cœul où ze ne fasse blesse,
Mais c'est innocemment, ma Sele, te ze pesse.

Cette fausse innocence est percée à jour par Laurette:

LAURETTE
Que ne nous parlez-vous comme nous vous parlons?
Et que ne dites-vous des Choux et des Pigeons?
Hé, desserez les dents. Quoy vous ne sçauriez dire
Des Choux et des Pigeons?

LA VICOMTESSE
La Sotte me fait lile:
Mais puiste ze puis enfin tend nous pallons
Plononcel tomme vous des Choux et des Pigeons ...

Mais après ce lapsus, elle nie rigoureusement avoir prononcé les mots comme tout le monde. Si on continue à méconnaître la folie de la vicomtesse, on n'a qu'à l'écouter expliquer ses charmes:

> Palce te ze suis zeune, on me tlouve agleable.
>
> CLIMENE
> Quel âge avez-vous bien?
>
> LA VICOMTESSE
> Ze n'ay te tatolze ans.
> Ze me zouë à toute heule avecte des Enfans,
> Et ze suis maliée à Monsieul le Vitomte
> Depuis la Pantetoste, et z'en louzis de honte.
>
> CLIMENE
> Vous l'aimez!
>
> LA VICOMTESSE
> Ze ne sçay, ze l'aime, et ze le fuy,
> Ze suis tlop zeune entol poul toucel avec luy ...

Elle avoue pourtant qu'il faut coucher avec son mari,

> Mais tant ze suis toucée, et t'il vient m'aplocer,
> T'il vient me toulmenter, entole te ze l'aime,
> Ze suis dans un saglain, dans un saglain extléme.

Elle regrette que le Flamand ne soit pas encore présent, car 'son balagouin nous auloit bien fait lile.'

Fanchon, fille de l'aubergiste, est fascinée par cette façon de parler, et l'imite à la perfection, ce qui souligne que cette affectation est facile à acquérir. Lancaster a dit[24] que l'orthographe employée par Poisson indiquerait le premier effort pour enregistrer l'*r* uvulaire. Quoique nous ayons relevé des inconsistances, dues sans doute à un imprimeur distrait (*tlop* corrigé en *trop*), et des graphies divergentes (*grand* s'écrit *glan* et *guean*) il semble probable qu'en écrivant *guean* et *guea* Poisson ait voulu reproduire l'*r* uvulaire employé en français moderne.[25] Pour nous l'orthographe revêt un intérêt certain, car Poisson, tout pressé qu'il était, a pris la peine d'écrire en toutes lettres ce qu'il voulait mettre dans la bouche de la vicomtesse. Il aurait pu simplement écrire son rôle dans une orthographe normale, avec une indication qu'elle doit adopter un zézaiement et un grasseyement. Il ne l'a pas fait. Cela ne trahit-il pas un homme très conscient des façons de parler, soucieux d'une reproduction exacte des sons?

Dans le Marquis, nous avons le portrait d'un balourd illettré qui ne débite que des sornettes. Encore une fois c'est Climène qui nous le peint d'avance:

> Il dit une sottise ou bien il ne dit mot;
> Car il fait le rêveur, l'esprit fort, le capable,
> Et n'a fait de sa vie un discours raisonnable;
> Paris n'a jamais veu naistre un si sot Badaut.

Il est ravi des charmes de la Vicomtesse, loue son jugement, applaudit à son esprit, et exprime l'opinion, quand elle est prise d'une toux, que personne n'a jamais craché plus agréablement. Il va au théâtre, et nous régale d'un résumé d'*Othon*, qu'il a récemment vu, et qu'il prononce *Automne*:

> Hé ce n'est pas grand chose.
> C'est un sujet tiré de la Metamorphose,
> Mais assez embroüillé; Car c'est un Empereur ...
> L'automne voudroit bien ... Non c'est un Successeur
> Qui prétend, car il voit l'Empereur dans un âge ...
> Sa Niece est bien vestuë, et pourtant elle enrage;
> Elle aime fort l'Automne; et Vinus ne craint rien,
> Car sa Fille ... Ma foy, celle-là fait fort bien.
> Deux autres Conseillers que l'on nomme ... il n'importe,
> Quoy qu'il en soit tous deux font une Ligue forte,
> Mais qui ne sert de rien, L'armée est prés de là,
> Et Galba voudroit bien que la Niece qu'il a
> Espousat cettuy-cy: Mais l'Automne aime l'autre
> Et pour s'en dégager il fait le bon Apostre.

Son résumé continue dans le même style embarrassé, pendant que la compagnie se tord de rire, c'est-à-dire tout le monde sauf la Vicomtesse, qui trouve que 'zamais suzet ne fut tonté plus nettement.' Sa tirade, qui tient du boniment, a toutes les incohérences des rôles que Poisson se réservait habituellement. Si c'est bien le rôle qu'il interprétait on peut se figurer la façon dont il récitait cette tirade, scandée de grimaces et de gestes comiques. Autre exemple du profit qu'il tirait de son bredouillement. Le compliment qu'il adresse à la Vicomtesse, fait de phrases inachevées, et entièrement dénué d'esprit, rappelle celui que naguère Crispin adressait à Isabelle dans *le Zig-zag*, et annonce celui que Crispin adressera à Flavie dans *les Femmes coquettes*.[26]

La galerie de portraits est loin d'être complète. Viennent maintenant les représentants des régions périphériques, qui nous apportent des particularités de tempérament, de conduite et de prononciation qui ne sauraient laisser d'amuser. Poisson met ici à contribution l'expérience qu'il a gagnée en tournée. Avec une oreille d'expert, il reproduit dans le texte leurs divers patois. Le parler du Normand se distingue par la substitution de chuintantes aux sifflantes, de *ei* à *oi*, de *qu* à *ch*; celui du Gascon par la substitution de *y* à *b*, de *i* à *j*, par la réduction de *bs* à *ss*, de *ct* à *t*, etc. Le Flamand ajoute à une prononciation grotesque les solécismes les plus barbares.

Le Gascon soutient que le Normand n'est pas noble parce qu'il paie ses dettes et ne bat pas les paysans. Lui-même il en a battu une cinquantaine. Il offre aux dames un 'val, valet, Comédie,' sans regarder à la dépense, et pourtant son valet Brisefer, évidemment accoutumé à son avarice, a gardé dans sa poche un bout de flambeau, qu'il sort maintenant au grand amusement des hôtes raisonnables. Le Normand doute de la sincérité de la promesse du Gascon: 'Tous ches Fanfarons là n'ont rien que des paroles.'

A l'arrivée du Flamand, nous voyons que Poisson a l'intention d'utiliser tout le clavier du comique verbal. Il s'adresse à Climène:

> Pardy j'avre, Madame, un grand joyeuseté,
> D'y voir dans sti l'Oberge et sti Chambri garnie,
> Sti Messieurs et sti Dame en bonne compagnie.

Il ne se souvient plus du nom de la rue où il a fait 'sti soir un grand débauchement':

> Comme pel vous sti Sain qui la coupe son teste,
> Et li marche torjour son teste dans son main?

Timante devine qu'il s'agit de la rue Saint Denis. Le Flamand décrit la querelle qu'il a eue avec un soldat pendant qu'il regardait 'Monser l'Orviétan' sur le 'Ponti-neuf.'

Le Gascon revient avec des comédiens qu'il a forcés à l'accompagner. Laurette craint que les spectateurs ne prennent l'auberge d'assaut pour les ravoir, mais il la rassure: 'Bous estes abec moy plus seurement qu'au Loubre.'

Quand le spectacle commence, il est constamment interrompu par les bizarres habitants de cette Arche de Noé: 'Ze les tlouse salmans, mais ils pallent tlop bas,' dit la Vicomtesse, au cours de la pantomime.

'Ly sont Comediens de l'Hostel de Bourligrogne,' dit le Flamand, en regardant les marionnettes. Le Gascon exaspéré déclenche une rixe; une foule enfonce la porte pour emmener les comédiens, et dans la confusion on entend la voix de la Vicomtesse ahurie qui jure que dès le lendemain elle va 'délozel.'

Les exemples que nous venons de donner indiquent assez clairement le parti que Poisson sait tirer de la déformation de la langue française. Les formes dialectales, les affectations précieuses, les suites confuses de phrases inachevées – tout indique jusqu'à quel point Poisson considérait la fantaisie verbale comme propre à la comédie. Il travailla dans cette pièce une veine traditionnelle, comme le prouve l'ouvrage de M. Garapon. N'empêche qu'il fallait un acteur sûr de son public, pour risquer un *Après-soupé des auberges*.

Voilà donc la petite pièce que la Troupe Royale a offert de jouer dans la mascarade. A la scène 9 il est introduit une troupe de marionnettes qui 'dansent des Courantes, un Balet de six entrées et jouent une petite farce.' Cela nous a fait penser que ces marionnettes étaient peut-être celles du célèbre Jean Brioché, qui se produisait sur le Pont Neuf. On sait que lui et sa troupe étaient parfois appelés à amuser la Cour.[27] Ou peut-être s'agit-il de François Daitelin, qui représentait à la Foire Saint-Germain.[28] N'omettons pas le nom de Pantalon, qui ajoute une dernière touche au tableau bigarré qu'offre cette mascarade. Seul le Carnaval autorise le spectacle du roi, de membres de la noblesse, de M. de Lully, de

Beauchamp, de Mollier, des comédiens de l'Hôtel de Bourgogne, d'un couple d'Italiens, et d'une troupe de marionnettes, tous concourant au divertissement de Madame.

L'Après-soupé des auberges entra, après la dernière représentation de la mascarade, dans le répertoire de l'Hôtel de Bourgogne, et dut avoir un grand succès, car on le trouve, sous le titre des *Auberges*, dans *le Mémoire de Mahelot*.[29] La liste des accessoires n'est pas longue: 'il faut un bout de flambeau avec une baguette.'[30] Le décorateur a oublié qu'à la scène 9, il faut un bassin pour contenir les 'olibes' que le Gascon offre à ses invités. Sous le titre de *la Soirée des auberges*, la pièce figure dans le *Répertoire de 1685*.[31] Elle fut représentée chaque année de 1680 à 1689, pour un total de 44 fois. Entre 1691 et 1705, elle fut jouée 27 fois.[32] En 1718, elle eut une reprise à la Comédie Française, et malgré la note de Boindin qu'elle 'ne lui a pas été favorable,'[33] elle garda l'affiche pendant deux ans, étant jouée pour la dernière fois avec *Iphigénie* le 10 juillet 1720.[34]

En province et à l'étranger, *l'Après-soupé* est venu prendre sa place dans les répertoires à côté des autres pièces de Poisson. Lancaster a omis de signaler les représentations de la pièce à Dijon en 1698. Les Comédiens de Monsieur le Prince, sous la direction de Châteauneuf, mentionnent la comédie dans les requêtes qu'ils adressent à la mairie.[35] Il a également passé sous silence le *Répertoire général* des pièces qui se jouent à Mannheim par les comédiens français de Son Altesse Sérénissime Electorale Palatine, dressé le 5 septembre 1742 à Schwetzingen. *Les Auberges*, suivies d'un point d'interrogation, se trouvent dans cette liste.[36]

Quant aux éditions, la première a paru chez Quinet en 1665, suivie des éditions de Loyson (1667), de R. Smith (Amsterdam 1676), d'A. de Rafflé (s.l. 1680). Au XVIIIe siècle, il y a une édition publiée à Troyes (1715) et une autre publiée à Genève (Pellet et fils, 1767). La pièce se trouve dans toutes les éditions des *Œuvres complètes* de Poisson.

On trouve une mention de la pièce dans *la Promenade de Saint-Cloud*, où Guéret parle d'une farce qu'il intitule *le Marquis bahutier*.[37] Il est évident que le jeu de Poisson a rendu ce rôle du marquis plus mémorable que les autres.

Dans *la Ruë Saint-Denys*, de Champmeslé, nous avons relevé les répliques suivantes:

> Me POULAILLER
> Petit Garçon, retournez au Logis viste comme le vent, et revenez à minuit. Eteignez vostre flambeau, afin qu'il y en ait assez pour nous en retourner.
>
> J. GUINDE
> A moins que le pauvre Garçon ne se serve de l'invention du Laquais de l'Après-soupé des Auberges il court risque de se brûler les doigts.[38]

Dans son *Elomire hypocondre*, Le Boulanger de Chalussay a introduit une précieuse, Alphée, qui semble avoir été suggérée par la Vicomtesse de *l'Après-soupé*. Voici un échantillon de sa façon de parler:

> Pal exemple, ce *le* de l'escole des femmes,
> Ce *le*, qui fit tant lile, et qui chalma tant d'ames,
> Ce *le*, qui mit cet homme au lang des beaux esplits,
> L'avez-vous iamais pû lile dans ses éclits,
> Sans dégoust, sans chaglin, sans une holeul extléme?[39]

Il est à remarquer que Le Boulanger de Chalussay a adopté l'orthographe fantaisiste utilisée par Poisson, quitte à la simplifier un peu. Alphée prononce les *r* comme des *l*, et une fois *ch* comme *s* (dans un passage que nous n'avons pas cité). La graphie *guean* pour *grand* ne se rencontre pas ici. Etant donné que cette orthographe fait partie de sa préciosité, nous pensons que M. Michaut aurait bien fait de la garder intacte dans sa réimpression de certains passages de la pièce.[40]

Signalons, pour terminer ce chapitre, que *l'Après-soupé* a fourni quelques suggestions à La Chapelle, qui, dans *les Carrosses d'Orléans*[41] fait dire à Cléante, son héros, qu'il serait difficile de trouver 'un assemblage plus bizarre que celuy que le hazard a fait dans nostre carosse.' (sc. 3) On y trouve un Hollandais qui a les mêmes particularités linguistiques que le Flamand dans la comédie de Poisson; l'action se déroule dans la cour d'une auberge; vers la fin il y a une scène qui rappelle la conclusion des *Auberges*, dans laquelle une foule de clients, empêchés de dormir, apparaissent sur la scène, 'en différens habillemens de nuit, chacun une chandelle à la main, les uns par des fenêtres, les autres par des lucarnes.' (sc. 25)

Si, comme le dit Lancaster,[42] *les Carrosses d'Orléans* méritent d'être ressuscités de nos jours, c'est pour la gaieté des scènes et le comique des mœurs. On pourrait souhaiter le même sort à la comédie de Poisson.

Le Poète basque

Dans le volume des *Œuvres complètes* (1679) que nous avons sous les yeux, *le Poète basque* a été placé après *les Faux Moscovites,* alors que du point de vue chronologique il aurait dû être placé avant. Chappuzeau[1] et Titon du Tillet[2] l'ont mis dans l'ordre chronologique correct. Les frères Parfaict disent que la pièce fut jouée au mois de juin 1668.[3] Fournel, cette fois plus précis, indique le 6 juin.[4] M. Mélèse renvoie à *la Gazette* de Robinet du 9 juin pour confirmer cette date.[5] Lancaster conclut, selon le compte rendu de Robinet, que la pièce a dû être jouée peu de temps avant le 9.[6] Quant à la composition du *Poète basque,* il trouve un terminus a quo dans l'allusion à *Laodice* de Thomas Corneille, mentionné dans le texte, qui avait été monté en février 1668.

Le Poète basque fut publié chez Quinet en 1669,[7] précédé d'une dédicace à Monsieur de Franchain, 'Conseiller en sa Cour de Parlement de Tholose, et dans sa chambre de l'Edit à Castres.' L'orthographe du surnom 'Franchain' dans l'en-tête est fautive, et sûrement dûe à une erreur typographique, car plus loin dans la dédicace, Poisson fait allusion à la famille Ranchain. Il s'agit en effet de Jacques de Ranchin, autrement connu sous le nom de Ranchin de Castres, né à Montpellier vers 1604, mort en 1692. Membre de la magistrature, Ranchin fut aussi bel-esprit. Il remporta les quatre fleurs de l'Académie de Clément Isaure, et fut reçu maître ès Jeux floraux. Ses pièces furent imprimées à Toulouse chez Jean Pech, en 1675.[8] Quoique Fournel eût fait dès 1863 les recherches nécessaires pour établir ces détails, elles ont été passées sous silence par les historiens littéraires plus récents. M. Robert suggère que Poisson a fait la connaissance du conseiller par l'intermédiaire de Pierre de Montauron, qui avait tenu Pierre Poisson sur les fonts baptismaux en 1655.[9]

Dans la dédicace, Poisson se plaint du sort de ses pièces imprimées, qui ne se vendent pas. Ses amis libraires sont tous infatués de ce qu'il fait:

Ils me disent sans cesse que mes Pieces ne se peuvent payer, et je voy bien qu'ils ont raison; car personne n'en achette: si eux et moy n'en faisons des presens, nul n'en auroit que nous, et si ce n'est pas faute qu'ils ne crient de toute leur teste quand je suis à la Boutique, J'ay les Comedies de Monsieur Poisson, Messieurs, voyez icy.

Il est intéressant de trouver que les libraires criaient eux-mêmes leurs marchandises, fait qu'on a déjà trouvé dans *l'Impromptu de l'Hostel de Condé*[10] et non moins révélateur de constater l'inefficacité de leur propagande.

Le Poète basque n'est pas la meilleure des 'cinq ou six bagatelles' (le mot est de Poisson lui-même) que l'auteur avait écrites jusque-là. La dédicace nous renseigne sur les espoirs de Poisson en l'écrivant:

La verité est, que je croyois faire une Piece admirable ... Oüy, j'esperois qu'elle iroit de pair avec le Menteur, que sa reüssite passeroit celle du Cid; mais je me suis trompé.

Nous faisons naturellement la part du ton de badinage sur lequel Poisson a composé toute la dédicace, mais il est vrai que la pièce n'est pas rentrée dans le répertoire. Elle n'est pas mentionnée dans les *Registres*, ni dans les *Mémoires* des décorateurs. Elle ne fut jouée ni en province ni à la cour allemande.

Nous trouvons, après la première, ce compte-rendu de Robinet:

Depuis naguère un poëte Basque,
Par consequent un peu fantasque
S'érigeant parmi les censeurs,
Glose icy sur tous nos auteurs;

Si vous voulez lorgner sa trogne,
Allez à l'Hôtel de Bourgogne;
Il fait sous celle de Poisson,
Rire de la belle façon,
Et le susdit drôle de poëte
Est une piece qu'il a faite.[11]

L'intérêt éphémère qu'elle a suscité parmi les habitués de l'Hôtel tient sans doute du fait qu'elle nous introduit derrière la toile de fond de ce théâtre. Là, nous voyons aller et venir les célèbres comédiens de la Troupe Royale: Floridor, Hauteroche, et les comédiennes aussi: la Beauchâteau, la Brécourt, la Poisson. Ils apparaissent sous leur nom de théâtre, ce qui ne peut pas manquer d'exciter la curiosité du spectateur. Etre admis dans les coulisses, c'est se sentir privilégié. C'est pour cette raison aussi que nous nous y intéressons. Ce n'est donc pas pour des raisons littéraires, mais pour son intérêt documentaire, que *le Poète basque* mérite notre attention.

Nous nous trouvons dans la salle vide de l'Hôtel de Bourgogne le jour où un poète biscaïen vient ennuyer les membres de la troupe avec ses idées ridicules sur l'état du théâtre à Paris, sur la dramaturgie et sur l'art dramatique. Il essaie de faire accepter ses ouvrages injouables,[12] et à titre d'exemple, exécute, avec l'aide de ses valets, quelques scènes de sa *Mégère amoureuse*. Mais l'indulgence a ses limites, et les comédiens finissent par envoyer le poète et ses lourdauds de valets aux Petites Maisons.

D'où est venue l'idée première de cette farce? Fournel tend à croire que Poisson base l'action sur un fait réel dont il aurait été témoin. Cela se peut, mais l'identité du poète est impossible à déterminer. Il a dû y avoir très peu de poètes basques à Paris. Francisque-Michel, le grand historien des Basques, n'a relevé qu'un petit nombre de poètes basques au XVIIe siècle, par exemple Bernard de Sauguis et Arnault Oihenart.[13] Quoiqu'il paraisse très facile, selon Michel,[14] d'être poète en langue basque, grâce à la flexibilité de la langue, il faut admettre qu'en langue française, un poète d'origine basque a dû être du temps de Poisson un personnage très rare. Tout ce qui a été nécessaire pour faire germer dans l'esprit de notre auteur un canevas de farce, c'était d'entendre parler d'un incident de ce genre. De la caricature du Flamand, du Normand ou du Gascon, à celle d'un Basque, il n'y avait qu'un pas. Poisson fait preuve ici d'une originalité incontestable. On avait vu des valets basques (cf. *le Misanthrope*) mais jamais un poète.

Nous nous flattons aujourd'hui d'être plus éclairés que nos ancêtres sur les mérites de la culture basque. Depuis les efforts de Francisque-Michel, on a dû reconnaître l'existence d'une vaste littérature populaire dans cette région. Poisson, loin d'être ignorant de cette culture – il fait preuve d'une connaissance approfondie des goûts littéraires et poétiques des Basques, au contraire – aurait sans doute été le premier à reconnaître son existence. Mais nourri de préjugés comme ses contemporains, il n'a été que trop enclin à se moquer de ce qui ne cadre pas avec son idée du raisonnable. Qu'ils écrivent en langue basque, s'ils le veulent, aurait-il dit, mais qu'ils ne viennent pas nous ébranler le cerveau avec leurs poèmes en français. Tous les préjugés du Parisien viennent remplir cette caricature d'un provincial ambitieux, téméraire et audacieux, proche parent du Gascon, qui ose avoir des prétentions littéraires. Quand il arrive, accompagné de son valet Bidache et de son apprenti Godenesche, nous entendons leur conversation en langue basque. C'est que Poisson s'est donné la peine de rechercher le concours d'un Basque pour tout rédiger d'une façon authentique.[15] Ayant déjà trouvé dans *l'Après-soupé* la transcription laborieuse de la prononciation torturée de la Comtesse, on n'attend pas moins de lui. Mais c'est du jargon pour le spectateur, et c'est pour l'effet comique qu'il l'introduit.

Le poète procède aussitôt à l'énumération de toutes ses bonnes qualités. Bachelier de l'Université d'Yrache, il se connaît en astrologie et en théologie, mais principalement en poésie:

> Je suis Biscain, et doüe d'un génie
> Pour vous servir, Monsieur, et vostre Compagnie.
> Je veux pour vostre Trouppe, estant Poëte né,
> Employer le talent que le Ciel m'a donné,
> Le Bachelier André Dominique Jouanchaye,
> C'est mon nom fort connu par toute la Biscaye. [sc. 6]

Voulant acquérir de la gloire et du bien au théâtre, il offre à la troupe treize pièces nouvelles. Il s'attend à ce que son talent supérieur fasse enrager les auteurs qui travaillent pour le théâtre parisien, à qui il attache très peu de prix. Il écarte d'un geste de mépris le répertoire de l'Hôtel de Bourgogne :

C'est un cahos pour nous de choses deplorables.
Rodogune, Cinna, l'Astrate, Agésilas,
Stilicon, Laodice, et l'Andromaque, helas![16]
Toutes ces pieces là meriteroient, je jure,
Berne, et double berne en une converture;
Comment a-t'on gaigné de l'argent à cela?[17]

Il est clair que Poisson considère indifféremment ces pièces comme des chefs-d'œuvre, opinion que la postérité n'a pas partagée. Dans cette même scène, le poète prononce une tirade dans laquelle on trouve une belle parodie du style d'un Art Poétique :

J'aime qu'on s'humanise, et je veux qu'un Autheur
Suive les mœurs du siecle, et prenne un air d'écrire
Qui dise galamment tout ce qu'il voudra dire,
Qu'on ne discerne point le Théâtre et la Cour,
Soit pour parler d'affaire, ou pour parler d'amour.
Et sur la scene enfin qu'on cajolle une Belle,
Comme le plus galant fait dans une ruelle.
Fy d'un Autheur obscur qui de son cerveau creux
Arrache une pensée, et la tire aux cheveux.

Le patient Floridor le présente aux autres comédiens, qui sont par la suite obligés d'écouter une harangue sur le caractère indispensable des poètes :

Tout les Autheurs fameux
N'ont pas besoin de vous. Vous avez besoin d'eux.

Les acteurs, s'étant rendu compte qu'ils ont affaire à un fou, se plient à ses fantaisies, et lui laissent réciter les titres des pièces extraordinaires qu'il a préparées à leur intention. *Sa Création du monde* est d'une originalité indiscutable, en ce sens qu'il en a situé l'action cent ans avant l'événement. Son *Arche de Noé* n'aura pas besoin d'acteurs humains, car l'auteur pense embaucher des animaux et des oiseaux pour remplir les rôles. Absorbé dans ses explications, le poète est imperméable à l'ironie du Baron et de Floridor. La première pièce qu'il veut présenter s'intitule *la Seigneuresse, ou Dame de Biscayne.* Il engage vivement les acteurs à prendre modèle sur lui :

> J'y marqueray les tons, et les mutations,
> Les grimaces surtout avec les actions :
> Quand je ne diray mot, observez mon visage,
> Vous me verrés passer de l'amour à la rage,
> Puis d'un art merveilleux, d'un surprenant retour
> Je scauray passer de la rage à l'amour.
> Bref, je vay vous montrer comme il faut satisfaire.

Fidèle au système comique que nous avons vu mis en œuvre ailleurs, Poisson entoure son protagoniste de personnages moqueurs dont les grimaces ont dû être très importantes pour l'effet comique en général.

Nous avons dit plus haut que Poisson n'est pas ignorant de la littérature du pays. Quelques-unes des pièces recueillies par Francisque-Michel sont empruntées, commes celles de Jouanchaye, à la Bible.[18] Une prédilection pour les mystères, signalée comme étant caractéristique du théâtre populaire des provinces de France, même après le XVIIe siècle, marque la littérature populaire basque. Fournel a noté l'existence de mystères ayant pour thème la Création.[19] Il faut avouer que pour les sujets qu'il propose, le poète basque aurait besoin de tous les effets scéniques des grands mystères du moyen age. Pour *la Seigneuresse,* il faut treize vaisseaux de guerre, qu'on pourra facilement emprunter à Sa Majesté. Il sera plus difficile, dit Hauteroche, de trouver les vingt pucelles requises pour le ballet. Il est évident que la raillerie de Poisson n'est pas entièrement gratuite. Les poètes dramatiques basques ne composent pas leurs pièces selon les règles. Selon un autre historien de ce peuple, 'ils ne se sont formés à aucune école ; ils n'ont suivi que leurs propres inspirations ; ils n'ont même pas encore de règles fixes : aussi voit-on dans leurs pièces, étincelantes de beautés de tout genre, des défauts que l'étude seule aurait pu corriger.'[20]

Notre poète basque n'a pas encore fini de réformer le théâtre parisien. Il veut réduire l'effectif de la troupe:

> ... Si vous la pouviés reduire à deux ou trois
> Nous nous enrichirions avant qu'il fut six mois. [sc. 9]

Avec une troupe ainsi réduite, il serait nécessaire de substituer aux comédiens mis à pied des fagots proprement habillés, et quand il fera froid, 'Pour vous chauffer d'abord, Zest, un Acteur au feu.'

Telles sont les idées de ce soi-disant poète. Il a visiblement adopté cette profession pour s'enrichir. Il a même pris un apprenti, Godenesche, à qui il apprend le métier moyennant cent francs. Godenesche croit avoir fait la moitié de son apprentissage, ayant appris à mordre ses doigts et à faire des grimaces comme son précepteur. Il griffonne debout, marche à grand pas, et se moque du reste. La scène dans laquelle il récite un sonnet est une version farcesque de la célèbre scène du *Misanthrope*:

LE POETE
Dy les vers. Est-ce une Ode? Une Stance?
Un Madrigal?

GODENESCHE
Ho, non, c'est un Sonnet, je pense.
Boutique ... Vous allez vous gauberger de moy.

LE POETE
Point.

GODENESCHE
Vous riés déja. Je n'oserois, ma foy.

LE POETE
Fais-en donc meilleurs, et puis me les viens lire.

GODENESCHE
Ils sont pourtant fort bons, je m'en vay vous les dire. [sc. 4]

Quand le maître entend le sonnet qui parle de moutarde et de vinaigre, il suggère que son apprenti le recommence, en n'oubliant pas la prochaine fois l'oignon et le beurre, car c'est évidemment la recette pour une Sauce Robert. 'Ce ne sont pas des vers?' demande Godenesche. 'Ce n'est ny vers ny prose,' dit le poète, bien avant *le Bourgeois Gentilhomme*.

C'est avec le concours de ce nigaud que le poète entreprend de présenter pour l'édification des acteurs une de ses pièces intitulée *la Mégère amoureuse, ou le Blondin glacé prés de la Vieille en feu*. Godenesche doit y jouer deux rôles. Il sort 'vestu en Scapin d'un costé, et de l'autre en Agathe. Il se tourne à mesure qu'il passe d'un personnage à l'autre, et présente aux spectateurs, tantost le visage de Scapin, tantost celuy d'Agathe.' Dans des vers octosyllabiques évocateurs de la vieille farce, Godenesche et le poète, vêtu en marquis, jouent une scène dans laquelle celui-ci refuse d'épouser Agathe, qui est vieille et laide. Irrité par les conseils de Scapin, le Marquis le frappe, mais c'est Agathe qui reçoit le coup. Hauteroche critique la brièveté de ce premier acte, pendant qu'avec le concours de l'autre valet, Bidache, on danse une Entrée de la Femme Double. Godenesche revient au début du deuxième acte, vêtu d'un côté en vieillard, et de l'autre en servante, mais à peine l'acte est-il commencé que les membres de la troupe interviennent pour mettre fin à toutes ces âneries.

Aucun des historiens qui parlent du *Poète basque* n'a signalé qu'il y avait des exemples de ce personnage double dans l'histoire du ballet. En 1625, le Duc de Nemours écrivit un *Ballet des Doubles Femmes*, 'où l'on voyait d'abord une entrée de violons habillés de sorte qu'ils semblaient toucher leurs instruments par derrière, puis des danseurs costumés d'un côté en jeunes filles douces et modestes, de l'autre en vieilles ridicules et dégingandées.'[21] Le tour nécessite évidemment l'usage de masques, comme dans la commedia dell'arte traditionnelle. Marc-Monnier, le biographe des aieux de Figaro, a dit en parlant d'Arlequin:

> Il est homme à porter la robe ou l'épée, à manier la plume et le rabot; être multiple et collectif, il se déguise en femme: en soubrette, en nourrice, en précieuse au besoin; il lui arrive même, sous deux masques différents, de cumuler les deux sexes et, homme d'un côté, femme de l'autre, de présenter tour à tour au public, en se retournant avec une prestesse admirable, une face de lingère et une face de limonadier.[22]

La pièce à laquelle il fait allusion doit être *Arlequin lingère du Palais*, de Fatouville, représentée en 1682.[23] Le fait que nous trouvons ce personnage-double repris dans une comédie italienne prouve jusqu'à quel point il est approprié au style des Italiens. Nous croyons en effet que Poisson a eu l'idée première de la *Mégère amoureuse* en regardant ses contemporains et rivaux, Biancolelli et Locatelli, qui partageaient le Palais Royal avec Molière.[24]

Est-ce que Poisson a cru donner ici un exemple d'une comédie basque? Nous en doutons. D'ailleurs, il n'en existait pas qu'il ait pu copier. Toujours selon Francisque-Michel, les poètes basques ne s'en prennent pas, comme Molière, à un travers général, mais à un scandale particulier. Un veuf et une veuve désirent-ils convoler à de nouvelles noces, 'un poète gagé vient chaque soir, avec son formidable porte-voix, débiter de poétiques conseils aux époux devant leur propre demeure.'[25] Mais ce n'est pas là du théâtre, c'est du charivari. Poisson s'est donc contenté de donner une farce capable de faire rire un public provincial, mais avec cette ambivalence que nous avons relevée dans *le Baron de la Crasse*. Tout en se moquant de l'insignifiance de *la Mégère amoureuse*, il l'offre en tant que divertissement aux spectateurs de l'Hôtel de Bourgogne. Ce sont après tout les mêmes qui vont voir Trivelin et Arlequin au Palais Royal, et qui applaudiront aux escapades d'*Arlequin lingère du Palais*. Il faut tout de même lui être reconnaissant d'avoir couché par écrit une scène dont les interprètes de la commedia dell'arte ne gardaient pas copie.

La forme que prend *le Poète basque* n'est pas nouvelle. En étudiant *le Baron de la Crasse*, nous avons eu lieu d'examiner plusieurs pièces qui renferment une seconde pièce. Dans *les Amours de Calotin*, nous avons assisté à la conversation des spectateurs dans la salle du Marais, avant le lever du rideau. La différence dans *le Poète basque* réside dans le fait que nous y rencontrons les acteurs, sous leurs propres noms, dans les coulisses, et que nous assistons à une représentation en particulier; c'est à toutes fins utiles une répétition. Cela fait penser immédiatement à *l'Impromptu de Versailles*. Mais il y a là encore une différence. Poisson ne se trouve pas au milieu d'une querelle professionnelle. Au lieu donc de faire des personnalités, il profite de l'occasion pour défendre la profession du comédien en général, et pour satiriser les importuns qui empoisonnent la vie des acteurs.

La défense des acteurs est entreprise par Hauteroche, qui en a eu assez des absurdités du poète basque. Celui-ci vient d'émettre l'opinion que l'acteur est bien moins important que l'auteur:

HAUTEROCHE
Et qui, s'il vous plaist, fait éclater leurs ouvrages
Que ceux qui donnent l'ame à ces grands personnages?
Que ne doivent-ils point aux excellens Acteurs
Que l'on peut bien nommer d'aymables Enchanteurs?
Puisqu'ils charment l'esprit, enchantent les oreilles?
Que dans leur bouche un rien passe pour des merveilles?
Qu'un galimatias dit par ces grands Acteurs?
Tire tout le brouhaha de tous les spectateurs?
Mais si-tost que l'on voit cette piece imprimée
On rougit mille fois de l'avoir estimée.
Les endrois qu'au théâtre on avoit admirés
Si-tost qu'on les peut lire ils sont comme enterrés.
L'autheur les méconnoit, et luy-mesme confesse
Qu'il voit tous ses enfans étouffés sous la presse.
Pourquoy les élever, et nous abbaisser tous?
Nous avons besoin d'eux, ils ont besoin de nous. [sc. 8]

C'est sans doute la tirade la plus personnelle que Poisson ait jamais écrite, et c'est pourquoi nous l'avons reproduite in extenso. Poisson, acteur-auteur, voit le théâtre de deux points de vue, et, très conscient de la faiblesse relative des 'bagatelles' qu'il compose, ne voit que trop bien ce que l'auteur doit à son interprète. En tant qu'acteur, il a également conscience de l'effet qu'il peut exercer sur le public dans les rôles les plus faibles. Quelle occasion aussi pour les autres comédiens d'exprimer des sentiments qui sont généralement, dirions-nous aujourd'hui, refoulés. Elle est thérapeutique, cette scène. Hauteroche n'est pas seul à se plaindre. Mlle Poisson, arrivée la première dans la salle vide, exprime dans la première scène son exaspération au sujet de l'heure de la représentation: 'On sort d'icy trop tard, le monde s'en plaint fort.' Et dans la scène 3, Hauteroche dit:

> Nous commencerions dés deux heures pour nous
> Si le monde venoit.

On sait que l'affiche avait continué à annoncer les pièces pour deux heures, en conformité avec l'ordonnance de novembre 1609,[26] alors qu'en réalité on ne commençait qu'à quatre heures. Il fallait attendre l'arrivée des spectateurs, et les comédiens étaient obligés d'avoir recours à des passe-volants, mentionnés par Mlle de Brécourt à la scène 9, pour remplir les vides.[27]

C'est aussi l'occasion pour introduire, dans la personne du Baron de Calazious, un de ces zélés admirateurs d'actrices qui ont dû venir souvent importuner les membres de la troupe, si l'on en croit Dorimond.[28] Ce Baron, originaire de Bordeaux, connaît si peu les mœurs parisiennes qu'il vient à deux heures, et puis fait perdre leur temps aux comédiens en leur racontant ses souvenirs du théâtre d'autrefois. Ayant qualifié Turlupin d'acteur incomparable, il poursuit:

> J'ay veu cent et cent fois
> Joüer la Valiotte, et le petit François,
> Vous avez Dalidor icy qui fait merveille,
> Et la Zeüillets encor que l'on tient sans pareille. [sc. 2]

Il suggère que si la troupe veut s'enrichir, elle doit aller à Bordeaux, où un public peu exigeant a applaudi pendant une année entière un faux Orviétan. Il exprime le désir de 'donner le Cadeau' à la Beauchâteau, qui, dit-il, est sa meilleure amie. Mais quand il va frapper à la porte de sa loge, elle refuse d'ouvrir. Il doit donc se contenter de la compagnie du poète basque. Poisson lui a donné les particularités linguistiques de son compatriote de *l'Après-soupé*.

Les comédiens faissaient tout leur possible pour empêcher ces importuns de pénétrer dans le théâtre. Les portiers étaient armés pour s'opposer à l'entrée de ceux qui ne voulaient pas payer. On trouve à ce sujet des anecdotes intéressantes dans les *Curiosités théâtrales*,[29] dans *le Roman comique*, (I, ch. 2; II, ch. 5) et ailleurs.[30]

Cette fois-ci, le portier a, semble-t-il, laissé entrer le Baron de Calazious, mais il a voulu fermer la porte au nez du poète et de ses valets:

GODENESCHE
Il m'a donné deux ou trois bons soufflets,
Et quelques coups de pied, il a des pistolets
Dessous son Justaucorps: je crains bien la sortie.
A tantost, a-t'il dit, je remets la partie,
J'ay pour nantissement ces coups par devers moy.

LE POETE
Bidasche qu'a-t'il eu?

GODENESCHE
Deux nazardes, je croy.
Je suis le mieux traité.

Le fait que Poisson nous a présenté ses collègues sous leurs véritables noms nous donne l'occasion de faire un recensement de l'état de la troupe en 1668. Le premier acteur que nous voyons est Hauteroche, qui a maintenant cinquante-deux ans. C'est un comédien très estimé, qui deviendra par la suite orateur de la troupe. Mlle Poisson, femme de Raymond, et connue seulement pour les rôles de confidente qu'elle a joués, s'entretient avec lui au début de la pièce. A la scène 5, nous voyons brièvement Saint-Georges, au sujet duquel nous savons très peu de chose. Il était encore membre de la troupe à la jonction, et selon La Grange, semble avoir été souffleur.[31] Dans la liste des acteurs, Poisson lui donne la qualité de 'comédien.' Sa fonction dans *le Poète basque* est de venir dire au poète qu'il pourra voir Floridor dans sa loge, s'il se fait annoncer. On a l'impression que c'est le factotum de la troupe. Floridor arrive à la scène 6. C'est le vénérable orateur de la troupe, agé de soixante ans, interprète estimé de tous les grands rôles tragiques. *Le Poète basque* est, que nous sachions, la seule farce dans laquelle il ait eu un rôle. Il y garde toute la dignité de son rang, et Poisson a tout fait pour lui faciliter une attitude ironique et polie en présence du poète. A la scène 7, Mlle de Beauchâteau paraît, habillée pour la représentation. Elle est dans sa cinquante-troisième année, une sûre comédienne, connue pour son interprétation des princesses de tragédie et des amoureuses de comédie. Mlle de Brécourt arrive à la scène 9. C'est une des actrices plus jeunes, étant devenue membre de l'Hôtel de Bourgogne en 1666, et maintenant âgée de trente-huit ans.[32]

Il est évident que certains acteurs et actrices célèbres manquent à l'appel. Parmi les dames, la Du Parc, qui devait mourir six mois plus tard, et la Des Œillets n'ont pas de rôles. Est-ce qu'elles trouvaient dégradant de s'associer aux bouffonneries de cette farce? En tout cas, elles n'auraient pas eu grand'chose à dire. La loquacité du poète ferme la bouche à tous, sauf Hauteroche, qui est tout indiqué pour prendre la succession de Floridor comme orateur. Ni la D'Ennebaut, ni Marguerite Baloré n'ont de rôle. Parmi les hommes, ceux qui manquent à l'appel sont Poisson, La Fleur, Villiers et Brécourt, tous quatre connus pour leurs succès dans la comédie. Si nous essayons de leur distribuer les rôles disponibles, ce n'est qu'un exercice, car, sauf pour le rôle du poète, tenu par Poisson,[33] nous ne disposons pas de témoignages. Nous sommes porté à penser que le rôle de Godenesche fut créé par La Fleur, celui du Baron de Calazious par Villiers, et celui de Bidache par Brécourt. Brécourt a trente ans, et il nous semble que c'est à lui qu'on aurait donné le rôle de Bidache, qui doit danser dans l'entrée des Femmes Doubles. Nous avons hésité à l'égard des deux autres. La Fleur, quarante-cinq ans, était connu pour ses interprétations des Gascons, et donc aurait pu incarner à merveille le Baron. Mais il fallait un homme d'un certain âge qui se souvienne de Turlupin et de la Valliotte. D'ailleurs, celui qui devait jouer le rôle de Godenesche aurait été obligé de cabrioler dans *la Mégère amoureuse*, et Villiers aurait sans doute abandonné de bon cœur ce rôle à un homme plus jeune. Villiers était âgé en 1668 de soixante-sept ans, et ne jouissait pas d'une santé parfaite. Soulignons pourtant le caractère hypothétique de cette distribution.[34]

Tel est *le Poète basque*, farce dans le style de *l'Après-soupé*, mêlée d'éléments italiens, mais dans laquelle la volonté de satire est plus forte. Encore une fois, Poisson s'est réservé dans le rôle du protagoniste, l'occasion d'occuper le centre de la scène, et de donner libre cours à son jeu comique. Beaucoup dépendait de ce jeu, de cela nous sommes convaincu.

Il est vrai que le poète glose sur un sonnet qui n'est ni vers ni prose avant que le maître de philosophie de Monsieur Jourdain ne donne sa célèbre leçon, et il est vrai que Poisson a fait rimer avant Boileau Agésilas avec hélas, mais on ne peut pas dire que *le Poète basque* ait exercé une influence digne de la description. Si Baron, dans le *Rendez-vous des Tuilleries* (1686), fait parler des membres de la Comédie Française sous leurs véritables noms, ce n'est pas nécessairement sous l'influence de Poisson, car il aurait pu se souvenir du *Comédien poète* de Montfleury (1674), ou bien de *l'Impromptu de Versailles,* dont il a emprunté presque mot-à-mot toute une scène.[35] Ce qu'on peut dire c'est que *le Poète basque* mérite une place parmi les pièces 'expérimentales' de l'époque, et que pour l'histoire du théâtre, c'est un document fort intéressant.[36]

Les Faux Moscovites

Le succès des *Faux Moscovites* (1668) fut de courte durée, car Poisson basa la pièce sur un sujet d'actualité assez éphémère: la présence d'une ambassade russe dans la capitale.[1] Si elle porte toutes les marques d'une comédie faite à la hâte, elle n'en est pas moins intéressante au point de vue historique. C'est donc par les événements de 1667–8 qu'il convient de commencer.

Le 4 juillet de l'année 7175 [1667] Sa Majesté le Tsar et Grand-Prince Alexis Mikaïlaovitch, Samoderjets de Toutes les Russies, Grande, Petite et Blanche, ordonna au stolnik et namestnik de Borovsk, Pierre Ivanovitch Potemkin, ainsi qu'au diak Siméon Roumïantsoff de se rendre comme Ambassadeurs près du roi d'Espagne Philippe IV, et du roi de France Louis XIV.[2]

C'est ainsi que commence le premier rapport envoyé au tsar par Potemkin pour rendre compte des résultats de son ambassade, dont le but était d'établir des relations commerciales entre les pays occidentaux et la Russie. Ayant débarqué à Cadix après leur voyage d'Arkhangelsk, les ambassadeurs passèrent par Séville et Tolède pour se rendre à la Cour de Madrid. Après avoir accompli la première partie de leur mission, ils quittèrent Madrid, et, passant par Burgos, Bayonne, Bordeaux et Orléans, ils arrivèrent à Bourg-la-Reine le 18 août 1668.[3] Des représentants de Louis XIV vinrent vérifier leurs lettres de créance, et après des échanges de politesses, ils partirent en huit carrosses pour Paris, où ils descendirent, le 31 août, à l'Hôtel des Ambassadeurs Extraordinaires, rue de Tournon, qui avait été mis à leur disposition.[4]

L'arrivée de l'ambassade excita beaucoup d'intérêt à Paris, intérêt qui est reflété dans les gazettes de l'époque. On peut s'imaginer la curiosité des badauds parisiens, qui avaient rarement l'occasion de voir des étrangers si bizarrement vêtus.[5] L'émotion n'était pas moins vive à la Cour. L'introducteur des ambassadeurs, Berlize, et leur 'guide' officiel, le Maréchal de Bellefond, allaient tous deux vivre des moments d'inquiétude en leur présence. Louis XIV n'a pas pu prévoir leur indignation quand ils ont trouvé dans la lettre officielle qu'ils devaient remettre au tsar des erreurs dans la liste de titres auxquels le tsar avait droit. De même le Maréchal de Bellefond ne s'attendait nullement au magnifique cadeau que lui a fait Potemkin d'un 'bonnet de velours façonné, bordé de martre zibeline et enrichi d'une aigrette en pierres précieuses avec coulant en perles fines.'[6] C'est à nous d'imaginer les sentiments de l'ambassadeur russe quand il a reçu en échange le chapeau du maréchal 'qui était tout uni.'

La première audience a eu lieu le 4 septembre à Saint-Germain-en-Laye, les tambours battants et les drapeaux déployés.[7] Entre cette date et leur départ de Paris, on les a fêtés royalement. Entre les audiences, ils ont visité la ville – la Place Royale, la Ménagerie royale, les Tuilleries, les manufactures des Gobelins, le Château et le Parc de Vincennes. Les banquets étaient nombreux:

> Ces Messieurs, qui de telle Chère,
> Souhaiteroient fort l'ordinaire,
> Pour tenir leur ventre en relief,
> A qui le vide est un grief,
> Dirent, puisqu'il plaît au Grand Sire,
> De nous donner tant de quoi frire,
> Mangeons, buvons suffisamment,
> Ce qu'ils firent très-rondement.[8]

C'est ainsi que les Parisiens ont eu la chance de les attendre à leur passage, d'examiner ce que Robinet appelle leurs 'bizarres ornemens,' et de faire de leur visite un sujet de conversation à tous les coins de rue. Poisson se fait reporter quand il décrit plus tard l'arrivée de ses Faux Moscovites:

> Pour les voir on s'étouffe à la porte Baudets,
> Tout le monde déja s'assomme en nostre ruë,
> Et dedans leur chemin par ma foy l'on s'y tuë.[9]

Le stolnik Pierre Potemkin avait à sa suite son fils le stolnik Stéfan, le diak Roumïantsoff, le podïatchi André Sidoroff, plus les interprètes Romane Yagline, qui parlait russe et allemand, le dominicain Ourbanovski, un Polonais qui leur avait été présenté par les échevins d'Amboise, et qui parlait russe et français, et le traducteur Ivan Gosens, qui, en tant que diplomate connaissait le latin, mais ne parlait pas français.

Selon Saintot,[10] le 16 septembre, 'on donna à l'ambassadeur, à son fils, au chancelier[11] et à toute sa suite le divertissement de la Comédie des *Coups de l'Amour et de la Fortune*[12] représentée par la troupe du Marais, avec des changemens de théâtre et des entrées de ballet qui les réjouirent fort ... le 17,[13] la troupe du Sieur Molière représenta *l'Amphitrion*, avec des machines et des entrées de ballet, qui plurent extrêmement à l'Ambassadeur et à son fils, à qui on présenta ... deux grands bassins, l'un de confitures sèches, et l'autre de fruits, dont ils ne mangèrent point, mais ils burent et remercièrent les Comédiens.'[14]

C'était alors le tour de l'Hôtel de Bourgogne. Une représentation de gala fut préparée à leur intention. Ecoutons ce qu'en dit Robinet:

> Les Comédiens de l'Hôtel,
> Dans un appareil non tel quel,
> Mais beau, je me le remémore,
> Car j'en fus le témoin encore
> Etant en loge bien posté,
> Ont trois fois dans l'attente été
> Des Moscovites excélences,
> Avec de magnifiques Danses,
> De beaux Poëmes, des Concerts,
> Et mêmes de frians Desserts.

Mais ayans, à lors, des Affaires,
Plus que les Ebats, nécessaires,
Ils ne purent, dont me chaut peu,
Se rendre dans le susdit lieu.
Mais, toûjours, la Troupe Royale,
Ayant préparé son Régale,
Les a divertis tout de bon,
Du moins dans son intention.[15]

Quelle que fût la pièce représentée, les ambassadeurs ne purent pas y assister. Dans son avis au lecteur, en tête des *Faux Moscovites*, Poisson dit:

Nos annonces et nos affiches donnèrent avis du jour qu'ils avoient pris pour s'y rendre, mais ayant esté mandés ce mesme jour à Saint Germain pour leur audience de congé, ils manquerent à leur promesse.[16]

L'audience de congé eut lieu, selon Saintot et Catheux, le 23 septembre.[17] Le 26, l'ambassade quitta Paris, en route pour la Hollande.[18]

On peut se figurer la consternation des spectateurs de l'Hôtel de Bourgogne qui étaient venus le 23 badauder devant ces dignitaires.

La foule [continue Poisson] se trouva si grande chez nous pour les voir qu'il n'y auroit point eu de place pour eux s'ils fussent venus.

Les Comédiens n'aimaient pas décevoir la clientèle. Par conséquent, l'absence des illustres invités, dit Poisson, 'm'obligea, avec la sollicitation de quelques-uns de mes camarades, ne pouvant avoir les veritables Moscovites, d'en fagotter de faux.' Poisson griffonna donc à la hâte le canevas d'une farce qui prit le titre des *Faux Moscovites*.

On ne peut pas dire avec certitude à quelle date les *Faux Moscovites* eurent leur première représentation. Les historiens du XVIIIe siècle, les frères Parfaict,[19] Mouhy[20] Léris[21] et La Vallière[22] se contentent du mois d'octobre. Lancaster[23] le répète. Il est impossible d'accepter la datation donnée par M. Mélèse[24] du 25 septembre, pour les raisons suivantes: *a* nous savons que l'audience de congé qui a empêché les ambassadeurs de se rendre à l'Hôtel de Bourgogne a eu lieu le 23 septembre. Deux jours n'auraient pas suffi à Poisson pour composer et faire copier même une farce en un acte. *b* Poisson dans l'avis au lecteur dit que 'cinq ou six jours suffirent à cette façon.' Si on acceptait à la lettre ce qu'il dit, on pourrait placer la première aux environs du 28 ou 29 septembre, ce qui tend à donner raison aux historiens. Nous ne savons pas comment Fournel défendrait son 12 octobre.[25] Les Comédiens n'auraient pas laissé passer une vingtaine de jours avant de profiter de ce sujet d'actualité.

Citons encore l'avis au lecteur:

> Chascun vit aisément que c'estoit des Moscovites faits à la haste, et ce sont ceux-là que tu verras dans cette Comedie, et dans nostre Hostel, si tu veux, puis-qu'ils n'y paroistront point qu'on ne t'en advertisse.

Fournel écrit cette curieuse note:

> Ce passage semble prouver avec certitude que la pièce fut imprimée avant d'être jouée: comme elle a été jouée en octobre 1668, la première édition serait donc nécessairement antérieure à celle de 1669, la seule qu'indiquent Beauchamps et le catalogue Soleinne.[26]

Fournel était l'un des chercheurs les plus savants du siècle passé, mais ici il semble avoir perdu tout contact avec la réalité. A quoi bon publier cette petite comédie avant la représentation? Tout l'intérêt du sujet réside dans son actualité, et si Poisson a enfin décidé en 1669 de la faire imprimer, c'est seulement parce qu'il était devenu de mode de faire imprimer les farces. C'est la représentation qui comptait avant tout. C'est une impossibilité évidente qu'on eût pu concevoir, écrire, copier la pièce, demander un privilège et la faire imprimer entre le 23 septembre et la fin du mois.

La première édition date de la première moitié de 1669. Le 4 mai, Robinet, s'étant procuré un exemplaire, dit:

> A propos, de gaye façon,
> J'ay lû les deux[27] du Sieur Poisson,

Pour les Autheurs, un peu piquantes,
Au reste, fort divertissantes:
Et pour l'Epitre seulement,
Qu'il remplit de tant d'enjoüement,
Ie voudrois qu'on les allât prendre
Au Lieu que je vais vous apprendre,
Si vous daignez lire ici prés,
L'adresse que j'y mets exprés.[28]

En marge de sa lettre on lit: 'le Poëte Basque et les Moscovites. Chez G. Quinet au Palais en la galerie des Prisonniers.'

Après juillet 1671, date à laquelle on trouve dans *la Gazette* de Robinet un rappel du succès de la pièce,[29] on n'en entend plus parler. Elle ne fait pas partie du répertoire des troupes provinciales, et l'Hôtel de Bourgogne même la laisse tomber. On n'en trouve aucune mention dans les *Mémoires* des décorateurs, ni dans le *Répertoire de 1685*, ni dans le *Registre* de La Grange. Les pièces de circonstance n'ont pas nécessairement la vie courte. Si *les Faux Moscovites* n'ont pas eu un meilleur sort, c'est parce que la pièce est remplie de négligences.

En voici un résumé: Gorgibus, maître d'une hôtellerie parisienne, a refusé d'accorder la main de sa fille Suzon au Baron de Jonquille. Celui-ci voudrait l'enlever et demande à deux filous, nommés La Montagne et Jolicœur, de lui venir en aide. Ils s'inspirent de la présence de l'ambassade russe pour s'installer à l'hôtellerie en guise d'interprètes. Leur projet est d'enlever Suzon pendant que Gorgibus est occupé à servir son Excellence. Une semaine a passé, et La Montagne et Jolicœur n'ont pas pu trouver un candidat au rôle d'ambassadeur. Gorgibus commence à s'impatienter. Il leur a déjà avancé trois cents pistoles, sans parler de tous les repas qu'ils ont eus à crédit. C'est alors qu'ils font la connaissance d'un crieur de noir à noircir, nommé Lubin, qui fera parfaitement leur affaire. Il accepte, espérant boire et manger aux frais d'autrui. Sa femme, Lubine, exaspérée de son ivrognerie, l'a quitté pour entrer au service de Gorgibus. Elle ne reconnaît pas son mari quand il arrive en grand apparat, suivi d'un nombreux cortège de filous en costume russe, pour s'installer à l'hôtellerie. Après des échanges de politesse, l'ambassadeur et sa suite se mettent à table. Profitant de l'occasion,

Lubine s'approche pour solliciter ce puissant dignitaire de lui accorder une séparation de corps et de biens. Furieux d'entendre les allusions qu'elle fait en public à son impuissance, Lubin oublie son rôle et la chasse dans la rue. Dans la confusion qui en résulte, l'enlèvement est accompli. Le Baron de Jonquille, voulant faire sa paix avec Gorgibus, revient avec Suzon, qui promet de protéger Lubine contre la fureur de son mari. Gorgibus consent au mariage.

Le résumé peut donner une impression de cohérence que la pièce ne possède pas en réalité. Il faut vraiment l'étudier à fond pour saisir exactement ce que Poisson voulait en faire. C'est dire qu'il n'a pas mis beaucoup d'effort à bien étayer la structure des scènes. Il ne développe pas certaines situations et n'observe ni l'unité d'action ni la liaison des scènes. Deux anciens combattants, La Ramée et Sans-Soucy, promettent de jouer un rôle important, mais n'exercent aucune influence sur l'intrigue par la suite. Gorgibus a appelé les sergents, mais la pièce se termine avant leur arrivée. Nous ne savons pas ce que deviennent La Montagne et Jolicœur. En outre, Poisson n'explique pas l'attitude de Gorgibus, ni pourquoi il change si brusquement d'avis au dénouement. On peut deviner son mobile : il veut que le Baron l'indemnise de ses pertes financières, puisqu'il en a été la cause. Mais Poisson ne l'a pas dit. Tout indique le peu de temps dont l'auteur disposait. Il a même oublié d'inscrire dans la liste des personnages les noms de Mme Aminte, femme de Gorgibus, du Baron de Jonquille et des nombreux fourbes qui composent la suite du faux ambassadeur. Ajoutons que dans le texte même, le Baron est à un moment donné un Marquis. [sc. 14]

On ne saurait pourtant baser son opinion de la pièce sur les seules fautes de structure ou sur les négligences. Comme dans *le Baron de la Crasse* et *l'Après-soupé des auberges,* Poisson reste intéressant quand il reflète la vie de son temps.

Pour la première fois, il met en scène des voleurs de profession. Claude de Lestoille, dans *l'Intrigue des filoux,* jouée en 1647, avait déjà montré les activités d'une bande de voleurs, Le Balafré, Le Borgne, Le Bras-de-fer et de leurs complices Ragonde, une revendeuse, et Béronte, un receleur.[30] Il paraît que ces tire-laines exerçaient leur profession sans crainte, et c'était aux bons bourgeois de se défendre comme ils pouvaient :

LE BALAFRE
Les manteaux en hiver craignent fort le serein,
Et leurs maistres le soir les laissant dans la chambre,
Comme au chaud de juillet vont au froid de décembre.[31]

N'y avait-il pas de prévôt? C'est Le Bras-de-fer qui a la réponse:

Nous courons peu de risque,
Cet homme, environné de chevaliers errans,
Prend les petits voleurs et laisse aller les grands.[32]

Les voleurs à la tire et les coupe-gousset continuèrent à terroriser le public longtemps après 1647. Boileau, dans sa Satire VI, *les Embarras de Paris*, se plaint de cette situation:

La frayeur de la nuit précipite mes pas.
Car, sitôt que du soir les ombres pacifiques
D'un double cadenas font fermer les boutiques;
Que, retiré chez lui, le paisible marchand
Va revoir ses billets et compter son argent;
Que dans le Marché-Neuf tout est calme et tranquille,
Les voleurs à l'instant s'emparent de la ville.
Le bois le plus funeste et le moins fréquenté
Est, au prix de Paris, un lieu de sûreté.
Malheur donc à celui qu'une affaire imprévue
Engage un peu trop tard au détour d'une rue!
Bientôt quatre bandits lui serrant les côtés:
La bourse! ... Il faut se rendre; ou bien non, résistez,
Afin que votre mort, de tragique mémoire,
Des massacres fameux aille grossir l'histoire.[33]

Le nombre de vols et d'assassinats ouvrit enfin les yeux sur l'inefficacité de la surveillance. Une réunion de ministres et de conseillers d'état fut chargée en 1666 de procéder à la révision des anciens règlements de police, et le résultat des délibérations, qui commencèrent le 28 octobre 1666 et continuèrent toutes les semaines jusqu'au 10 février 1667, fut qu'on augmenta le guet et la garde, on régla le port des armes, on établit les lanternes, et l'on nomma comme lieutenant de police le sévère Gabriel Nicolas de La Reynie.[84] Cette amélioration des conditions fournit à Poisson l'arrière-plan de sa comédie. Nous y rencontrons deux voleurs, La Montagne et Jolicœur, qui se sont vus privés de leur profession, et qui ne demandent pas mieux que d'accepter la mission proposée par un baron. Cela leur permet au moins de s'habiller en financiers, ce qui étonne Sans-Soucy et La Ramée, leurs anciens complices, nouvellement revenus des guerres. Comme le vol était souvent la seule ressource laissée aux soldats licenciés, ils s'apprêtent à se relancer dans cette profession, quand ils rencontrent les deux faux interprètes, et apprennent qu'une telle vie n'est plus recommandée :

LA MONTAGNE
A Paris, vous venez je croy de l'autre monde,
Vole-t-on dans Paris depuis un an ou deux?

... JOLICŒUR
Ceux qui jadis vivoient de vols, d'assassinats,
Dans Paris, à present, sont gueux comme des rats.

SANS-SOUCY
Quoy? l'on n'y vole plus?

LA MONTAGNE
Non, la peste me créve.
Volez ce soir, demain on vous meine à la Greve.
Paris ne vaut plus rien, le Guet est en tous lieux.
Dedans les grands chemins on s'y sauve bien mieux. [sc. 4]

Lubin aussi doit depuis peu se contenter des profits honnêtes de son métier de crieur de noir à noircir, mais son passé n'est pas sans reproche :

Je suis vostre homme, allez, je ne suis pas un sot.
J'ay dessus le Pont-neuf joüé deux ou trois scènes
Dans une Comedie au Raviment des Laines,
Nous tirions des manteaux, quatre ou cinq furent pris
Et furent tous pendus.

JOLICŒUR
Et toy?

LUBIN

J'eus des amis ...
Un President nommé Monsieur de Sauve-toy,
Et Monsieur Gagne au pied, un conseiller encore
Monsieur Tire de long, un Greffier que j'adore,
L'on me donna Va-t-en, un Avocat d'honneur,
Je pris Jacques Déloge aprés pour Procureur. [sc. 7]

Les Faux Moscovites méritent évidemment une place à côté de la *Satire* de Boileau comme description documentaire susceptible d'intéresser les historiens de la ville de Paris.

Poisson connaissait sans doute *l'Histoire des larrons*, ouvrage dans lequel l'auteur, F. de Calvi, rassemblait tous les crimes fameux commis dans la ville de Paris.[35] C'est là peut-être qu'il a trouvé l'histoire d'une bande de voleurs qui s'installent dans une auberge sous prétexte d'être de la suite d'un ambassadeur.[36]

Mais il est plus probable que la source immédiate de son intrigue est venue d'une comédie en un acte et en octosyllabes, jouée quelques années plus tôt à l'Hotel de Bourgogne. Il s'agit du *Colin-maillard*, de Chappuzeau.[37] Dans cette pièce, un vicomte, amoureux de la fille d'un traiteur, se fait passer pour un duc, et s'installe à l'auberge. Le traiteur, Croquesole, se défie de la clientèle aristocratique, car la présence d'une suite nombreuse coïncide généralement avec la disparition des cuillers. Le vicomte réussit à enlever la fille, revient avec elle, et Croquesole, devant un fait accompli, consent à leur mariage. Il y a des différences entre les deux pièces, mais les rapprochements que nous venons de signaler suffisent pour indiquer la dette de Poisson. Ajoutons qu'il est question dans les deux comédies d'un valet nommé Sans-Soucy.

Les premiers vers des *Faux Moscovites* nous plongent dans une situation qui rappelle les vieilles farces gauloises. Les noms de Lubin et Lubine font penser à la première farce de Poisson, et le fait que Lubin est doté d'un métier (trait assez rare dans une comédie XVIIe siècle), celui de crieur de noir à noircir, évoque la farce médiévale (cf. *le Chaudronnier*, le meunier du *Poulier*, etc.). Son métier est mentionné dans *la Chanson nouvelle de tous les cris de Paris*[38] et son cri nous a été transmis sous la forme suivante:

J'ai de la bonne pierre noire,
Pour pentoufles, souliers noircir!
Si j'avois vendu, j'irois boire;
Je ne serois plus guere ici.[39]

Mais si Poisson témoigne d'une certaine originalité en choisissant pour Lubin cet humble métier, il ne fait en réalité qu'arranger le rôle d'un personnage plus connu, celui de Sganarelle, le bûcheron du *Médecin malgré lui*, joué au Palais Royal en 1666. Lubin, comme Sganarelle, boit trop, gaspille tout son argent et rentre à la maison pour être querellé par sa femme. Il rencontre deux hommes qui lui persuadent de se déguiser. Sganarelle devient médecin, Lubin ambassadeur. Poisson bâcle la première scène entre Lubin et Lubine, là où Molière saisit l'occasion d'écrire un dialogue très comique. Mais Poisson fait mieux dans la scène 7. Lubin entre en chantant une chanson populaire (qui contient une surprenante allusion au Canada) et engage avec La Montagne et Jolicœur un dialogue des plus farcesques:

JOLICŒUR
Bon jour donc, camarade.

LUBIN
Ils sont tous au moulin ...

LA MONTAGNE
Nous nous connaissons tant.

LUBIN
Oüy, je te vis demain.

LA MONTAGNE
C'est luy qui dans Thurin se signala de sorte.

LUBIN
Si je connois Thurin, que le diable m'emporte,
Comment est-il vestu?

LA MONTAGNE
Bon, je dis à Thurin.
Il fut aux ennemis une pique à la main,
Il en tua, je croy, de sa main plus de trente
Dans la tranchée.

LUBIN

Oh, oüy, j'ay la main massacrante,
Et j'avois des trenchéz comme vous dites là
Qui me tranchois le ventre, ah! vrayment sans cela
Vous m'eussiez bien veu tous faire un autre carnage.

Ils finissent par l'enrôler comme ambassadeur russe, fonction qu'il accepte parce qu'il 'aime à voir des marmites.'

Il demande s'il sera bien nourri.

JOLICŒUR
Comment, n'as-tu pas veu disner les Moscovites,
Tu feras tout comme eux.

LUBIN

Je les ay veu dix fois,
Peste nous serons donc traitez comme des Rois,
Les cailles, les perdrix, là-dedans digérées,
Faudra-t-il faire aussi toutes leurs simagrées.

LA MONTAGNE
Il les contrefera, c'est un vray singe.

A part la lumière que ce dialogue jette sur les Moscovites, il est très intéressant comme témoignage du talent de Poisson comme mime, car il y a lieu de croire que c'est Poisson qui a joué le rôle de Lubin. A propos des *Faux Moscovites*, Robinet dit:

... le fort plaisant Poisson,
Dont ils ont reçû leur façon
Et de Villiers y font deux rôles
Qui sont, bonne foi, des plus drôles.[40]

Poisson s'est sans doute réservé ce rôle qui lui permet, dans la scène du repas, de donner libre cours à la mimique ('c'est un vray singe') pour laquelle il était si bien doué. Les deux imposteurs lui recommandent de ne répondre qu'avec le mot: 'Hyo,' à toutes les questions.[41] Mais il est clair, d'après les indications de la scène 11, qu'il ne s'est pas contenté de cela. A plusieurs reprises, on trouve les mots: 'icy il baragouine,' 'Lubin fait un long jargon en couppant les viandes, et les presentant aux autres.' Est-ce parce qu'il est gêné par une date-limite que Poisson n'a pas pris la peine de se composer des tirades? Après tout, il avait soigneusement transcrit le langage précieux de la vicomtesse dans *les Auberges*, et s'était donné la peine de mettre dans la bouche du poète basque des paroles authentiques. On ne peut pas l'expliquer par son ignorance de la langue russe,[42] parce que deux ans plus tard, Molière, sans connaître la langue turque, n'allait pas manquer d'inventer des tirades entières. Non, pour Poisson, c'était sans doute une question de préférence. Si Poisson se destinait ce rôle, il n'avait pas à s'inquiéter du problème de la représentation: pareil à un acteur de la commedia dell'arte, il était sûr de lui-même; il pourrait improviser le plus naturellement du monde.[43] Molière, par contre, a couché les tirades par écrit, et il est même allé piller Rotrou.[44] Lui n'a pas voulu se fier aux talents de ses interprètes. Sans Poisson, la scène du repas aurait été beaucoup moins divertissante. Le fait que *les Faux Moscovites* sont un véhicule pour Poisson l'acteur aide à expliquer le succès que la pièce a remporté pendant quelques mois malgré les faiblesses qu'on y trouve en la lisant dans le texte publié.

Poisson utilise tout le clavier de la farce. Nous avons déjà parlé des incohérences, parfaitement appropriées à un ivrogne, qu'il met dans la bouche de Lubin. L'auteur ne dédaigne pas non plus les calembours. L'allusion au 'raviment' des laines (scène 7) a dû rappeler immédiatement aux spectateurs le ravissement d'Hélène. En effet, une pièce portant ce titre était dans le répertoire de l'Hôtel de Bourgogne.[45] A la scène 5, Lubine vient demander la permission de 'se prostituer' aux pieds du dignitaire moscovite. Mais c'est la fantaisie verbale de la scène 11 qui est la plus comique:

JOLICŒUR
Cracq.

LA MONTAGNE
Cricq.

LUBIN (en avalant il baragoüine)
Crocq.

JOLICŒUR
Le cochon est, dit-il, admirable.

LUBIN baragoüine longtemps le verre à la main.

LA MONTAGNE aux dames
Il boit à vos santés.

MME AMINTE
Que ce langage est sot!
Quoy! parler si long-temps pour ne dire qu'un mot?

Deux ans plus tard, Molière allait dire:

CLEONTE
Bel-men.

COVIELLE
Il dit que vous alliez vite avec lui vous préparer pour la cérémonie, afin de voir ensuite votre fille, et de conclure le mariage.

MONSIEUR JOURDAIN
Tant de choses en deux mots?[46]

Molière a peut-être trouvé ce mot assez comique pour le copier, à sa façon. Quoi qu'il en soit, on ne peut pas nier que Molière a devant les yeux l'exemple des *Faux Moscovites* quand il se prépare à mettre en scène une cérémonie burlesque.

Tels sont *les Faux Moscovites*, farce faite d'éléments gaulois chers au parterre, de dialogues burlesques et de fantaisie verbale. Vu les circonstances de la composition et le peu de temps dont l'auteur disposait, on peut lui pardonner ses maladresses. Le comique n'atteint pas le niveau de ses pièces précédentes, et c'est sans aucun doute la présence de l'auteur et de Villiers dans la farce qui l'a sauvée.[47] Il est possible que Villiers ait pris le rôle de Gorgibus, qui lui conviendrait le mieux. M. Mélèse fait de lui le coauteur[48] mais nous croyons qu'il s'agit simplement d'une situation où Poisson aurait demandé des idées à tous ses collègues, et où Villiers, son meilleur ami, aurait offert d'esquisser quelques scènes. La pièce a toujours paru sous le seul nom de Poisson. Elle fait partie des éditions des *Œuvres complètes*, et a été reproduite dans le premier volume des *Contemporains de Molière*, de Fournel.

14

Les Femmes coquettes

Dans l'Epître du *Poète basque*, Poisson se qualifia de 'cinquiéme partie d'Autheur.' Il allait devenir quelques années plus tard un 'Autheur tout entier' en adoptant pour *les Femmes coquettes* la coupe exigée par le grand goût : cinq actes. C'est évidemment l'ambition qui a dicté ce choix. Mais il ne l'avait jamais essayé avant et il n'allait jamais recommencer après cette première tentative. Notre étude montrera que même en composant une comédie en cinq actes, Poisson resta fidèle aux buts de la comédie en un acte et qu'il se sentit mal à l'aise dans ce cadre élargi. Si *les Femmes coquettes* eurent un assez grand succès, c'est à cause des éléments comiques qui avaient fait triompher ses petites pièces : situations et dialogues bouffons, portraits vifs et allusions à l'actualité. Ce que Corneille appelait 'l'acheminement' n'est pas des meilleurs.

ANALYSE DE L'ACTION

Acte I Flavie, femme d'un Italien, Flavio, soutire de l'argent depuis quelque temps à son oncle Docile, dévot qui la croit dévote. En réalité elle se paie des luxes et perd beaucoup au jeu. L'arrivée insolite de Docile la contraint à faire l'hypocrite et à se plaindre de la cruauté de son mari. Celui-ci seul avec Docile proteste contre les remontrances que Docile lui fait. Docile se cache pour mieux observer la vraie situation. Crispin, valet de Flavio, rentre d'Italie avec un diamant au moyen duquel Flavio espère prouver la malhonnêteté de deux joueurs fréquentés par sa femme, et en même temps mettre celle-ci à la raison.

Acte II Colin, valet de Flavie, et Aymée, sa servante, tous deux espions que Flavio a plantés exprès pour lui fournir des détails sur la vie déréglée de sa femme, lui font un rapport peu édifiant de ses extravagances, de ses pertes au jeu, de ses visites à 'Boulogne,' à Montrouge, à Vincennes, en compagnie de Sainte Hermine et Sainte Heleine, coquettes elles aussi. Crispin conçoit des soupçons sur la fidélité conjugale de Flavie. Les joueurs, Du Boccage et Du Manoir, viennent la prendre pour aller au bal.

Acte III Flavio et Crispin veillent la plus grande partie de la nuit à attendre le retour de Flavie. La conversation les aide à tuer le temps. Crispin révèle ses soupçons et offre de se déguiser pour faire la cour à Flavie. Il espère prouver qu'avec de l'argent, on peut vaincre ses scrupules. Les noceurs rentrent à l'aube, donnent un camouflet à Flavio, qui fait semblant de dormir, et repartent. Flavio, loin de sembler en vouloir à sa femme, lui promet de l'argent. Après que Flavie est montée se coucher, Flavio fait part à Crispin de son projet pour déjouer les joueurs et pour récupérer l'argent qu'ils ont volé.

Acte IV Du Boccage et Du Manoir arrivent pour jouer et partent peu de temps après, s'étant entendu traiter de voleurs. Flavio les a obligés à rendre de l'argent. Flavie n'est en aucune façon convaincue de leur malhonnêteté. Crispin, déguisé en vicomte, se fait annoncer, lui fait la cour, est reconnu et bâtonné.

Acte V Crispin, en quittant Flavie, a laissé l'argent avec lequel il avait espéré la tenter. Elle décide d'inviter les autres coquettes à un souper. Au lieu d'aller rendre visite à son frère comme il a promis, Flavio rassemble les maris de toutes les coquettes, se cache avec Docile et Crispin, observe le spectacle de leur débauche, et au moment où Flavie fait servir le plat de résistance, un bassin de louis d'or, il sort avec Docile, et les coquettes sont décontenancées. Sainte Hermine, Sainte Heleine et Aminte iront toutes au couvent, et Flavie ira végéter en Italie, loin de la mauvaise influence de la société parisienne.

On aura vu qu'il ne s'agit pas d'une intrigue compliquée. Un mari, modèle de la patience, décide enfin de mettre sa femme à la raison, et y réussit tout seul, indépendamment de l'aide de son valet. Poisson a-t-il vraiment besoin de cinq actes pour conduire cette simple action à bonne fin? Nous en doutons. Après tout, Molière avait traité le même sujet en un acte dans *les Précieuses ridicules*. On a l'impression qu'après avoir présenté les personnages dans le 1er acte, Poisson s'est rendu compte que sa grande *scène à faire* – le souper – serait le point culminant de la comédie. Les trois actes du milieu lui présentent donc un problème. L'acte II n'est qu'une série de rapports faits par les espions de Flavio; l'acte III n'est qu'une série de conversations qui ne font guère avancer l'action; l'acte IV est le moins bien composé de tous les actes: Poisson néglige une *scène à faire* – la dénonciation des tricheurs – et introduit la scène du déguisement de Crispin, laquelle est dans une large mesure superflue.

N'oublions pas que *les Femmes coquettes* sont une première tentative. Si Poisson avait décidé plus tard d'aborder de nouveau un sujet ayant besoin de cinq actes, il s'en serait peut-être mieux acquitté. Il aurait appris qu'il est nécessaire de resserrer l'action, de ne pas introduire des dialogues – quelques comiques qu'ils soient – simplement pour faire passer le temps. (Nous pensons en particulier à l'acte III). Mais ne soyons pas trop dur pour Poisson. Son illustre contemporain Molière avait écrit, dans deux chefs-d'œuvre, *le Misanthrope* et *Tartuffe*, des pièces qui ne sont pas exemptes d'inégalités.

Comment notre auteur de pièces en un acte réagit-il devant la nécessité d'observer les règles du théâtre? Il s'y adapte avec facilité. L'unité de temps est rigoureusement observée. Le 1er acte a lieu le soir après le coucher du soleil: l'allusion à la lanterne de Docile en fait preuve.[1] L'acte II a lieu plus tard dans la soirée: Du Boccage et Du Manoir discutent l'heure, qui selon l'un est 9 heures et demie, selon l'autre dix heures. Ils viennent chercher Flavie pour aller au bal.[2] Dans l'acte III, Flavio et Crispin attendent Flavie jusqu'au petit matin.[3] L'acte IV doit se dérouler en pleine après-midi, car en se couchant, Flavie a dit qu'elle ne veut dormir que jusqu'à midi.[4] C'est le soir quand, au cinquième acte, Flavie reçoit ses invités.

Quant à l'unité de lieu, la scène est dans la salle de Flavio et de

Flavie, à Paris. Toutes les scènes sont liées d'une manière acceptable, bien qu'au commencement de l'acte IV, Poisson abuse de la liaison de 'bruit.' Les trois personnages de la scène 3 quittent la scène, et Flavie et Aymée entrent avec les mots: 'Ce sont eux.' Elles sortent à la fin de la scène 4, et laissent la scène vide jusqu'à l'arrivée de Colin et de Dame Anne, avec les mots: 'J'entens quelqu'un venir.' Si nous mentionnons ces faiblesses, ce n'est que pour mettre en relief l'exactitude avec laquelle Poisson a observé la liaison dans le reste de la comédie. Notons toutefois que ces abus se rencontrent dans l'acte avec lequel nous croyons que Poisson a eu le plus de difficulté. Poisson a eu conscience du fait que le valet et la cuisinière n'auraient pas dû être dans la salle. Il fait dire à Flavio (scène 6) 'Est-ce icy ta Cuisine? Allons.' Au cinquième acte, le souper est servi dans la salle même:

> FLAVIE
> Qu'on ne fasse qu'un plat, et que l'on nous apporte
> La Table toute preste, et verre et vin dessus. [V, 4]

L'unité d'action est observée, en ce sens qu'il n'y a qu'un intérêt: la déconfiture des coquettes. La dénonciation des tricheurs, accomplie au quatrième acte, n'est qu'une partie du projet de Flavio. Le projet burlesque de Crispin, quoique avorté, est bien préparé, et a une influence directe sur la scène finale.

On avouera que Poisson ne s'est pas mal acquitté de cette première tentative. Après ce bref aperçu de la structure interne de la pièce, tournons notre attention aux autres aspects des *Femmes coquettes*, à savoir la peinture des mœurs, les ressorts comiques, et l'intérêt qu'a la pièce pour l'historien.

LE THEME

Le thème central de la pièce n'est pas nouveau. Chappuzeau, dans *le Cercle des femmes* (1656) et dans son remaniement, *l'Académie des femmes* (1661) avait choisi de mettre en scène une femme à idées féministes, qui préfère la consolation des livres à la tutelle du mariage et repousse un soupirant qu'elle croit indigne d'elle. Celui-ci tire sa vengeance en faisant passer son valet pour un marquis. Elle est mise à la raison par son mari, cru mort, qui revient au dernier moment. Point n'est besoin d'insister sur le thème des *Précieuses ridicules*, qui avaient traité du même sujet en 1659. Chez Poisson, le centre de gravité a changé. Flavie et les autres coquettes ne s'intéressent pas à la littérature, quoiqu'elles ressemblent aux femmes de Chappuzeau et de Molière en voulant singer les femmes de qualité. Les rapports entre mari et femme changent aussi. Là où Cathos et Magdelon, Emilie, Aminte, Lucrèce et Cornélie[5] se plaignent de leur position secondaire dans la société, et essaient de s'émanciper, les coquettes de Poisson se croient déjà émancipées. Plus tard Dancourt nous peindra une société où cette révolution a eu son effet, et où les maris se sont faits à l'idée que la femme est émancipée. Chez lui, c'est la société fin de siècle que nous voyons, marquée déjà par l'esprit Régence. Si Poisson laisse pressentir le monde de Dancourt où l'amour de l'argent a une si grande importance, il est toujours essentiellement l'héritier de l'attitude traditionnelle qui ne tolère pas que les femmes prennent le dessus. C'est le mari qui triomphe toujours. L'auteur du *Sot vangé* n'a pas changé son attitude.

Là où les femmes de Chappuzeau et de Molière cherchent à s'émanciper en s'adonnant à la littérature et en singeant les manières des femmes de qualité, celles de Poisson font parade de leur indépendance en s'adonnant au jeu. Cet aspect revêtira une importance capitale chez Dancourt aussi. Déjà en 1664, La Forge dans *la Joueuse dupée*[6] avait flétri les mondaines obsédées du jeu.

Poisson nous donne un portrait achevé de Flavie. Elle partage l'attitude adoptée par les précieuses vis-à-vis du mariage.

'Une femme peut-elle aimer son mary, beste?' dit-elle à Aymée. (I, I) Les autres femmes qu'elle fréquente s'expriment de la même façon:

SAINTE HELEINE
... Hier Nison disoit, j'en ay bien ry,
Qu'elle fut amoureuse un mois de son mary.

FLAVIE
Tout de bon? Vous raillés.

AMINTE

Ha! rien n'est plus étrange.

DU MANOIR

Mais un mary bien fait encore?

FLAVIE

Fut-ce un Ange;
Un Narcisse en beauté, je soutiendray toûjours,
Qu'on ne peut pas aimer son mary quinze jours.

SAINTE HELEINE

Vrayment, c'est tout au plus.

SAINTE HERMINE

Quinze jours! Que je meure
Si j'ay jamais aimé mon mary plus d'une heure. [III, 3]

Et dans la scène du souper, la conversation suivante est rendue plus piquante par la présence, cachés, des hommes:

SAINTE HELEINE

Quand on prend un mary ce n'est pas pour l'aymer.

FLAVIE

Vraiment non, l'on le prend pour se faire estimer,
Dessous le nom de femme, et faire nos affaires,
Pour nous fournir enfin cent choses nécessaires,
Et nous donner l'argent dont nous avons besoin.

... AMINTE

Pour peu que les galans se rendent agreables,
Les maris les mieux faits sont tous insuportables.

SAINTE HELEINE

Hé ma foy! sans avoir galant ny favory,
Le plus méchant régal du monde est un mary. [V, 5]

Le mari, Flavio, avoue qu'il a complètement gâté sa femme. (I, 6) Elle reste au lit jusqu'à midi. (III, 6) Elle a une servante, Aymée, un valet, Colin, une cuisinière, Dame Anne, 'La Rivière, qui sert à la Chambre,' et deux laquais. (I, 8) Quoique Poisson n'ait pas su lui donner un nom évocateur à la Dancourt – on pense à Mme

Blandineau, Mme Patin, Mme Simon – elle n'en est pas moins bourgeoise. Elle prend les mœurs de la noblesse et en imite la frivolité. Par exemple, elle est prétentieuse jusqu'au point de vouloir habiller le valet qu'elle a embauché. (I, 8)

> FLAVIO
> ... Elle est trop coquette, et trop impérieuse,
> Donne de grands Cadeaux, fait la grande joüeuse,
> Et tient Académie. [I, 6]

Sa vanité, sa fureur de paraître, se voient dans la scène où elle exige que son mari lui achète des chevaux gris:

> FLAVIE
> ... J'ay receu par vostre peu de soin
> Dans le milieu du Cours la plus grande avanie;
> Des Dames me voyant, c'est Madame Flavie;
> Elle a, s'écria l'une, encore ses chevaux noirs:
> Jugez si j'estois lors dans de grands desespoirs. [II, 4]

On pense à Mme Patin du *Chevalier à la mode*:

> Une avanie ... Ah! j'étouffe. Une avanie ... je ne saurois parler, un siege ... En pleine rue, on vient de me manquer de respect ... Je l'ai pris sur un ton proportionné à mon équipage; mais elle [il s'agit d'une Marquise] avec un "taisez-vous Bourgeoise," m'a pensé faire tomber de mon haut.[7]

Naturellement, Flavie a besoin d'une source constante d'argent, non seulement pour jouer mais aussi pour se payer des luxes, des mouches, des rubans, et 'tout cet attirail.' (I, I) Elle paie dix louis chaque pot de blanc qu'elle emploie, et les paierait vingt louis si cela était nécessaire. (I, I) L'Académie qu'elle tient avec les autres coquettes, Sainte Hermine, qu'elle appelle 'ma fidelle' et Sainte Heleine, qu'elle appelle 'ma favorite,' attire les pipeurs qui lui volent l'argent de son mari. Elle est innocente de la corruption de Du Boccage et de Du Manoir. Elle met en gage ses pendants d'oreille et ses perles. [II, 7]

Nous sommes loin de la Chambre Bleue. Il est vrai que, jeune fille, elle fut mise au couvent pour avoir lu *l'Astrée* (IV, 12) mais maintenant son livre préféré est Boccace (I, I), parce que 'la pluspart des maris en ont là pour leur conte.' Flavie ne s'intéresse pas aux ouvrages de l'esprit, et ne veut pas avoir de la musique trois fois par semaine comme Angélique des *Bourgeoises à la mode*.[8] Mais elle pourrait dire avec la coquette de Dancourt:

On jouera quelques reprises d'ombre et de lansquenet, qui seront suivies d'un grand souper, de maniere que nous n'aurons qu'un jour de reste, qui sera le jour de conversation ... nous débiterons des nouvelles, nous nous entretiendrons des modes, nous médirons de nos amies.[9]

Vingt-trois ans avant Dancourt, Poisson a imaginé une femme de point en point semblable, qui a la fièvre de l'argent, la rage du plaisir, doublées d'un manque de goût sans égal. Célimène de bas étage, elle a sa scène des portraits, au moment où elle revient du bal:

FLAVIE
Ah la sotte guenon que la Reine du Bal!

AMINTE
Et son grand mal basty d'Amant?

SAINTE HERMINE
Ah! l'animal!

SAINTE HELEINE
Quel est-il?

FLAVIE
Je n'ay pas l'honneur de le connoistre.

SAINTE HERMINE
Il a l'air d'un Laquais dans l'habit de son Maistre.

FLAVIE
Ma Fidelle a raison, elle le peint fort bien;
Un Laquais revestu.

SAINTE HELEINE
Mais vous ne dittes rien,
De cette noire peau dedans son habit jaune?
Et tout son ruban jaune encore large d'un aulne?

FLAVIE
La Tauppe se croyoit la mieux mise du Bal.

SAINTE HELEINE
Et la plus belle aussi.

FLAVIE
Le jaune luy va mal. [III, 3]

Elle atteint le comble du mauvais goût quand elle imagine le plat de résistance de son souper: un bassin de louis d'or que ses cousines ne refusent pas de partager. (v, 8) Il est évident que si ses aspirations la poussent à imiter le luxe de la noblesse, rien ne saurait lui enseigner le bon goût.

Notons que Dancourt sait faire ressortir les extravagances de son Angélique. Il nous dit que son mari, M. Simon, n'est qu'un notaire. Poisson a négligé de souligner le contraste entre le niveau social auquel Flavie appartient, et celui auquel elle aspire: il ne nous renseigne pas non plus sur la profession de son mari Flavio.

Passons maintenant au mari.

Qu'en quinze ans j'ay gousté de charmes dans ces lieux!
Mais que depuis cinq ans ils me sont odieux!
Je suis Italien, et me marie en France.
Je prens femme à Paris. O la haute imprudence!
Que j'ay bien mérité ce devorant soucy!
Et que j'ay bien cherché ce que je trouve icy! [I, 6]

Il a ici les accents d'un George Dandin ('Vous l'avez voulu, vous l'avez voulu. George Dandin, vous l'avez voulu!') mais il ne se résout pas comme celui-ci à aller se jeter dans l'eau la tête la première. Au contraire, il mijote depuis quelque temps un projet pour se venger de sa femme. Il a planté des espions qu'il interroge sur les activités de Flavie, et grâce au diamant rapporté d'Italie, il y réussit. Ce sont les projets de Flavio qui font avancer l'action. Mais Poisson a quelque peu négligé son caractère. Nous savons qu'il est la patience même. Selon Crispin c'est 'le Job de nostre temps.' S'il a été enjuponné jusqu'ici, il n'a plus l'intention de l'être. Il faut avouer que son portrait est flou. Il donne trop souvent l'impression d'être en scène simplement pour donner la réplique aux personnages plus amusants, Crispin, Colin, Docile et Flavie. Il ne fait que poser des questions à Crispin (I, 8), à Colin et à Aymée (II, 3 et 7) ; il ne fait qu'écouter les remarques de Crispin (III, 1) et que se montrer complaisant à sa femme. (III, 6) A part les douze vers (I, 5) dont nous avons cité plus haut la moitié, il n'a pas de longues tirades. Poisson a négligé de faire de lui un vrai personnage, mais il n'en est pas moins le meneur de jeu nécessaire à l'action. C'est sans doute le besoin de différer le dénouement, qui nous montre l'aboutissement de ses projets, qui a obligé Poisson à faire de Flavio un homme qui se réserve.

Nous avons dit que Crispin est l'un des personnages les plus amusants. Il serait étonnant s'il en était autrement. Nous n'ignorons pas pourquoi il a un rôle dans *les Femmes coquettes*. C'est simplement que Poisson voulait créer un rôle qu'il interpréterait lui-même. L'acteur voulait se donner des scènes où, comme dans les farces en un acte, il pourrait étaler toute la gamme des effets comiques; gestes, postures, grimaces, loquacité, bredouillement. Et c'est justement ce qu'il a fait. On peut s'imaginer son jeu au 1er acte quand il décrit la visite qu'il a faite à la vieille mère de Flavio en Italie, au 3ème acte quand il dramatise un assassinat nocturne dans les rues de Paris, et au 4ème, quand il se fait passer pour mutilé de guerre, borgne et manchot. Ces scènes, pourtant, ne sont que des hors-d'œuvre et l'on peut bien se demander quel rôle Crispin est censé jouer dans la dénonciation des coquettes. Ce n'est pas le meneur de jeu comme le sera son homonyme dans *le Légataire universel*. Ce n'est pas non plus le valet à l'esprit prompt, comme Dubois dans *les Fausses confidences*. C'est, pour emprunter la description de Flavie, 'un flateur éternel, un complaisant à gage.' (III, 4) Surintendant de Flavio, 'son conseil et son tout, mais un fou cependant, qui s'empresse pour rien, et fait le nécessaire.' (*id.*) Poisson a ainsi mis dans la bouche de Flavie sa propre conception du valet. Crispin est convaincu que Flavie manquerait à ses devoirs conjugaux si elle pouvait ainsi garnir sa bourse. Flavio ne partage pas ses soupçons, mais le laisse faire, avec les résultats que l'on sait. Crispin ne doute pas un moment de sa propre utilité. Il est comme la mouche du coche. Ici ses attributs sont ceux d'un vrai clown, qui affronte les obstacles, est frustré, mais n'en est nullement découragé. Sa qualité la plus aimable peut-être, c'est son dévouement aux intérêts de son maître. Loin de lui la pensée de profiter de la situation pour son propre compte. Il se trouve au pôle opposé de Frontin, le valet fripon des *Bourgeoises à la mode*.

Comme tous les Crispins, il est loquace, et c'est à lui que nous devons tous les détails friands sur le Paris de 1670 qui aident à remplir le troisième acte. Il est si bavard que même le patient Flavio en est exaspéré à un moment donné. Mais, comme il explique lui-même, il est Badaud: Paris, c'est sa patrie. (III, I)

On appelle les Parisiens, Badauts, et la campagne de Paris: le badaudois, aussi bien que le langage qu'on y parle. Ce saubriquet leur a été donné, parce que le peuple de Paris s'attroupe facilement et s'amuse à regarder tout ce qui lui semble tant soit peu extraordinaire: ce qui s'appelle: "faire le Badaut."[10]

L'oncle, Docile, ressemble à la fois à Orgon et à Mme Pernelle. C'est un vrai dévot, qui donne d'immenses sommes d'argent à Flavie pour qu'elle puisse continuer ses bonnes œuvres. On ne peut pas s'empêcher de penser à *Tartuffe*:

DOCILE
Redoublés, s'il se peut, vos bonnes actions.
Continués-vous pas vos actes charitables? ...
Et l'argent d'avant-hier sert-il à les ayder?

FLAVIE
Les mille francs qu'Aymée alla vous demander?

DOCILE
Oüy.

FLAVIE
J'en ay fait, mon oncle, un heureux mariage.

AYMEE
Un jour plus tard, la fille alloit faire naufrage.

DOCILE
En ces occasions n'épargne point mon bien,
Ce seroit negliger ton salut et le mien.

Des autres mille francs qu'en as-tu fait, ma fille?
Dis-moi.

FLAVIE

J'en revestis une pauvre famille.

AYMEE

Ils estoient treize.

FLAVIE

Aussi m'en cousta-t'il bien plus;
Tous nuds comme ma main.

AYMEE

Il faut couvrir les nuds. [I, 2]

Frappé de la parfaite vertu de sa nièce, il refuse d'écouter Flavio quand celui-ci se défend contre les fausses accusations de cruauté portées par Flavie. Il se cache pourtant pour juger de ses propres yeux, et quand, à l'acte v, il sort de sa cachette, il dit:

Mon œil a vu, mon oreille entendu:
Mais enfin je ne croy mon œil ny mon oreille:
Je ne sçay si je dors, je ne sçay si je veille;
Ma niece est un demon, j'ay veu la vérité. [v, 2]

C'est du pur Pernelle, même si ses paroles sont moins mémorables que le 'Je suis tout ébaubie, et je tombe des nues' de ce personnage. Nous aurions souhaité que Poisson lui eût donné un langage plus dévot. Il dit: 'Adieu, gagne le Ciel,' cela est vrai, mais Poisson ne sait pas comme Molière ajouter assez de touches évocatrices. Cependant l'ombre de Molière est là pour dicter son aveuglement (I, 6) quand les accents de Flavio, qui sont d'une sincérité indiscutable, ne réussissent pas à le détromper.

Reste à parler des autres personnages. Sainte Hermine, Sainte Heleine et Aminte ne sont que de faibles échos de Flavie. Poisson a tenu à dépeindre les manies des coquettes, mais il s'est contenté de les ramasser en une seule femme. Les pipeurs, Du Boccage et Du Manoir, ne sont que faiblement esquissés, et c'est l'influence qu'ils exercent sur Flavie, plutôt que le vice qu'ils incarnent, que Poisson a tenu à présenter. Les domestiques, Colin et Dame Anne ressemblent à Alain et à Georgette de *l'Ecole des femmes,* et à Alix et Guillot de *l'Académie des femmes.* Ayant été témoins de la dénonciation des pipeurs, ils discutent des événements du jour:

DAME ANNE
He qu'ont-ils donc tant fait ces deux pauvres Monsieux,
Colin?

COLIN
Ils n'ont rien fait, c'est qu'ils sont des voleux.

DAME ANNE
Voleux? De quoy?

COLIN
D'argent, mais on leur a fait rendre,
Et je croy que Monsieu ne les fera pas pendre.

DAME ANNE
Ah! que j'en suis faschée! y sont si bonnes gens.

COLIN
Monsieu leu va bien-tost donné la clef des champs ...
Madame ne croy pas qui soiyent des voleux.

DAME ANNE
Non, a les aime bien, on dit qui son Pipeux.

COLIN
Y pipent donc chés eux: Ny moy, ny Dame Aymée
N'avons veu ny tabac, ny pipe, ny fumée. [IV, 5]

Si nous trouvons des échos d'Alain et de Georgette dans le dialogue des domestiques, des souvenirs de Madame Pernelle et d'Orgon dans le rôle de Docile, des éléments de Tartuffe et de Célimène dans les méchancetés de Flavie, il n'y a pas là de quoi s'étonner. Aucun auteur contemporain de Molière n'aurait pu se soustraire à son influence. Quand Poisson se mit à écrire une comédie ayant pour toile de fond cette même société, il lui était impossible d'éviter l'influence de son rival. Malheureusement, Poisson n'était pas assez doué pour écrire le dialogue scintillant qui caractérise les comédies de Molière. Nous avons déjà vu combien il reste au-dessous de son rival quand, dans *les Faux Moscovites,* il reprend, avec Lubin et

Lubine, la situation dans laquelle Sganarelle et sa femme se trouvent dans *le Médecin malgré lui.* Il en va de même pour les *Femmes coquettes.* Mais s'il ne réussit pas à créer des rôles mémorables, il excelle à développer des situations amusantes, à introduire des jeux de scène, et à trouver des équivoques, qui contribuent à la gaieté incontestable de la pièce.

LES PROCEDES COMIQUES

Les effets comiques issus directement de la farce abondent, comme il fallait s'y attendre, quand Crispin est en scène. Colin explique à Flavio (I, 7) que Crispin se débotte en bas. La scène qui suit est de la farce à l'état pur.

> CRISPIN
> Peste! mon éperon m'a blessé diablement, Monsieur.
>
> FLAVIO
> Hé bien Crispin, as-tu le diamant?
>
> CRISPIN
> Si je ne suis boiteux il ne s'en faudra guere.
>
> FLAVIO
> Tu t'épouvantes trop. Et bien que dit ma mere?
>
> CRISPIN
> Vostre mere ... Ouf; tenés c'est-là sous mes deux doigts.
>
> FLAVIO
> Hé, tu me montreras ton mal une autre fois.
> Dans mon impatience apprend moy des nouvelles.
>
> CRISPIN
> Vostre mere ... Ah ce sont des angoisses mortelles.
> Vostre mere ... Ah je vay me faire déchausser.

Ce n'est pas là une nouveauté pour un public habitué aux inepties de Du Bois dans *le Misanthrope.* (IV, 4) Il faut faire un effort d'imagination pour se figurer les grimaces qui ont dû accompagner ce jeu de scène. Il en est de même des scènes (III, 1 et 2) dans lesquelles Crispin se laisse entraîner par son imagination en reconstituant une attaque dans la rue. Il s'échauffe et, galopant autour de la scène, il s'écrie:

> L'on n'entent plus crier aux voleurs, tuë, tuë. (Entrent Dame Anne, effrayée, et Aymée, toute éperduë.)
>
> DAME ANNE
> Miséricorde, helas! aux voleurs, aux voleurs!
>
> AYMEE
> Aux voleurs. Qu'est-ce donc, Dame Anne?
>
> DAME ANNE
> Je me meurs.
> Ce malheureux Crispin assassine son Maistre.
>
> CRISPIN
> Qui moy?
>
> AYMEE
> Fermés la porte, il faut prendre le traistre.
>
> ... FLAVIO
> Mais qui provoque donc toute cette crierie?

Le texte ne peut donner qu'une faible idée de ce jeu de scène. Mentionnons aussi la scène dans laquelle Crispin, déguisé en vicomte vient faire la cour à Flavie. Les effets visuels doivent y compter pour beaucoup. C'est Dame Anne qui l'annonce:

> Il se peigne là bas, mais je l'entens qui monte;
> J'ay r'oublié son nom; C'est un laid Marcassin.
> Il est noir comme un Diable ...

Crispin entre, 'deguisé sous le nom de Vicomte de Beauregard, manchot, borgne, et une jambe et bois, et en grand deüil.' Il fait son compliment à Madame, et s'anime jusqu'au point de laisser tomber sa perruque blonde. Il est reconnu et chassé à coups de bâton. On ne peut pas s'empêcher de penser au sort de Mascarille et de Jodelet dans une situation analogue.

Ces scènes de farce ne contiennent pas que des bouffonneries visuelles. Poisson met dans la bouche de Crispin des propos très comiques pour décrire son voyage en Italie, où il a fait la connaissance de la mère de Flavio, laquelle 'parleroit un mois sur un atome.'

CRISPIN
Je commence d'abord d'un air fort aimable.
J'estois jeune autrefois, m'a-t-elle dit, au diable
Si j'ay trouvé sujet d'en douter un moment.
Elle est si jeune encor qu'elle est sans jugement.

FLAVIO
Ma mere Jeune?

CRISPIN
Autant qu'elle a pû jamais l'estre,
On diroit d'un enfant qui ne fait que de naistre,
Car elle n'a ny dents, ny cheveux, non ma foy.

Flavio demande à Crispin s'il ne voudrait pas rentrer en Italie:

CRISPIN
Non, ma foy.

FLAVIO
Pourquoy donc?

CRISPIN
Je sçay bien le pourquoy?

FLAVIO
C'est un si beau pays, Crispin.

CRISPIN
Qu'on m'escartelle,
Si j'y retourne, allés, je l'ay rechappé belle.
Ils sont Italiens, si j'avois sceu cela ...
Un beau garçon, Monsieur, ne doit point aller là
Et vous ne deviés pas m'exposer de la sorte. [I, 8][11]

Crispin brille déguisé en vicomte. C'est la scène la plus mémorable de la pièce, parce qu'elle permet à Poisson de composer pour

Crispin un de ces compliments burlesques, pleins de maladresses, pour lesquels, depuis *le Zig-zag*, il est célèbre.

CRISPIN
J'entre sans bruit, Madame, en ces lieux-cy jamais
Je ne meine Cocher, Carosse ny Laquais:
On ne peut voir là-bas de train qui ne déplaise.
Coucheray-je céans? J'en renvoirais ma chaise.

Le 'compliment' proprement dit commence bientôt après:

Je vous voy de quoy faire un Arsenal d'appas,
Et quatre magazins de ceux qu'on ne voit pas,
Les attraits de vos yeux ... et mon cœur ... dans mon ame ...
L'amour que j'ay ... l'argent ... quand d'une ardente flame ...
Voila cinq cens Loüis que j'apporte en un mot,
Car je ne sçay point tant tourner au tour du pot:
Sans de propos d'amour vous faire une legende,
Ne voyés vous pas bien ce que je vous demande,
Et que mon pauvre cœur qui vient de s'enflamer
Veut ... enfin ce qu'il veut on ne le peut nommer.
Le devinez vous pas?

FLAVIE
Comment, vous m'osez dire,
Connoissant ma vertu ...

CRISPIN
Vous me faites bien rire.
Vostre vertu tiendroit contre cinq cens Loüis!
Non, Madame, ce sont de ces coups inoüis,
Qu'on voit fort rarement arriver dans le monde.

On reconnaît ici le style employé par Poisson dans le compliment que Crispin fait à Isabelle dans *le Zig-zag*. On reconnaît le même bredouillement, la même chute dans le grivois, après le beau commencement.

D'après ce que nous avons dit jusqu'ici, on pourrait croire que la pièce n'est qu'un véhicule pour Crispin. Il n'est est rien. Il est vrai que c'est Crispin qui fait rire le parterre par ces allusions au cocuage (Flavio doit craindre les 'douleurs de tête' [II, 8]) et par son espoir de voir le feu prendre à la cheminée de Madame (II, 12), mais il n'en a pas le monopole. Le valet Colin, à sa façon, contribue à des scènes de gros comique qui indiquent clairement que Poisson n'avait nulle intention d'observer les bienséances. Ceux qui avaient jugé furieusement obscène le 'le' de *l'Ecole des femmes*, durent trouver peu à leur goût la 3ème scène de l'acte II des *Femmes coquettes*:

FLAVIO
Colin, que fait ma femme.

COLIN
Hé Monsieur, on l'habille.

FLAVIO
A dix heures du soir! Madame est bien gentille.
Et qu'a-t'elle donc fait? Répons donc: est-tu sourd?

COLIN
Deux Monsieurs ont joüé sur son lit tout le jour.

CRISPIN
Sur son lict?

FLAVIO
A quel jeu? Veux-tu me satisfaire?

COLIN
Ils ont joüé tous trois à leur jeu ordinaire.

FLAVIO
Et quel est donc ce jeu?

CRISPIN
Ce jeu-là ma fait peur.
A quel jeu donc, faquin?

COLIN
A la beste, Monsieur.

Il s'agit d'un jeu de cartes, que nous avons trouvé mentionné dans *la Joueuse dupée* de La Forge (sc. 5) et dont Boileau parle dans *la Satire X contre les femmes* (1692).[12]

Nous nous abstenons de reproduire le reste de cette scène. Il suffit de dire que Poisson se lance de gaieté de cœur dans une histoire de lavements, en y prodiguant des détails peu ragoûtants que Molière, dans *le Malade imaginaire*, n'allait pas surpasser.

Inutile de répéter que ce genre de comique intervient, à divers degrés, dans toutes les grandes comédies de Molière. Il en va de même chez Poisson, mais avec certaines différences. Au lieu d'introduire des scènes grivoises dans le but de détendre l'atmosphère aux moments les plus graves, Poisson semble les introduire gratuitement, lorsqu'il n'y a pas de gravité à dissiper. C'est pour donner à Crispin un moyen facile de faire rire ses admirateurs les plus fidèles dans le parterre. Si Flavie prend un lavement, c'est pour ne pas avoir le teint brouillé quand elle ira au bal, et Crispin d'observer:

> La courante à present ne se danse pas mal
> Si chaque Dame porte un lavement au bal. [II, 3]

Les spectatrices ne savaient si elles devraient rire ou rougir à *l'Ecole des femmes*; Poisson dans cette scène ne leur donne pas de choix.

Il faut dire un mot ici au sujet des chansons. Dans son déguisement, Crispin chante un 'vaudeville' de six vers sur le Duché de Milan dont il ne rappelle pas toutes les paroles. (IV, 12) Flavie, à son tour, quoiqu'elle chante 'comme un coffre,' en chante une qui se moque des maris. Son verre d'hypocras à la main, entourée de ses cousines, elle chante un deuxième couplet dans le même style:

> Les Galans touchent au cœur
> Bien mieux que cette liqueur:
> Leurs petits soins prennent l'ame,
> C'est toûjours regal nouveau,
> Et jamais homme à sa femme
> Ne donna bal ny cadeau. [V,7]

Crispin célèbre le triomphe des maris en chantant:

> Répondés à vos cousines,
> Quelles vont, quelles vont aux Feuillantines. [V, 10]

N'ayant jamais perdu de vue les traditions de Gaultier-Garguille, dont la chanson était toujours attendue avec impatience, Poisson montre, ici dans une comédie en cinq actes, jusqu'à quel point il est fils des anciennes traditions de l'Hôtel de Bourgogne. Cependant, s'il est ce que nous avons dit par sa tournure d'esprit, il n'en est pas moins, par ses dons d'observation, bien de son époque.

L'INTERET HISTORIQUE

La lecture de certaines parties des *Femmes coquettes* fournit des renseignements intéressants sur la vie de 1670. Nous apprenons, par exemple, que les gens de qualité ne donnaient plus leurs vieux habits aux comédiens, comme ils faisaient 'du temps de Mondory, du temps de Bellerose.' Crispin fait remarquer que les mots qu'on employait naguère pour exprimer des remerciements n'ont plus de cours à Paris. Ce n'est pourtant pas pour se lamenter du manque de générosité de la part des riches, mais pour commenter les mesures prises pour débarrasser la capitale des mendiants:

FLAVIO
Quand on donne pourtant, ces mots-là servent bien.

CRISPIN
Mais ils ne servent plus car on ne donne rien.
Dans Paris a présent, qu'on donne ou qu'on demande
Ou l'on est prisonnier, ou l'on paye l'amende.
Sans cet ordre chacun ne faisoit que donner
Les petits et les grands s'alloient tous ruiner.

FLAVIO
La Police à Paris est belle, je l'avoue. [III, I]

Si les tirelaines des *Faux Moscovites* nous ont renseignés sur la réforme de la police, Crispin va nous la rappeler encore:

CRISPIN
L'on n'y voit ny duels, ny vols, ny gueux, ny bouë ...
Ces lanternes, le soir mises de pas en pas,
Font qu'en marchant nos yeux ne servent presque pas,
Tant il fait jour la nuit dans la plus noire ruë. [III, I]

Ces lanternes avaient été établies en 1667, lors de la révision des réglements de police.[13]

Crispin, en vrai échotier, regarde la face changeante de la capitale, et nous donne des détails curieux:

L'on va mesme, dit-on, empescher qu'il n'y pleuve.

FLAVIO
Bon, Bon.

CRISPIN
L'hyver prochain vous en verrez l'épreuve.

FLAVIO
Quoy! l'on peut empescher qu'il ne pleuve à Paris?

CRISPIN
Un diable ingénieur l'a dit-on entrepris:
C'est qu'on veut retrencher les choses inutiles,
De quoy diable sert-il qu'il pleuve dans les Villes?
On veut rendre Paris propre et sec en tous temps,
Et faire quant il pleut qu'il ne pleuve qu'aux champs.

Voilà qui rend un son franchement moderne. Si Crispin a confiance dans des rêves utopiques qui ne se réaliseront que trois siècles après, faut-il s'en étonner? Il avait devant les yeux le miracle de Versailles, devenu en dix ans un palais superbe, entouré de parterres, orné de bustes et de statues, où les jardins avaient été agrementés de grottes et où l'on avait inauguré de grands jeux d'eau. Au moment même où Crispin parle, s'élève sur l'emplacement du hameau de Trianon, un pavillon nommé le Trianon de porcelaine, qu'entoure un beau jardin de fleurs. Et ce n'est pas tout:

Moy qui vous parle, moy, j'ay veu dans Trianon
Quand le froid rendoit l'eau plus dure que le marbre
Les parterres fleuris, et les fruits dessus l'arbre.
Un diable Jardinier et gouteux en tous temps,
Des plus rudes hyvers faisoit là des printemps ...
Mais Versailles, le Louvre, et ces grands bastimens,
Tout cela ne se fait que par enchantemens ...

Verroit-on en trois ans une ville bastie,
Si les Demons n'estoient un peu de la partie?

Il voit partout des démons, en effet, et cela s'explique. Dans leurs grands divertissements royaux, Benserade et Lully remplissaient le nouveau palais et ses jardins de démons. A titre d'exemple, pensons aux Festes de Bacchus,[14] où l'on trouve des démons, des faunes, le dieu Pan, le dieu du sommeil, 'suivy des songes ou phantosmes, visions de trophées, d'hommes de feu, d'hommes de glace, du Fleuve d'Oubly, et de fées enfantant des Esprits follets.' J'y vis, dit Crispin,

J'y vis sans m'effrayer le Ciel et les Enfers,
Les Diables, et les Dieux, et les Monts et les Mers,
Des Palais enchantés, des Deserts effroyables,
J'y vis faire aux Demons des postures de Diables;
Dix millions de gens en furent tous charmés;
Et je n'ay jamais veu des Diables plus aimés.

Les Femmes coquettes ont donc leur petite contribution à faire à l'histoire de Paris et de Versailles. Elles ont un certain intérêt aussi pour ceux qui sont curieux de connaître l'histoire de jeu. Comme nous avons dit plus haut, c'est La Forge, dans *la Joueuse dupée, ou l'Intrigue des Académies* (1664) qui est le premier auteur à avoir traité ce sujet. Cette pièce, en un acte, est une véritable mine de renseignements sur les Académies, sur de nombreux jeux de cartes et de dés, et sur les diverses manières de tricher. L'intrigue romanesque entre Clidamant et Cléonice est presque totalement subordonnée aux discussions du jeu. Tel n'est pas le cas des *Femmes coquettes*, où Poisson a tenu plutôt à montrer les effets du jeu sur la société. Là où La Forge introduit un marquis qui dans de longues tirades décrit toutes les astuces qu'il a employées pour rouler un maître du hoca et une joueuse de tric-trac, Poisson ne donne presque rien à dire à ses deux pipeurs, Du Boccage et Du Manoir. Nous doutons si Poisson aurait su entrer dans tant de détails techniques, comme La Forge. Il y a pourtant une scène où il a donné à Aymée la chance de reconstituer une séance de l'Académie:

Rien n'est si plaisant que de voir leur figure.

FLAVIO
Ils gagnent cependant.

AYMEE
Mais si grossierement
Qu'il faut crever de rire en perdant son argent.

CRISPIN
Changent-ils fort souvent de jeux de Carte?

AYMEE
Voire
Ils ne joueroient que d'un si l'on les vouloit croire:
Madame voit cela qui se tient les costés,
Et rit de tout son cœur de voir ces ébestés.
Elle se plaist si fort à voir tant d'innocence
Qu'elle a joue dix fois d'un jeu par complaisance.
Les Cartes seulement ils ne les battent pas,
Et leurs grossieres mains les mettent en un tas.
Rien n'est si ridicule au jeu que leur maniere,
Et pour les achever ils sont courts de visiere:
Ils regardent tous deux les cartes de si prés,
Qu'il semble que pour rire ils le fassent exprés:
Les Cartes dans leurs mains sont d'abord corrompuës,
Quand on vient à coupper elles sont si bossuës,
Que je croy qu'un batteau passeroit au milieu.
Cela fait comme un Pont. [II, 7]

C'est ici dans les pièces de La Forge et de Poisson que nous voyons les premiers exemples des 'chevaliers d'industrie' qui deviendront nombreux à mesure que le siècle tire à sa fin. D'origine humble, comme le Chevalier des *Bourgeoises à la mode,* qui est fils de Mme Amelin, marchande de modes, le chevalier d'industrie fait son chemin, en se rendant adroit au jeu, en s'attribuant un titre, comme le Chevalier de Bellemonte, qui, dans *la Désolation des Joueuses,* de Dancourt[15] n'est autre que le fils d'un barbier de Falaise. (sc. 13) Garbatacase, dans *la Déroute du Pharaon* (1718) du même auteur, est un autre joueur peu scrupuleux, dont la culotte et le justaucorps sont 'autant de magasins de cartes apprêtées.'[16] On voit que les 'pipeurs' que Poisson avait imaginés sont devenus des personnages familiers dans le théâtre de la fin du siècle. L'usurpation d'un titre n'est pas essentielle, bien sûr. Nous trouverons dans *le Joueur*, de Regnard, un M. Toutabas, maître de trictrac, qui ne fait pas de manières pour décrire les astuces du métier:

Je sais, dans un trictrac, quand il faut un sonnez,
Glisser des dés heureux, ou chargés, ou pipés;
Et quand mon plein est fait, gardant mes avantages,
J'en substitue aussi d'autres prudents et sages,
Qui, n'offrant à mon gré que des as à tous coups,
Me font en un instant enfiler douze trous.[17]

On pourrait mentionner aussi le napolitain Sbrigani, qui, dans une comédie de Dancourt,[18] organise une loterie truquée. Ni Toutabas ni Sbrigani n'ont besoin de recourir à un marquisat.

On voit où mène cette frénésie de jouer. Les mémoires des années soixante l'attestaient déjà.[19] Et si, comme les mémorialistes nous l'assurent, les gens du bel air s'adaptaient complaisamment aux usages, jusqu'au point de 'corriger la malice du hasard,' le reste de la société n'allait pas refuser de suivre leur exemple. Les fanatiques du jeu, soit qu'il trichent, comme les chevaliers d'industrie, soit qu'ils jouent innocemment, comme Flavie, étaient tous atteints de cette rage de jouer. Les comédies en question montrent les effets de ce fléau sur la vie quotidienne et sur les caractères. Dans *le Joueur* de Regnard, Valère, 'un petit brelandier, un franc dissipateur,' joue toute la nuit, et revient le matin, 'en désordre, débraillé, mal peigné, l'œil hagard.' (I, 4 et 7) On joue argent, bijoux, maisons, contrats, honneur. (I, 7) Poisson nous dit que Flavie mène une vie déréglée, rentre à la maison 'quand la lune treluit' (II, 8) et quelquefois ne rentre que le lendemain. Elle est obligée de mettre ses bijoux en gage. (II, 7) La Forge avait fait dire à une servante, dans *la Joueuse dupée*:

Mais, deust-on enrager, je le donne au plus fin,
Quand on se couche au jour, de se lever matin. [sc. 1ère]

La police intervient de temps en temps pour supprimer certains jeux. Quelle joie alors pour les domestiques! Dancourt, dans *la Désolation des joueuses*, fait dire à une fille de chambre:

> Je sais bien, pour moi, que si j'avois gouverné la Police, il y a long-tems que l'affaire seroit faite, et qu'on ne parleroit plus de ces maudits jeux, qui causent tant de désordre, et qui m'ont fait passer tant de nuits sans me coucher. [sc. 1ère]

Les joueurs et joueuses habituels, caissiers, chevaliers, intendantes et comtesses, s'affolent quand on annonce l'interdiction du lansquenet, et prennent la partie de jouer sur le toit, sur un bateau, dans une masure, d'émigrer même, plutôt que de s'incliner devant cette loi tyrannique.

Boileau écrivit en 1692:

> Le doux charme pour toi de voir, chaque journée,
> De nobles champions ta femme environnée,
> Sur une table longue et façonnée exprès,
> D'un tournoi de bassette ordonner les apprêts! ...
> Chez elle, en ces emplois, l'aube du lendemain
> Souvent la trouve encor les cartes à la main;
> Alors, pour se coucher les quittant, non sans peine,
> Elle plaint le malheur de la nature humaine,
> Qui veut qu'en un sommeil où tout s'ensevelit
> Tant d'heures sans jouer se consument au lit ...
> C'est ainsi qu'une femme en doux amusements
> Sait du temps qui s'envole employer les moments.[20]

Vingt ans avant, Poisson avait saisi l'occasion de satiriser ces femmes et de peindre leurs mœurs déplorables, occasion dont Molière n'avait su profiter.

Les contemporains de Poisson ont attendu encore dix ans avant de revenir à la question de jeu. Hauteroche et Champmeslé ont tous deux écrit des comédies intitulées *la Bassette* (1680), qui sont perdues.[21] En 1683, Champmeslé a donné *les Joueurs*,[22] et Baron introduit le jeu dans *le Rendez-vous des Thuilleries* (1686).[23] Ce n'est qu'avec *la Desolation des joueuses* (1688) que le sujet du jeu est vraiment mis en vogue. Nos allusions aux comédies de Dancourt et de Regnard (et il faut y ajouter celles de Dufresny) ont démontré l'intérêt qu'a exercé ce sujet. On ne saurait contester l'intérêt que présentent les pièces de La Forge et de Poisson, paraissant en 1664, et 1671, respectivement.[24]

Les historiens du XVIIIe et du XIXe siècle sont d'accord pour assigner la date de 1670 à cette pièce. Fournel précise même qu'elle fut représentée au mois de septembre 1670.[25] Mais une *Lettre en vers* de Robinet de juillet 1671 l'annonce comme une nouveauté.[26] Beauchamps indique une édition de 1670, sans donner le nom du libraire,[27] mais le seul privilège que nous ayons vu est en date du 26 juillet 1671, ce qui jette du doute sur l'affirmation de cet historien. *Les Femmes coquettes* parurent précédées d'une dédicace adressée au duc de Longueville, chez Le Monnier en 1671 et chez P. Bienfaits en 1672, sous le titre des *Pipeurs ou les Femmes coquettes,* titre qui ne fut modifié qu'en 1678, lors de la première édition des *Œuvres complètes.* Le 23 décembre 1680, le *Registre* de La Grange porte la mention: 'Coquettes. Fructus Belli,'[28] en souvenir de la scène 12 de l'acte IV. C'est là comme un sous-titre officieux. Lancaster[29] croit qu'à un moment donné la pièce portait aussi le titre: *l'Académie burlesque.* Aucune pièce de Poisson portant ce titre n'est connue, et c'est la seule façon, croyons-nous, d'expliquer ce titre qui paraît dans la liste établie par Chappuzeau.[30]

Les Femmes coquettes ne furent jamais jouées en province ni à l'étranger, du moins en version française. Bauwens[31] relève pourtant une pièce intitulée *Flavio en Juliette* sur la page de titre de laquelle on trouve: '*Flavio en Juliette, of De Getemde Dartelheit,* Blijspel uyt het Fransch van den Heer Poisson, In Nederduitsche vaarzen gestelt, door J. Dullaart, Amsterdam, bij Michiel de Groot 1679.'[32] A part le changement du nom de Flavie, c'est une traduction fidèle des *Femmes coquettes.* Bauwens ne reconnaît pas l'original.

La pièce eut, semble-t-il, un assez grand succès après sa création à l'Hôtel de Bourgogne.[33] Robinet dit qu'il est allé la voir cinq fois.[34]

En septembre 1671, il y en eut une représentation en plein air à Versailles, en présence de leurs Majestés le roi et la reine. Donnons la parole au gazetier:

... Mon Héros, à sçavoir Monsieur,
De si riant Extérieur,
Et, bref, tout aux environs d'Elles[35]
Une Troupe d'illustres Belles,
Et de Courtisans, mêmement,
Qui formoyent un Cercle charmant,
Prirent l'Ebat de ces Coquettes,
Que le Seigneur Poisson a faites,
Et qui tant que je ne sçai quoi,
Divertirent nôtre grand Roy,
Avec sa belle Compagnie,
Laquelle admira le Génie
De leur Autheur facétieux
Qui ne fut pas peu glorieux,
Des Loüanges, à lui, données,
Même des Têtes Couronnées.[36]

Elle eut 14 représentations à la Comédie Française entre 1680 et 1692.[37]

Dans le *Mémoire de Mahelot*, on trouve les indications scéniques suivantes:

Theatre est une salle. Le rideau abattu et se leve pour commancer. Une table, 2 sieges, un lut, un livre, un table, 4 ver, 4 couvert, des liqueurs, des cornets, un bassin plein de jettons, un camouflet, 2 flambeaux, 2 fauteuille, une jambe de bois, une bequille, 2 battes.[38]

Ce rideau 'abattu' qui 'se leve pour commancer' est un détail intéressant, étant donné la rareté des allusions à un rideau au XVIIe siècle. L'emploi en semble gratuit ici, car il ne peut rien y avoir de très spectaculaire dans le décor qui justifie qu'on le cache aux yeux des spectateurs. L'allusion est pourtant bonne à ajouter aux exemples déjà connus.[39]

Le *Répertoire de 1685* nous fournit la distribution suivante:

Les coquettes, ou fructus belli

	Damoiselles
Flavie	Dennebaut
Aymée	Guiot
St hermine	le comte
Ste heleine	Raisin
aminte	Poisson
	Hommes
Flavio	La Thuillerie
Docille	Raisin L.
Dumanoir	Chanmeslé
Dubocage	le Comte
Crispin	Poisson
Colin	Raisin ou Brecourt
Dame anne	Mlle la Grange[40]

La Holande malade

La Holande malade, publiée chez Promé au début de 1673,[1] fut représentée à Paris au moment où la campagne de Hollande battait son plein. Le 28 avril 1672, Louis XIV avait quitté Saint Germain avec l'intention de réduire une fois pour toutes cette petite nation républicaine qui lui tenait tête depuis si longtemps. Le 12 juin, les forces françaises avaient entrepris le passage du Rhin, manœuvre qui avait saisi l'imagination de tous les Français, et qui devait bientôt être immortalisée par le pinceau d'Adam François van der Meulen. Ce fut un de ces événements dont le côté héroïque et pompeux allait être consacré par les plus grands artistes de l'époque, et qui, jusqu'à la fin du siècle allaient fournir de l'inspiration aux poètes, aux peintres et aux architectes soucieux de traduire royalement les victoires du monarque et la grandeur de la nation française.

Un mois après le passage du Rhin, Boileau écrivait son *Epître* IV[2] dans laquelle il faisait l'éloge du monarque:

> Est-il dans l'univers de plage si lointaine
> Où ta valeur, grand roi, ne te puisse porter
> Et ne m'offre bientôt des exploits à chanter ...
> Je t'attends dans deux ans aux bords de l'Hellespont.

Cependant, il y a autre chose dans cette épître qui nous intéresse plus que les éloges: c'est le ton de raillerie que Boileau adopte en parlant de la Hollande et de ses habitants:

Ce pays, où cent murs n'ont pû Te résister
Grand Roi, n'est pas en Vers si facile à domter.
Des villes, que Tu prends, les noms durs et barbares
N'offrent de toutes parts, que syllabes bizarres;
Et, l'oreille effrayée, il faut depuis l'Issel
Pour trouver un beau mot, courir jusqu'au Tessel ...
Comment en vers heureux assiéger Doësbourg,
Zutphen, Wageninghen, Harderwic, Knotzembourg?

Avec quelle joie Boileau se moque du commandant des forces ennemies:

Wurts ... ah quel nom, Grand Roi! quel Hector que ce Wurts!
Sans ce terrible nom, mal né pour les oreilles,
Que j'allois à tes yeux étaler de merveilles!
Bientôt on eût vû Skink dans mes vers emporté,
De ses fameux remparts démentir la fierté.

Mais cette raillerie ne traduit qu'un aspect de l'attitude des Français vis-à-vis des Hollandais. C'est chez Boursault qu'il faut chercher un exemple de l'amertume ressentie par les Français en général. Dans un de ses sonnets, dont nous citerons les quatrains, le ton moqueur est remplacé par un ton de véritable haine:

Insolens Ennemis du plus grand Roy du Monde,
Redoutez son Courroux si long-temps suspendu:
Plus absolu que vous sur la Terre et sur l'Onde,
Il sçait ce qu'Il se doit, et ce qui vous est dû.

Le Nuage grossit et le Tonnerre gronde;
Avec joye en tous lieux son bruit s'est répandu:
Et c'est pour nos Guerriers une douleur profonde
Qu'à punir vostre Orgueil on ait tant attendu.[3]

Les passions étaient partout déchaînées contre l'ennemi, et l'ennemi, ce n'est pas seulement le Hollandais, c'est aussi l'Espagnol et les Impériaux. On voit la traduction picturale des sentiments populaires dans les gravures satiriques des caricaturistes du temps. Dans *le Musée de la Caricature*,[4] on voit dans une gravure qui s'intitule 'Le chapelet de l'Espagnol qui se défile' un Français ramassant tous les grains du chapelet qui tombent par terre, et qui représentent les villes prises à l'ennemi. On y voit une autre qui représente trois cavaliers chevauchant sur un seul et même cheval: c'est l'Espagne, la Hollande et l'Empire dans leur triple alliance. Un Allemand est symbolisé par une tortue, un Espagnol par un colimaçon, un Hollandais par une grenouille. La plus importante de ces gravures, à notre sens, c'est celle qui s'intitule 'La Comtesse de Hollande à l'article de la mort agée de Cent Et un An.' En voici la légende:

Le Suedois lui tâte le pouls et dit qu'elle ne la fera pas longue ... Le Danois lui regarde la langue et dit qu'elle est très mauvaise. Le François lui soulevant le bras lui ordonne de grandes évacuations souvent réitérées. L'Espagnol prescrit un vomitif, et un Confesseur qui lui ordonne de faire restitution. L'Anglois dit bien qu'elle soit agée qu'un peu de poudre d'or lui rétabliroit l'estomac. La malade dit au prince d'Orange je ne puis faire testament. Rendez à César ce qui lui appartient, et tachez de garder mon Comté. Le lion hollandois meurt d'une indigestion de grenouilles et d'une blessure faite par un lys français.

Dans *la Holande malade*, Poisson ne fait qu'exploiter ces sentiments populaires. Sa pièce est une traduction en termes dramatiques de cette dernière caricature. Il a choisi, pour exprimer cette amertume populaire, d'emprunter, comme le caricaturiste, la forme de l'allégorie. C'est un genre dramatique dont il reste bon nombre d'exemples, et que Cailhava de l'Estendoux étudiait en 1786:[5]

On peut, je crois, définir l'Allégorie un masque dont on couvre un objet qu'on veut cacher, ou ne montrer qu'à demi. Nous donnerons donc le titre de Comédie allégorique aux pièces dans lesquelles l'Auteur, mettant continuellement sur la figure de Thalie le masque de l'Allégorie, change le nom des choses, défigure même les personnes, et laisse au Spectateur intelligent le soin de développer le sens caché.[6]

Il fait mention de *la Holande malade*, et la met dans une catégorie qu'il préférerait abandonner à la foire. Les pièces de ce genre, dit-il, 'n'ont jamais été goutées que sur le Théâtre de Londres, où l'on représente librement l'Etat sous l'Allégorie d'une charrette bien ou mal conduite, selon les Ministres qu'on y attèle.'[7]

Parmi les autres allégories mentionnées par cet auteur, il y a *le Lac d'amour divin* (anonyme), *la Condamnation des banquets* (Nicole de la Chesnaye) et *Faire vaut mieux que dire* (Pierre Gringore). Parmi ses auteurs Poisson vient s'insérer curieusement comme le seul représentant du XVIIe siècle. On aurait pu sans doute en trouver d'autres, mais il n'en reste pas moins vrai que ce genre allégorique a besoin de circonstances exceptionnelles pour réussir au Grand Siècle. C'est la guerre seule qui peut expliquer l'action de Poisson en choisissant la formule de l'allégorie et c'est la guerre seule qui peut expliquer le fait que Promé a pris la peine de l'imprimer. S'il a vendu les exemplaires qu'il a imprimés, c'est grâce à la curiosité d'un public avide de propagande anti-hollandaise. *La Holande malade* est loin d'être une bonne pièce. Seul Mouhy la considère 'passable pour le temps.'[8] Tout le monde depuis l'a trouvée déplaisante. Elle n'a pas cette gaieté que nous sommes accoutumés à chercher dans les autres comédies de Poisson. Elle manque de portraits bien esquissés; elle manque d'esprit. Seul un public déshumanisé par la guerre, dépourvu de son sens d'humour natif, aurait pu rire avec Poisson de cette pauvre malade maltraitée. C'est un rire malsain. Notre auteur n'avait jamais rien écrit de tel auparavant, et il ne recommença plus après.

La planche gravée qui accompagne l'édition de 1673 montre le décor de la première scène. Dans un cabaret à bière, un matelot, Goulemer, et une Hollandaise, Frelingue, sont assis à une table, et à l'autre se trouvent une servante Marille, et un Hollandais, Badzin. Tous les quatre sont en train de boire et de fumer. Leur discussion porte sur l'état de santé de Madame Holande, qui est à l'article de la mort. Au début de la scène 3, 'le Theatre se change en la Chambre de Madame Holande,' où elle va recevoir un étrange assemblage de visiteurs. D'abord une Flamande vient la consoler, ayant elle-même souffert de la même maladie, et lui conseille de ne pas recourir aux médecins étrangers qu'elle attend. Deux bourgmestres viennent ensuite se plaindre de cette ingérence de la part de médecins étrangers, à quoi la Holande répond que ce sont les bourgmestres eux-mêmes qui sont cause de son mal. Les médecins anglais et français qui entrent à la scène 8 les congédient avec des soufflets, et commencent à la maltraiter. Un médecin espagnol se joint à eux, suivi d'un médecin allemand, mais tous deux ne font rien pour la soulager. Ayant considéré tous les remèdes, et les ayant trouvés inefficaces, ils finissent par la faire danser, car, selon l'Anglais, 'la joye est l'antidote à la mélancolie.' La danse ne fait qu'accentuer sa maladie, et les médecins se retirent, convaincus que rien ne la sauvera.

Le dialogue est rempli d'allusions d'ordre politique dont il nous faudra préciser le sens, si nous voulons comprendre l'effet que la pièce a eu sur les spectateurs de l'Hôtel de Bourgogne. Il nous incombe donc d'examiner brièvement les rapports qui existaient entre les nations représentées dans l'allégorie.

Les dix ans qui précédèrent le passage du Rhin furent marqués par l'expansion territoriale de la France. L'armée, réorganisée par Louvois, et la marine, relevée par Colbert du déclin dans lequel elle était tombée, représentaient des dangers réels pour les autres pays de l'Europe. En 1667, Louis XIV commença sa conquête des Pays-Bas espagnols. Son intention était de 'rendre aux peuples qu'il allait réunir à la couronne leur souverain naturel.'[9] L'angleterre et la Hollande, effrayées et, selon Ruvigny, l'ambassadeur de France à la cour de St Jacques, jalouses des conquêtes que Louis XIV faisait aux Pays-Bas, conclurent en 1668 avec la Suède la Triple Alliance.[10] L'histoire des années 1668–72 n'est qu'une longue suite de négociations diplomatiques entre la France et les princes allemands, les Impériaux, l'Autriche, la Suède, l'Espagne et l'Angleterre, négociations dont la complexité nous empêche d'entrer dans le détail. Mais le fait saillant, c'est que les Hollandais ne firent rien pendant ce temps pour se faire aimer des Français. Ils avaient une marine qu'on pouvait considérer comme la plus puissante de l'Europe. Leur commerce florissait. Leurs manufactures, établies sur des bases très solides, faisaient envie aux Français.

> On s'en prit aux Hollandais, à leur orgueil qui prétendait arrêter nos entreprises, à leur ingratitude pour les anciens services que la France leur avait rendus. Les passions populaires se déchaînèrent contre ce petit peuple de républicains, de marchands et de calvinistes pour lequel on ressentait à tous ces titres une naturelle antipathie.[11]

Louis XIV fit donc les préparatifs nécessaires pour lancer contre la Hollande une guerre calculée à la réduire à l'état de puissance subalterne. Henriette-Anne fut envoyée en Angleterre pour conclure un traité avec son frère Charles II. A l'insu des Hollandais, la Triple Alliance fut ainsi rompue. Louis négociait aussi avec la Suède dont il réussit à acheter l'inaction deux mois avant le passage du Rhin. Dans les derniers moments, les Etats généraux réussirent à gagner quelques promesses d'appui de l'Electeur de Brandebourg, qui allaient rester pourtant sans grand effet. La convention signée par les Espagnols en novembre 1671 allait aussi s'avérer inutile. L'Angleterre trouva un prétexte pour rompre avec la Hollande, et la guerre éclata.

On sait le cours que prit cette guerre. Les pertes subies par l'armée hollandaise, la capitulation de plusieurs grandes villes, l'attaque lancée contre le marine hollandaise par la marine anglaise, tout cela alarma tellement les Hollandais que la république fut renversée, et le jeune Prince d'Orange, qui n'avait que vingt-deux ans, devint stadthouder. On perça les digues, le pays fut inondé et Louis fut contraint d'abandonner ses projets. La guerre, qu'il avait espéré terminer rapidement, devait traîner en longueur jusqu'en 1678.

Dans *la Holande malade*, Poisson prouve qu'il était très bien renseigné sur la situation politique et militaire. La scène qui se déroule dans le cabaret est remplie d'allusions à cette situation. L'auteur ironise à l'égard des Provinces-Unies que lui et son auditoire considèrent incapables de se relever après les défaites écrasantes infligées par les armées françaises: 'Cent drogues qu'on luy fait ne luy servent de rien.' Madame Holande doit prendre un lavement:

> Pourquoi ce lavement? On dit qu'elle est si lâche,
> Qu'elle laisse aller tout.

Ce lavement a été préparé par les Français, et il est fait d'une 'poudre étonnante' qui lui fait rendre tout, parce qu'elle contient 'du Salpestre et du Plom.' La maladie dont souffre la Holande a été évidemment aggravée par ses voisins du sud: 'C'est un air empesté qui vient (dit-on) de France.' Ensuite, le matelot hollandais

Goulemer fait allusion au combat naval qui vient d'avoir lieu entre les marines anglaise et hollandaise. Selon Dareste:

> Ruyter était sorti des ports hollandais avec soixante-douze vaisseaux de guerre et soixante-dix frégates au-devant de la flotte anglo-française, commandée par le duc d'York et le comte d'Estrées. Il la rencontra en vue de la baie de Southwold ou Solbay, sur les côtes de Suffolk, et lui livra le 7 juin une bataille qui dura tout un jour.[12]

Cette manœuvre, destinée à coïncider avec l'invasion à travers le Rhin, n'avait pas réussi comme les deux aggresseurs l'avaient espéré. Les Hollandais avaient empêché une descente dans la Zélande, zone que les Anglais devaient occuper selon le traité du 1er juin 1670.[13] Les auteurs qui font de la propagande ne regardent pas de trop près les faits, et Poisson nous donne à entendre que la journée était catastrophique pour les Hollandais:

> Ce n'estoit que fumée et que feu tout le jour,
> Nous ne nous vismes point non plus que dans un four.
> Sur Mer il faut chômer la Feste toute entiere,
> On ne trouve point là de Porte de derriere.
> Quand cent coups de canon vous fracassent vos Mats,
> Qu'il a mis sur le Pont des trente Hommes à bas,
> Et sans cesse bou-bouë, et des coups effroyables
> Qui jettent vostre Mats à tout les mille diables
> Où que quelque Brulot s'accroche à vostre bord,
> C'est là qu'il faut périr.

Goulemer n'était pas là en personne: il s'est fait raconter tous les détails par son petit frère.

Poisson a donné cette description du combat pour illustrer le fait que la Holande 'a le mal de Mer, elle a le mal de Terre.' La servante, découragée, rappelle les prédictions;

> On dit bien, quand on vit la Comette parestre,
> Que les François un jour nous feroient du bissestre.[14]

Madame Holande était autrefois 'grasse et potelée.' Maintenant elle a maigri. L'allégresse malveillante des Français se traduit par la constatation qu''A peine trouve-t'elle une place à se mettre.' Les historiens nous disent qu'à un moment donné le Prince d'Orange songeait à transporter toute la population hollandaise à une de ses possessions d'outremer.[15] La feinte commisération continue:

> Son mal la prend partout ...
> Qu'on change en peu de temps.
> Elle n'est plus d'humeur à brocarder les Gens.

Entre autres choses, l'auteur pensait sans doute aux libraires d'Amsterdam et de Leyde. Ajoutons que l'outrecuidance des Hollandais avait commencé à agacer les Français. On sait qu'en 1668, les Hollandais avaient fait frapper une médaille dans laquelle ils avaient pris les titres fastueux d'Arbitres des Rois, de Réformateurs de la Religion, de Protecteurs des Lois.[16] Piqués au vif, les Français ne demandaient pas mieux que de contribuer à la déchéance de ces républicains vaniteux.

La deuxième scène, dans laquelle nous voyons une querelle entre l'hôte du cabaret et Goulemer, sert à attaquer l'affection qu'a le Hollandais pour les espèces sonnantes. L'hôte, en présentant l'addition, y ajoute quatre francs pour le bruit que Goulemer a fait en racontant la bataille navale. Il explique que c'est 'la mode de Hollande' et fait remarquer que si Goulemer avait été Français, il aurait dû en payer vingt. La querelle illustre la sévérité avec laquelle les Hollandais poursuivaient leurs relations commerciales. Avant la guerre militaire, il y avait eu une guerre économique. Colbert avait pensé que la création de sanctions économiques amènerait la Hollande à désirer une guerre ouverte:

> La Hollande, maltraitée par les nouveaux tarifs français, sollicitait en vain des dégrèvements. Elle répondit aux prohibitions par des prohibitions. Elle interdit les eaux-de-vie de vin, et mit des droits élevés sur les soieries, le sel et d'autres marchandises.[17]

L'hôte s'en plaint:

> Depuis deux mois je n'ay plus de pratique,
> Le grand mal de Madame attriste mes chalands.

GOULEMER
Et vostre marchandise aigrit en peu de temps.
Elle veut du débit.

Les Français ne peuvent guère empêcher leur joie d'éclater maintenant que le commerce des Hollandais s'embourbe.

Dans la troisième scène, Madame Holande paraît soutenue par sa suivante Béline, et se plaint du bruit que font ses voisins qui l'empêchent de demeurer en repos. Béline lui a dit qu'en ces sortes de maux, les forces sont utiles :

LA HOLANDE
Elles agissent peu, les membres sont débiles,
Et je puis bien helas! dire avec douleur
Que j'ay des forces, mais que je manque de cœur.

La Hollande était déchirée par des luttes politiques à l'intérieur de l'état, mais personne ne pourrait oser dire qu'elle manquait de courage. Il fallait du courage pour décider de percer les digues et voir submerger villes et villages.

On lui offre un peu de vin d'Espagne. Les Espagnols avaient en secret préparé des armements, mais, ne voulant pas attirer l'orage sur leurs Pays-Bas, étaient lents à venir en aide aux Hollandais :[18] 'Ah, ah, ce vin d'Espagne, attend-on que je meure?' Peut-être, dit Béline, que le vin a tourné, puisque '... le Tonnerre icy s'est toûjours fait entendre.' On suggère donc que la malade le prenne en clystère, mais elle n'a pas de canon, et il faut qu'elle en emprunte un. Et dans une autre phrase à double sens Poisson plaisante méchamment sur les malheurs de Madame Holande : 'Jamais Canon ne fit moins de mal que le vostre.' Et les spectateurs d'applaudir frénétiquement cette boutade injuste.

Elle reçoit maintenant la visite d'une voisine flamande, qui a souffert du même mal. Elle représente les Pays-Bas espagnols : 'Dans l'an soissanty-sep gy l'en fus attaquée.' Louis revendiquait, en vertu du *ius devolutionis*, le Duché de Brabant, le marquisat d'Anvers, la seigneurie de Malines, la haute Gueldre, et plusieurs autres régions.[19] En 1667, les armées françaises prirent d'assaut nombre de villes, que la Flamande considère comme ses enfants :

Il est michant, sti mal, jel save bien mon foy,
Il m'emporte d'un coup quatre l'Enfants dy moy.

Ces enfants sont Armentières, Tournai, Douai et Courtrai.[20] La Flamande avertit la malade que les médecins anglais, français, allemand et espagnol qu'elle attend ne sont que des bourreaux, mais la Holande ne veut pas écouter. Avant de les recevoir, elle reçoit la visite de deux bourgmestres dans les personnes de qui Poisson veut évidemment que nous voyions tout ce qu'il y a de néfaste dans le régime républicain. Madame Holande les accuse d'avoir été cause de son mal:

Vos conseils odieux
N'ont-ils pas attiré tout le mal en ces lieux?

Le gouvernement républicain des frères de Witt était partout accusé d'avoir amené la guerre. Il n'avait pas prévenu les dangers menaçant du dehors, il avait par jalousie, disait-on, laissé l'armée hollandaise sans munitions, simplement parce que c'était le Prince d'Orange, leur adversaire politique, qui en était le chef.[21] Ces luttes intestines avaient affaibli le pays. Les bourgmestres, fermement isolationnistes, ne veulent pas demander de l'aide à l'étranger:

Prenons un autre biais pour vous sauver la vie,
Mais prenons-le chez nous, et que vos Assassins
S'en retournent chez eux faire les Médecins.

Quand le Français et l'Anglais arrivent, ils éclatent contre l'outrecuidance aggressive des bourgmestres et font pleuvoir sur eux une grêle de coups qui traduisent la haine ressentie par ces représentants d'états monarchiques envers le système politique hollandais.

Le médecin espagnol, arrivant après les autres, prescrit un remède qui n'est pas compatible avec la maladie: 'Hé je luy vay donner de mon Catholicum.' Autant lui donner du poison, dit Marille, qui, en bonne Hollandaise, est protestante.

Le médecin français, ayant fait son diagnostic, trouve que la maladie est due au manque d'harmonie entre les membres. C'est que les Provinces ne sont pas du tout unies:

D'un concert que c'estoit, c'est un Charivary,
Les esprits y manquans, la gangrene succede.
Il faut pour lors courir au perilleux remede,
Il faut, dis-je, extirper, et joüer des couteaux.

Il aurait fallu prévenir le mal par des purgations, dit-il. L'harmonie ne sera établie qu'avec l'avènement du stadthouder, et l'historien a raconté avec quelle furie les citoyens ont procédé à la purgation nécessaire, en déposant et puis en assassinant les traîtres.[22]

Le quatrième et dernier médecin est lent à arriver. On reconnaît dans l'Allemand, 'fourré partout,' qui se plaint de la goutte, le portrait populaire de l'ivrogne du nord. La remarque de l'Anglais: 'C'est un foible secours qu'un remede si lent,' nous rappelle les promesses obtenues en Allemagne et le traité, signé le 24 avril 1672, avec l'Electeur de Brandebourg.[23]

La scène finale rassemble tous les médecins et présente sur la scène de l'Hôtel de Bourgogne, à peu près le même tableau que celui dessiné par le caricaturiste dont nous parlions plus haut. L'Allemand, se rendant compte qu'il n'y a plus d'espoir, se retire, mais les autres continuent leur examen de la malade. L'Anglais est d'avis, en regardant sa langue, que seul le feu pourra la guérir. Le feu de la guerre, s'entend. L'Espagnol n'offre que des promesses: il restera avec elle jusqu'à la fin. La Holande se lamente sur sa prospérité d'autrefois qu'elle ne reverra plus, et l'Anglais lui dit pourquoi:

Vous n'avés point usé de regime du tout,
Madame, vostre mal nous pousse tous à bout;
Vostre clou, vostre poivre, et vos epiceries,
N'adjoustent rien de bon à vos intemperies,
Vos fromages encor irritent ce mal là,
Et vous ne vous pouviez passer de tout cela.

C'est une allusion au commerce qui a toujours été l'assise principale de la prospérité du pays. On se rappellera ce que Voltaire en a dit dans *Candide*. Sa haine de M. Vanderdendur n'est qu'une continuation de ce que les Français ressentaient au temps de Poisson.

La malade veut essayer un dernier remède: 'Je pense que les eaux me seroient salutaires.' L'inondation du pays va en effet être le dernier remède. L'Espagnol prévoit les pertes que cela entraînera, mais ne craint pas les conséquences pour la France, car 'le Soleil icy dessèche tout.' Poisson ne pouvait prévoir que le Roi Soleil serait bientôt obligé de se retirer avec précipitation devant le déluge et de réexaminer sa politique.

Les médecins ne veulent pas qu'elle ait recours aux eaux. L'Anglais prescrit un vomitif, parce qu'il 'faut crever ou rendre.' Il continue:

> Le mauvais vent qui vient du costé de la Terre,
> Livre à vostre santé cette mortelle guerre,
> Et celuy de la Mer qui vous fut excellent,
> N'est aujourd'hui pour vous qu'un mal tres-pestilent.
> Ainsi je suis certain, si ce mal ne vous tüe
> Que le mer vous doit estre à jamais défendüe.

C'est la première fois qu'on a mentionné la possibilité que la Hollande ne succombe pas tout à fait. La puissance de la marine hollandaise doit coûte que coûte être détruite.

> Vostre Pesche aux Harans encor, quoy qu'on en die,
> Cause une bonne part de vostre maladie.

Il s'agit évidemment des démêlées que l'Angleterre et la Hollande avaient eues au sujet des droits de pêche.

Le dernier remède est suggéré par le médecin français: il veut faire danser la malade. Elle résiste, et l'Anglais lui rappelle qu'elle n'est pas la première 'que Monsieur le François traite de la maniere.' Elle dansera donc, accompagnée de violons, et c'est avec cette danse grotesque, menée par les deux médecins sadiques, que se termine la pièce. La malade n'est pas morte, mais on la déclare incurable.

Il n'y a pas de dédicace, car Poisson a dû sentir lui-même la faiblesse de cette farce allégorique. Il n'y a pas non plus d'avis au lecteur.

Un autre auteur a eu en même temps que Poisson l'idée d'écrire une farce ayant le même sujet. *L'Amsterdam hydropique* de M.P.V.C.H.,[24] parut chez Barbin en 1673.[25] L'auteur, dans son avis au lecteur, fait preuve d'une mentalité semblable à celle de Poisson:

> Le zèle ... que j'ay pour la gloire de mon Prince m'a fait entreprendre une production de cette nature; j'ay bien osé prendre la hardiesse de mêler la foiblesse de ma Plume avec la grandeur de ses Armes pour me joüer de ses ennemis; et j'ay crü que je ne pouvois faire une peinture assés facétieuse des Personnes, que leur insolence et leur peu de conduite ont fait devenir la moquerie de toute la Terre.

Voilà justement la motivation de Poisson. Si nous jetons un rapide coup d'œil sur cette autre pièce, c'est dans un effort désespéré pour trouver au moins quelque chose qui, par le contraste, puisse racheter notre auteur.

L'Amsterdam hydropique, en trois actes et en octosyllabes, est plus faible encore, au point de vue esthétique, que *la Holande malade*. L'auteur y introduit un comte, appelé Amsterdam, à l'article de la mort, qui reçoit la visite de sa femme la comtesse de Hollande, de deux filles, La Frize et La Zelande, de deux ministres, Wic et Vembeuning, et de plusieurs médecins, apothicaires, notaires et avocats. On parle de l'état de santé d'Amsterdam, on lui donne un lavement et on suggère que le seul remède est le Soleil. Les allusions politiques – à Montecuculli, à l'Evêque de Münster – sont plus explicites. Le langage est parfois extrêmement malséant. L'auteur n'introduit pas de médecins étrangers ni de Flamande. La chose la plus frappante, c'est que dans cette 'comédie burlesque' il n'y a rien de vraiment comique. Nous doutons fort que cette pièce ait été jouée.

Voilà la grande différence entre cette pièce et celle de Poisson. Il est possible d'indiquer dans *la Holande malade* des endroits qui répondent parfaitement aux exigences de la scène comique. On peut penser à la scène du cabaret, où Goulemer décrit le combat naval, ou bien la scène où la Flamande estropie la langue. A ce propos, nous n'hésitons pas à suggérer que c'est Poisson lui-même qui a joué Goulemer, avec sa faconde, ses gestes, et son 'bruit.' La distribution ne nous a pas été transmise.

La Holande malade ne rentre pas dans la catégorie des pamphlets satiriques qui ont la forme d'une pièce, comme, par exemple, *la Balance d'Etat* ou *Boisleau ou la Clémence de Colbert.*[26] Les auteurs de ces pamphlets avaient choisi de les composer en alexandrins, et de les diviser en actes et en scènes, mais ils ne s'attendaient pas à les voir jouer. Poisson, lui, ne considérait que les nécessités de la scène. Il n'a pas commis l'erreur de M.P.V.C.H. qui est de faire traîner l'action pendant trois actes. La pièce en un acte est ce qu'il fallait à l'Hôtel de Bourgogne pour terminer la soirée après la grande pièce. Poisson est trop homme de théâtre pour écrire dans un autre but que la représentation.

Que savons-nous enfin des représentations de *la Holande Malade*? Peu de chose. Les historiens du XVIIIe siècle, avec leur imprécision habituelle, disent seulement que la pièce est de 1672. Fournel prétend qu'elle fut représentée au mois d'août.[27] Mais la première a dû avoir lieu avant. Lancaster dit qu'elle avait été composée avant le 27 juin.[28] Il en trouve la preuve dans une lettre écrite par Mme de Sévigné à cette date. Voici ce qu'elle dit:

> On a fait une assez plaisante folie de la Hollande: c'est une comtesse âgée d'environ cent ans; elle est bien malade; elle a autour d'elle quatre médecins: ce sont les rois d'Angleterre, d'Espagne, de France et de Suède. Le roi d'Angleterre lui dit "Montrez la langue: ah! la mauvaise langue!" Le roi de France tient le pouls et dit "Il faut une grande saignée." Je ne sais ce que disent les deux autres, car je suis abîmée dans la mort; mais enfin cela est assez juste et assez plaisant.[29]

Lancaster prétend que Mme de Sévigné, selon son habitude, ne fait que rapporter ce qu'elle a entendu raconter par une personne qui avait vu la pièce, car, étant en deuil, elle ne serait pas allée au théâtre. L'historien américain ne semble pas enclin à envisager la possibilité qu'elle parle de l'estampe populaire. C'est pourtant l'opinion de Fournel.[30] Nous n'avons pas le droit d'écarter cette possibilité. Il est vrai qu'elle cite textuellement les mots: 'Montrez la langue, ah! la mauvaise langue,' qui viennent de la pièce, mais elle dit aussi qu'il s'agit d'une comtesse âgée d'environ cent ans, et que cette comtesse se fait soigner par un médecin suédois, entre autres. Or ces détails n'ont aucun rapport avec la pièce, mais existent bien dans la gravure que nous avons reproduite. Le deuil de Mme de Sévigné l'aurait empêché d'aller au théâtre, mais ne l'aurait pas empêché de regarder un dessin, dont il circulait sans doute des centaines d'exemplaires.

Tout ce que nous pouvons dire c'est que Poisson a écrit sa farce au mois de juin, lors de l'invasion, et qu'elle a tenu l'affiche pendant la période des grandes victoires.

C'est peut-être à *la Holande malade* qu'on fait allusion dans *la Gazette d'Amsterdam* du 15 décembre 1672. On y parle d'une 'autre nouvelle comédie du Sieur Poisson, toute remplie de figures, et la plus plaisante qu'on ait encore veue de sa façon.' C'est une description qu'on a de la difficulté à admettre, mais n'oublions pas que c'est une annonce payée, de chez Promé.[31]

La pièce n'est pas rentrée dans le répertoire, et après 1673 on n'en entend plus parler. Elle est réimprimée dans les *Œuvres complètes* de 1678, 1679, 1681 et 1687, mais l'édition de Trojel, publiée à La Haye en 1680, ne la contient pas. Les Hollandais eurent cependant l'occasion de voir le genre de propagande débitée sur la scène parisienne, car la pièce fut traduite en hollandais en 1673.[32]

Les Foux divertissans

Au mois d'août 1680, les troupes de l'Hôtel de Bourgogne et du théâtre de la rue Guénégaud (jusque-là indépendantes) devinrent la Comédie Française. On continua de monter les pièces créées avant la fusion, et ce n'est qu'après quelques mois qu'on offrit du nouveau. La Thuillerie donna son *Soliman* le 11 octobre, et Poisson ses *Foux divertissans* le 14 novembre.[1] Il rompit ainsi le silence qu'il avait gardé depuis la parution de *la Holande malade* quelque huit ans auparavant. Nous avons tenté d'expliquer ce silence dans un chapitre de notre biographie. L'auteur eut la satisfaction de voir jouer sa comédie trois fois au double[2] et quatorze fois en tout pendant les années 1680 et 1681.[3] Elle eut même la distinction de rapporter le 30 novembre la somme de 1503 livres 10 sous, total fort important pour l'époque.[4] Quoiqu'elle restât dans le répertoire,[5] elle ne fut jamais plus reprise, mais après la mort de Poisson en 1690, Florent Carton Dancourt entreprit de la remanier. Dans sa nouvelle forme, et sous le titre du *Bon Soldat*, elle connut un regain de vie. Donnée pour la première fois le 10 octobre 1691[6] elle resta dans le répertoire jusqu'en 1750, pour un total de 197 représentations.[7]

Voici un résumé des trois actes des *Foux divertissans*. La scène est dans les Petites Maisons, au Faubourg Saint-Germain. Angélique, fille d'un vieillard âpre au gain, M. Villain, est amoureuse d'un garçon, Léandre, dont le père s'est opposé au mariage. M. Vilain a promis sa fille à M. Grognard, concierge des Petites Maisons, qui espère bientôt hériter des biens d'un frère fort riche. Le mariage est fixé pour le lendemain. Angélique ne peut pas se faire à l'idée d'être mariée à ce vieillard jaloux et de passer sa vie dans un asile d'aliénés, loin des plaisirs de la ville, opéra, comédie, bals et jeu. M. Grognard, connaissant son penchant pour la musique et les spectacles, croit pouvoir l'amuser en lui offrant les divertissements fournis par les pensionnaires de sa maison. Les fous sont justement en train de préparer un grand spectacle, avec de la musique et des danses. Désespérée, Angélique envoie à son amant une lettre dans laquelle elle lui demande de feindre la folie pour pouvoir pénétrer dans l'asile et la sauver. Les musiciens n'étant pas considérés dangereux, Jacinte, servante d'Angélique, conseille à Léandre de se faire passer pour un chanteur rendu fou par l'opéra. Au deuxième acte nous trouvons qu'il a pris sa place parmi les vrais fous, dont un joueur de bassette, deux poètes, un machiniste, un violoniste, plusieurs chanteurs et danseurs et trois folles qui croient être Porcie, Lucrèce et Cléopâtre. Grognard trouvant que Léandre est bien fait et bien mis, insiste pour qu'il vienne divertir Angélique. Devenu ainsi leur complice sans le savoir, Grognard va jusqu'à suggérer qu'ils chantent ensemble, mais les mots d'amour qu'ils échangent dans leur duo éveillent sa jalousie, et il ordonne qu'on renferme Léandre dans sa loge. M. Vilain vient annoncer la nouvelle que le frère de M. Grognard est à l'article de la mort. Le concierge doit partir immédiatement pour Poissy, absence dont Léandre espère profiter pour enlever Angélique. Il lui vient aussi l'idée de faire préparer un souper magnifique que les fous viendront égayer avec des chansons à boire et des ballets. Au troisième acte, Grognard revient pour annoncer que son frère est mort sans lui laisser un sou, et qu'il a l'intention de repartir pour Poissy afin de saisir tout le bien de son frère. Un soldat nommé Jolicœur, muni d'un billet de logement, arrive à la maison et Angélique est obligée de l'envoyer coucher sans souper dans un galetas. Il voit par un trou le repas somptueux commandé par Léandre. Avant que les deux amants ne puissent commencer le repas, M. Grognard rentre à l'improviste. On cache la table comme elle est dans une grande armoire, et Léandre se cache dans un coin. Grognard demande à manger. Angélique l'assure qu'il n'y a rien dans la maison. Sur ce, le soldat descend, prétend avoir des pouvoirs magiques, et ordonne au diable d'apporter deux oiseaux de rivière, un levraut, trois perdrix et deux faisans. A la grande stupéfaction de Grognard, le repas apparaît, et l'on se met à table. Quand le soldat offre ensuite de faire voir le démon qui les a régalés, Grognard tourne le dos et ferme les yeux, ce qui donne à Léandre l'occasion de s'échapper. Il part avec Angélique, et quand Grognard rouvre les yeux, c'est pour apprendre la vérité. M. Vilain, ayant compris que le concierge ne va pas être aussi riche qu'il le croyait, a changé d'avis; le père de Léandre a décidé de ne plus s'opposer au mariage de son fils avec Angélique; les fous vont donner un 'fort plaisant Régal' au jeune couple. Nous apprenons que Grognard est en grand danger d'être enfermé avec tout son personnel, et la pièce se termine par des chansons et un ballet.

Pour ne pas alourdir le résumé, nous n'avons donné qu'une esquisse de l'action. On pourrait avoir l'impression d'après ce que nous avons dit que *les Foux divertissans* sont purement et simplement une comédie d'intrigue. Il n'en est rien. Si notre résumé donne les détails essentiels, il ne tient pas compte de tous les autres éléments par lesquels Poisson a égayé l'action. Une bonne partie est consacrée à la bouffonnerie. Les valets des Petites Maisons, Trop d'Esprit, Sans-Cervelle, Jocrisse, Pacole et Barbe contribuent des scènes tout à fait dans le style de la farce. Et ce n'est pas pour rien que Poisson a donné à la pièce le titre des *Foux divertissans*. Les fous occupent souvent la scène. Deux poètes se querellent sur leurs talents respectifs, un joueur se plaint de son sort, trois folles revivent l'histoire ancienne, et des musiciens viennent régulièrement interrompre l'action avec des chansons et des ballets.

Il est évident que Poisson a essayé de tout mettre dans sa dernière comédie – du romanesque, du merveilleux, de la farce, du ballet et de l'opéra. Il y a là de quoi éblouir les spectateurs de la Comédie Française pendant quelques mois, mais comme nous l'avons vu, la réussite n'a pas été de longue durée. Malgré le fait que l'auteur y a incorporé presque tous les procédés comiques qui lui ont assuré du succès par le passé, il a commis une erreur fondamentale. Au lieu de développer la comédie de mœurs, que nous l'avons vu aborder dans *les Femmes coquettes*, au lieu de miser sur les types qu'il a créés dans *le Baron de la Crasse* et *l'Après-soupé des auberges*, il a opté pour la grosse farce et pour la comédie d'intrigue, et cela à un moment où Dancourt est sur le point d'inaugurer le règne des petites comédies basées sur l'observation des mœurs. Dancourt est comme le reflet théâtral du monde que La Bruyère décrivait dans ses *Caractères*. L'on ne soupçonnerait même pas l'existence de ce monde-là en lisant *les Foux divertissans*.

C'est que la pièce est démodée. Beys avait fait rire avec ses *Illustres fous*; Hauteroche avait rempli la scène de chansons et de danses dans son *Crispin musicien*. Mais leurs pièces datent de 1651 et 1674 respectivement. Si *les Visionnaires* de Desmarests ont eu 21 représentations entre 1681 et 1690[8] c'est parce que cette pièce se rattache à la comédie de satire sociale alors en vogue. En composant *les Foux divertissans*, Poisson a été peut-être encouragé par le succès continu de la vieille comédie de Desmarests, qui date de 1637, mais si tel est le cas, il s'est trompé. Desmarests n'a pas situé l'action dans les Petites Maisons, et ses personnages ne sont pas farcesques. Exagérés peut-être, mais avec cet élément de vérité que Molière a reconnu, témoin le portrait de Bélise, dans *les Femmes savantes*, qui semble être inspiré de l'Héspérie de Desmarests. Quand Dancourt en est venu à remanier la pièce de Poisson, il a eu le bon sens de retrancher quelques-uns des éléments qui surchargent la pièce: il en a supprimé la musique, les ballets et ce à quoi Poisson tenait particulièrement si l'on en croit le titre, c'est-à-dire, les fous eux-mêmes. Il a retenu l'histoire du soldat magicien, et c'est tout. Lancaster a sûrement raison quand il dit que le public de la Comédie Française en a eu assez des Petites Maisons.[9]

L'importance accordée à l'intrigue, aux personnages épisodiques, à la musique et à la danse a eu pour résultat de dérober à l'auteur le temps nécessaire pour développer les caractères. Angélique et Léandre sont des amants de convention. Jacinte, servante d'Angélique, ne diffère pas sensiblement des autres servantes délurées auxquelles nous sommes accoutumés. M. Vilain n'est qu'un crayon d'un père avare. Le cas de M. Grognard est différent. C'est le rôle que Poisson s'est réservé.[10] Par conséquent, son rôle est plus long et mieux réussi. Il se donne pour modèle de l'affection fraternelle, et ayant reçu la nouvelle de la maladie de son frère, il se dit inconsolable. Son frère meurt et ne lui laisse rien. Quel changement de ton:

> Le traistre! ah! qu'il avoit l'ame d'un Scélerat!
> A trente ans ce Coquin estoit gueux comme un Rat:
> Il faut bien qu'il ait fait de la fausse Monnoye. [III, 2)

Grognard est aussi la dupe d'Angélique, de Léandre et de Joli-cœur. Angélique fait semblant de l'aimer passionnément. Son père a menacé de la mettre dans un couvent si elle n'épouse pas le concierge, et sa servante Jacinte a suggéré qu'elle feigne d'être follement amoureuse de lui pour parer à sa jalousie et pour être 'moins en captivité.' Poisson a exploité à fond les possibilités de cette feinte. Il en a tiré la matière de trois scènes. (I, 4, II, 15, III, 2) Grognard explique qu'il est obligé de partir:

ANGELIQUE
Et c'est ce qui m'étonne.

GROGNARD
Mais je ne pourrois pas m'en dispenser, Mignonne.
Tu pleures.

ANGELIQUE
Si jamais je ne vous avois veu,
Que je serois heureuse!

GROGNARD
Hé bien, aurois-tu crû
Ce grand amour pour moy?

JACINTE
Non, je vous en assure.

GROGNARD
Je ne pars pas encor.

ANGELIQUE
Partez, je vous conjure. [I, 4]

Au deuxième acte, même jeu. Sur le point de partir, Grognard est touché par les larmes d'Angélique, qui se jette à son cou, et il décide de ne pas partir. Pour la deuxième fois, Jacinte est là pour l'empêcher de changer d'avis, car s'il reste à la maison, leurs projets échoueront. Au troisième acte, il est revenu de Poissy, et repart. Angélique joue le même personnage.

GROGNARD

J'avoue
Qu'un si parfait amour mérite qu'on le louë;
On n'en verra jamais un comme celuy-là.
Elle s'en va pleurer ...

ANGELIQUE

... Helas, voulez-vous que j'expire. [III, 2]

Le parallélisme qu'on trouve dans ces trois scènes est moins un manque d'invention qu'un emploi très judicieux du procédé comique de répétition.

Léandre vient chanter une chanson d'opéra pour Angélique, dans laquelle il exprime son amour et son inquiétude. (II, 9)

JACINTE

Voyez son action, ses yeux, comme il soûpire.

GROGNARD

Ne vois-tu pas aussi que j'en creve de rire?

Il les encourage même à chanter ensemble.

Cette ironie continue jusqu'à la fin de la scène. Mais à mesure que Léandre prend plus de libertés, à mesure les éclats de rire de Grognard s'espacent, jusqu'à ce que, mécontent, il ordonne qu'on renferme Léandre dans sa loge. Ajoutons que le soldat du troisième acte n'a aucune difficulté à faire croire à Grognard que le repas est servi par un démon.

Le lecteur aura compris que les personnages n'existent que pour les possibilités comiques des situations dans lesquelles ils sont entraînés.

Les actes I et II sont marqués par des scènes de farce qui n'ont rien à voir avec l'action proprement dite, mais Poisson les prépare avec soin. Jocrisse croit entendre une souris dans un sac où Grognard garde ses papiers importants, et 'décharge quelques coups de baston dessus.' (I, 8) Ce n'est pas une souris, c'est une montre que Grognard a payée trente louis. Il y a dans cet acte le même manque d'équilibre que nous avons critiqué dans *les Femmes coquettes*. Une fois sorti du cadre de la pièce en un acte, Poisson est dépaysé et recourt à la farce.

Autres éléments épisodiques: le valet Sans-Cervelle vient se plaindre des conditions matérielles, et accuse les autres valets d'avoir mangé son dîner et celui des malades. (II, 7) Jocrisse décrit les difficultés qu'il a à brider le cheval de M. Grognard. (II, 10, 12, 13) Sans-Cervelle vient annoncer que les autres vont fesser les fous, et qu'il veut les fesser aussi. (II, 11) Rien de moins nécessaire que ces scènes, qui sont intercalées visiblement pour prolonger les actes et qui ont l'effet de détruire l'équilibre. Elles ont eu sans doute un certain charme pour les spectateurs les moins exigeants du parterre, mais elles n'atteignent jamais le niveau des scènes de farce intercalées dans les comédies de Molière.

Le niveau du comique est cependant plus élevé dans le deuxième acte, quand nous voyons les fous en action. Deux poètes se disputent la paternité de quelques centaines de vers:

2 POETE
... Vous voulez rendre icy ma gloire métoyenne
Et voulez, vos Lauriers commençant à vieillir,
Vous couronner de ceux que je vien de cueillir.

I POETE
Toy qui sçais qui je suis, comment as-tu l'audace
De me parler ainsi, Reptile du Parnasse,
Pauvre petit Lezard, que mon nom étourdit ...

2 POETE
Moy, qui du haut du Mont t'aperçois dans la Vaze;
Qui viens de voltiger sur le Cheval Pégaze;
Moy, qui parle si bien le langage des Dieux,
Oses-tu bien tenir ce discours à mes yeux? ...
Ton galimatias, comme toy, m'importune;
Va, rentre dans ta Loge, ou je te gourmeray.

I POETE *se jettant à sa gorge.*
Toy, tu me gourmeras? Ah! je t'étrangleray. [II, 3]

Ils sont suivis d'un fou de bassette, qui débite le jargon des joueurs:

Ces coups sont inconnus chez les plus malheureux.
S'opiniâtrer vingt fois sur un bourreau de deux!
Je le quitte à la fin, et me mets sur un quatre;
Lors le deux vient à gain. Ne faut-il pas se batre?
S'arracher les cheveux, et se mordre les doigts?
Perdre dix Alpious! estre facé neuf fois. [II, 5]

Dans la scène 8, Poisson a exploité les possibilités scéniques d'une 'ferme.' On ouvre la ferme; les fous paraissent dans leurs loges et parlent tous ensemble trois fois de suite:

LE JOUEUR DE BASSETTE
Je tiendray la Banque, ou l'on ne joûra pas. 3 fois

POETE
Elle est à moy, tu me l'as dérobée. 3 fois

POETE
Toy, te dire l'Autheur de mon Elégie? 3 fois

UN VIOLON
Le moyen d'accorder, si vous parlez si haut? 3 fois

UN MUSICIEN
Si ma douleur vous est connüe,
Rochers, vieux Habitants de ces affreux Deserts. 3 fois

UN MACHINISTE, *frappant d'un marteau dit,*
Fais glisser le moufle, et dégage le contre-poids. 3 fois

CLEOPATRE
Un Aspic.

LUCRECE
Un Poignard.

PORCIE
Hé, des charbons ardens [II, 8]

Les trois dernières auront une tirade chacune, après quoi Porcie prendra Jocrisse pour Brutus ('Bien oüy, l'on dit que je suis

Brute'), Cléopâtre le prend pour Marc-Antoine, et Grognard reçoit un soufflet de Lucrèce, qui le prend pour Tarquin. C'est de la bonne farce.

Le faible qu'a Poisson pour la farce n'a pas besoin d'explication. Il n'avait qu'à répéter les procédés longtemps en usage. Mais il faut que nous étudions de plus près la question des fous.

Selon Lintilhac, *les Foux divertissans* auraient été 'péniblement imités de la revue tragi-comique de *l'Hôpital des fous* de Beys.'[11] Cette tragi-comédie, que Charles Beys fit imprimer en 1636,[12] est celle dont le même auteur tira en 1651 ses *Illustres fous*. Les frères Parfaict avaient déjà signalé *l'Hôpital des fous* comme une source des *Fous divertissans*.[13] Il est plus probable cependant que c'est aux *Illustres fous* que Poisson s'est adressé pour certains détails de sa pièce. Quoique la plus grande partie des *Foux divertissans* n'ait aucun rapport avec l'ouvrage de Beys, il y a cependant certains rapprochements à faire. C'est chez Beys que Poisson a trouvé l'idée de situer l'action dans un asile d'aliénés. Dans *les Illustres fous*, la scène est à Valence. Poisson situe son action dans les Petites Maisons à Paris. Il suit Beys en introduisant un concierge, qui expose ses pensionnaires à tout venant, fermement persuadé qu'ils sont divertissants, et en introduisant un amant qui se fait passer pour fou pour être près de son amante. Il est à noter que Poisson avait déjà utilisé ce stratagème dans *le Fou raisonnable*.

D'autres aspects des *Illustres fous* nous frappent comme étant des sources d'inspiration pour Poisson. Tout le troisième acte chez Beys est consacré au spectacle des fous qui se livrent à leurs manies. Beys introduit un alchimiste, un astrologue, un philosophe, un plaideur, un musicien et un joueur. Ils prononcent tous de longues tirades. Poisson en réduit le nombre, parce que ses intentions sont différentes. Mais il garde le souvenir d'un poète et d'un comédien qui se querellent au sujet de leur talents respectifs. Il nous présente deux poètes. Il avait déjà écrit dans *le Poète basque* un dialogue entre un poète et un comédien (sans doute inspiré de cette source), mais tient à mettre sur la scène des poètes parce qu'un 'Poëte est plutost fou qu'un autre.' (II, 2) Il se souvient aussi des mots du concierge de Beys qu'on trouve dans la cinquième scène du quatrième acte:

Tantost j'ay pris ma part d'une plaisante feste,
Avec les comédiens qui nous sont arrivez.
Je me plais avec eux, ces fous sont bien privez;
On diroit que sans cesse ils sont sur le Théâtre;
L'un se croit estre Antoine, et l'autre Cleopatre;
Et pensent dans le monde estre autant respectez,
Que tous les Empereurs qu'ils ont représentez.[14]

Poisson introduit donc Cléopâtre, et ajoute Porcie et Lucrèce. Plus tard dans la même scène de Beys, nous apprenons que ces fous vont monter une pièce, et le concierge voudrait faire payer tout le monde à la porte. On en voit le souvenir dans *les Foux divertissans,* quand les fous préparent leur spectacle :

GROGNARD
Si tout va de la sorte,
On peut prendre fort bien de l'argent à la porte. [I, 10]

On peut faire un dernier rapprochement par rapport à cette scène. Un valet chez Beys décrit les décors et les accessoires que les fous ont apportés :

Vous allez bien-tost voir un estrange cahos,
Superbement monté dessus des chariots;
Vous y verrez meslez et le Ciel et la terre,
Equipage de paix, equipage de guerre;
La Lune et le Soleil sont ensemble attachez.
Vous y verrez des Cerfs sur des Tigres couchez;
La Brebis sans trembler sur le Loup renversée,
Et le Dragon baisant le cheval de Persée.

Cette tirade a été reprise par Poisson, avec cette différence : chez lui, il s'agit d'un machiniste, qui a tenu à apporter aux Petites Maisons tous ses décors et accessoires. On dirait un rescapé du Marais. C'est Grognard qui parle :

C'est un Ingénieur. Il a tout son bagage
Dans nostre Basse-Cour : Et dans cet équipage
Tout s'y voit, c'est un Monde, il n'est rien de pareil :
C'est le Ciel, c'est la Mer, la Lune et le Soleil.

Des Habits de Balets dorez et sans dorure:
Cent sortes d'Animaux aussi grands que Nature.
Des Monstres, des Géants, des Chevaux, des Dragons,
Des Léopards, des Ours, des Singes, des Lions,
Des Chars, des Arc-en-Ciel, des Foudres, des Nuages,
Des Contrepoids, des Fils, des Cartons, des Cordages ...
Je souffre avec plaisir tout son Cahos céans. [I, 4]

On aura apprécié que les ressources du machiniste sont devenues plus amples vers la fin du siècle.

La grande différence entre les pièces de Beys et de Poisson réside dans l'importance accordée par celui-ci à la musique et à la danse. Le musicien de Beys est un visionnaire qui se prend pour Orphée:

Cherchons mon Euridice, et la tirons des fers.
Ie me ravis moy mesme, et mes airs admirables
Font cesser en ces lieux, les cris des miserables;
L'Enfer ne retentit que de mes chants nouueaux,
Et la Parque charmée, a quitté ses cizeaux. [I, 3]

Les musiciens chez Poisson n'ont rien à dire, mais ils chantent sans se faire prier. Ils sont tous fous à cause de l'opéra: c'est une espèce de folie tout à fait différente, que Saint-Evremond avait déjà satirisée dans *les Opéra* (1677).[15]

Nous avons trouvé assez de rapprochements pour pouvoir conclure que Poisson se souvenait en effet des *Illustres fous.*

Lancaster dit que la source principale de l'intrigue des *Foux divertissans* est un *entremés* de Cervantès intitulé *la Cueva de Salamanca,*[16] où Poisson aurait trouvé l'idée du départ de Grognard, des adieux hyprocrites d'Angélique, de l'arrivée de Léandre et du soldat, du retour du mari, et du recours qu'on a à la magie pour faire apparaître le repas et disparaître l'amant.[17] Mme. E.-J. Crooks, qui s'est occupée de l'influence de Cervantès en France, est arrivée à la même conclusion.[18]

Cependant, ils n'ont pas poussé assez loin leur enquête. S'ils avaient approfondi la question, ils auraient trouvé un autre ouvrage qui a le mérite de fournir des rapprochements textuels.

L'histoire du soldat magicien appartient au répertoire comique et folklorique de toute l'Europe occidentale, et de multiples variations ont été composées sur le thème du soi-disant magicien dans les littératures de plusieurs pays.[19] Nous nous sommes donc demandé s'il aurait pu y avoir d'autres sources plus accessibles à Poisson.

Au cours de nôtre enquête, nous avons examiné un opéra-comique de Louis Anseaume, intitulé *le Soldat magicien* (1760), qui met en musique l'histoire du soldat que nous trouvons au troisième acte des *Foux divertissans.*[20] Or, Mme Crooks déclare qu'Anseaume a suivi de près la comédie de Poisson. Anseaume aurait suivi Poisson et Poisson aurait suivi Cervantès.[21] Le but avoué de Mme Crooks est de démontrer les étapes par lesquelles le génie de Cervantès a survécu en France aux XVIIe et XVIIIe siècles. Mais à la fin de sa démonstration, elle fait allusion à une note qu'elle dit avoir trouvée dans l'édition 1760 du *Soldat magicien,* selon laquelle l'opéra-comique aurait été basé sur un conte d'Antoine Le Metel, sieur d'Ouville. Nous avons examiné l'édition de 1760 publiée par Duchesne, ainsi que le texte de l'opéra qui se trouve dans le deuxième volume du *Théâtre* d'Anseaume (1766), et celui qui se trouve dans le cinquième volume du *Théâtre de la Foire* (1763), sans avoir pu trouver la note en question. Cependant, l'allusion faite à d'Ouville nous a encouragé à continuer l'enquête. L'histoire du soldat magicien est, après tout, dans le genre des contes de d'Ouville.

Nous avons commencé alors à examiner les volumes de contes publiés par d'Ouville, en commençant par *les Contes aux heures perdües de* 1643, et c'est dans une édition de 1644 que lumière s'est faite. Dans un conte qui a pour titre *d'un jeune Advocat qui iouyt de la femme d'un bourgeois sous prétexte d'estre devin*[22] nous avons reconnu immédiatement la source de l'opéra-comique et, ce qui est bien plus important pour nous, la source du troisième acte des *Foux divertissans.*

On objectera qu'il y a des différences entre ce conte et l'intrigue des *Foux divertissans*: que d'Ouville met en scène un ménage, qu'il ne prête pas à la jeune femme des accents d'amoureuse délaissée – éléments qu'on trouve chez Cervantès et Poisson. En réponse nous dirons que nous ne nions pas l'influence de Cervantès, mais que la comparaison textuelle des deux ouvrages français prouverait, sans qu'il y ait la possibilité du moindre doute, que Poisson connaissait le conte de d'Ouville, et en a fait son profit.

On verrait que des centaines de ressemblances textuelles existent entre le conte de d'Ouville et la pièce de Poisson, alors qu'entre les deux auteurs français et Cervantès, il n'y a que des ressemblances de faits. Remarquons toutefois que le plus souvent cette comparaison permet de relever des différences entre l'entremés et les versions françaises. Cervantès écrit pour un autre siècle, un autre pays, et dans une autre langue. L'élément religieux, très fort chez Cervantès, est réduit chez d'Ouville et par la suite chez Poisson. L'etudiant picaresque de Cervantès devient un soldat entreprenant chez d'Ouville et par la suite chez Poisson.

Si l'on accepte ces rapprochements comme preuves que Poisson est redevable à d'Ouville, le reste de l'histoire est facile à reconstituer. D'Ouville, qui lisait couramment l'espagnol,[23] aurait trouvé l'esquisse de son conte dans l'entremés de Cervantes. Or, d'Ouville est un conteur-né, qui refond et remanie l'anecdote pour ses lecteurs français, introduit des remarques malicieuses à côté, et, de plus, sait être économe dans son emploi de la langue. Il serait malaisé d'y couper quoi que ce soit sans en perdre quelque chose. Auteur qui a fait son apprentissage de dramaturge comme son frère l'abbé de Boisrobert, il prépare la scène, rassemble les accessoires bien à l'avance, ne laisse rien au hasard. Et comme il sait que le lecteur prend plaisir à réfléchir plus tard sur les détails, il n'en oublie pas un seul. Poisson trouve que cette anecdote est ce dont il a besoin pour son dernier acte, et prend ce qu'il peut utiliser, en refaçonnant les détails pour mieux les faire entrer dans le cadre qu'il a déjà établi dans les actes précédents. C'est seulement ce besoin-là qui justifie ses changements.

Quand Lancaster dit que *les Foux divertissans* devraient être considérés comme une composition originale, pour laquelle Poisson a pris quelques idées suggérées par Beys et Cervantès, il ne dit pas tout. La vérité, c'est que Poisson a mis à profit des souvenirs de *l'Hospital des fous* et de *la Cueva de Salamanca,* mais aussi qu'il a pris une grande partie de son dialogue dans le conte de d'Ouville.

Le décor des *Foux divertissans* est ainsi décrit dans *le Mémoire de Mahelot*: 'Theatre: 1, est une chambre; 2, les Petitte Maisons; 3, une chambre ou il y a un trou, un festin, 3 chaisse.'[24] Le décorateur ne fait pas mention de la ferme qui est tirée au deuxième acte pour laisser voir les fous dans leurs loges. *Le Répertoire des comedies françoises qui se peuuent joüer en 1685*, indique pour cette comédie la distribution suivante:

	Damoiselles
Angelique	–
Iacynte	Guiot
Barbe	–
Pacolle	la Grange
Cleopatre	Dupin
Lucresse	de Brie
Porcie	la Grange
	Hommes
Leandre	de Villiers
M. Vilain	hubert
M. grognart	Poisson
Rôtisseur	–
un Soldat	Rosimont
Trop d'esprit	Beauual
Sans ceruelle	Guerin
Poëte vieux	la Grange
Poëte jeune	Ducroisy
joüeur	la Tuillerie.[25]

Jacques Raisin, qui allait composer plus tard la musique de *l'Opéra de village* de Dancourt, et de *Je vous prends sans verd* de Champmeslé, aurait écrit la musique pour *les Foux divertissans*.[26]

Nous avons déjà noté le bref succès que la comédie a remporté en 1680 et 1681, pour être totalement abandonnée par la suite. Les historiens qui suivent les fortunes du théâtre en province et à l'étranger ne parlent jamais de cette pièce. Il nous semble que les acteurs de la Comédie Française furent fondés à demander à Dancourt de remanier ces trois actes surchargés avant de risquer d'autres représentations. *Le Bon Soldat* fut monté pour la première fois en octobre 1691, et fut joué une centaine de fois avant d'être publié chez David en 1718.

Dans sa tâche de réduire *les Foux divertissans* à un acte, Dancourt a été guidé par un sentiment très vif du dramatique. Il paraît avoir su exactement ce qui était faible dans l'original, avec le résultat qu'il retranche sans pitié tout ce qui nuit au progrès de l'action. Non qu'il coupe certaines scènes où figurent des personnages épisodiques, tels que le petit clerc et le rôtisseur, qui sont toujours capables de faire rire. Mais toutes les allusions aux fous ont disparu et, en l'absence des fous musiciens, quelques chansons ont été redistribuées: c'est le soldat qui les chante. Il a simplement gardé l'histoire du soldat magicien. Pour cela il a réduit le nombre des personnages. M. Grognard, 'prétendu mary d'Angélique,' n'est plus concierge des Petites Maisons. Angélique, amante de Léandre chez Poisson, devient 'amoureuse de Léandre.' Jacinte, Jocrisse, Barbe, le clerc, un rôtisseur et le soldat restent ce qu'ils étaient. Ont disparu les quatre fous, trois folles, Trop d'Esprit, Sans-Cervelle et Pacole. La scène, au lieu d'être dans les Petites Maisons, est chez M. Grognard. La plupart des vers sont de Poisson. Dancourt les a gardés chaque fois que cela a été possible. Ils ne disparaissent que quand ils contiennent des allusions aux Petites Maisons. Les caractères sont les mêmes. Angélique feint d'être follement amoureuse de M. Grognard simplement pour jouir de la liberté dout un fiancé soupçonneux voudrait la priver. Dancourt supprime l'explication que Léandre est destiné à une fille plus riche par un père avare. Angélique envoie à Léandre une lettre dans laquelle elle lui demande de venir l'enlever, mais Dancourt ne donne pas le texte de la lettre. Il a soin de garder la scène qui contient les protestations d'amour d'Angélique:

ANGELIQUE
... Si jamais je ne vous avois vû,
Que je serois contente.

GROGNARD
Hë bien, auroit-on crû
Ce grand amour pour moy. [sc. 4]

La scène 5 introduit le Maistre-Clerc, mais le document qu'il remet à Grognard (c'est une liste des pensionnaires chez Poisson) n'est pas expliqué. Dancourt retient Jocrisse, qui bat le sac contenant la montre de son maître (sc. 5 et 6) et ne réussit pas à brider sa cavale. (sc. 9) Dancourt a soin aussi de garder les vers ironiques assignés à Angélique quand Grognard est sur le point de partir:

ANGELIQUE
Fussiez-vous déjà loin
Je pourrois vous revoir plutost que je n'espère. [sc. 10]

Tout un aspect du caractère de Grognard a dû être supprimé: il n'est plus avare au point de vouloir saisir le bien de son frère, et sa feinte affection pour celui-ci a disparu. Dans le cadre d'une pièce en un acte, Dancourt a dû inventer un prétexte pour le retour inattendu du vieillard. Un apothicaire lui apprend qu'une crise a sauvé son frère. (sc. 16) Dans l'épisode du soldat, *les Foux divertissans* sont reproduits textuellement, sauf pour la suppression de la cuisinière, Barbe, considérée comme étant superflue. L'effet en est de resserrer l'action. Chez Poisson, le soldat discourt sur la magie:

La Magie en embrasse un nombre, et je m'en aide,
La Blanche, c'est la belle, et la Noire la laide:
La Rouge, la Citron, l'Incarnate, et plusieurs,
Car enfin il en est de toutes les couleurs,
Toutes me servent bien, et certaines bougies.
Mais je ne prens icy de toutes les Magies
Que la Verte, la Jaune, et la couleur de Feu,
Avec ces trois-là vous allez voir beau jeu. [III, 11]

Cet exemple d'énumération burlesque a dû sembler déplacé à Dancourt, qui l'a supprimé. L'effet encore une fois est de resserrer l'action. Il n'approuve évidemment pas le caractère diffus que la loquacité de Poisson a imprimé à certaines tirades. Il supprime également les scènes 13 et 14 des *Foux*, dans lesquelles Jacinte révèle la vérité à Grognard – scènes qui au point de vue dramatique sont mauvaises puisqu'elles ne contiennent que des faits déjà connus du public. Il est à croire que Poisson les avait composées seulement pour se donner, en tant qu'acteur, l'occasion d'utiliser tout le clavier du comique visuel. Son jeu, quand il écoutait l'explication de ces événements mystérieux, avait dû faire rire à gorge déployée.

Sans Poisson elles sont plates. D'où leur suppression. Il y a bien sûr une explication partielle, mais elle est vite faite, et avec quelques vers de son cru, Dancourt termine la pièce, sans chansons et sans ballets.

Dancourt ne reçut jamais de part d'auteur[27] et les libraires refusèrent toujours de considérer *le Bon Soldat* comme son œuvre.[28] Puisqu'ils refusèrent aussi de le considérer comme l'œuvre de Poisson, *le Bon Soldat*, qui connut au XVIIe et XVIIIe siècle un énorme succès, est resté pour ainsi dire orphelin.[29] C'est notre opinion que la pièce mérite une place dans *les Œuvres complètes* de Poisson.[30]

Il ne serait peut-être pas sans intérêt d'ajouter quelques remarques sur la vitalité dramatique qu'a gardée l'anecdote du soldat. L'abbé Bordelon publia en 1692 son *Arlequin comédien aux Champs Elysées*.[31] Octavio, amant d'Isabelle, fait apporter un souper, se voit obligé de se cacher dans une armoire à l'approche du père de la belle, et n'est délivré que grâce à Arlequin, qui offre de faire apparaître par magie un souper magnifique, et qui lui donne ainsi l'occasion de fuir. Nous savons que Bordelon admirait Poisson et qu'il a donné à l'ombre de l'acteur une place importante dans son *Poisson comédien aux Champs Elysées*.[32] C'est sans doute dans *les Foux divertissans* plutôt que dans le conte de d'Ouville qu'il a trouvé l'idée de son *Arlequin*.

Dans *le Soldat magicien*, Louis Anseaume a repris la même anecdote. 'J'ai l'honneur d'être un peu sorcier,' chante le soldat, et il fait apparaître des mets succulents, à la vue desquels les principaux personnages se lancent dans un quatuor bien dans la tradition de l'opéra-bouffe. Ceux qui sont de la conspiration mangent à belles dents; seul le mari refuse. Le soldat d'Anseaume ne cherche pas à être récompensé par la dame. Dans la dernière scène, il prend un ton moralisateur pour réunir les mariés, et du coup, l'anecdote perd le sel gaulois qui assaisonnait l'anecdote de d'Ouville.

L'exemple le plus récent de la vitalité de l'épisode date de 1935. *Le Souper magique* d'Armand Somès[33] a été représenté le 22 août 1935 au Grand Cercle d'Aix-les-Bains, et a été donné par la suite en version radiophonique. Point n'est besoin de récapituler tous les incidents de l'intrigue. Notons seulement que le piquant dénouement fourni par d'Ouville, auquel Anseaume avait substitué une scène de paix domestique retrouvée, a été de nouveau remanié au xxe siècle. Le soldat, devenu le Vicomte de Nobleterre, administre un somnifère au mari de la belle, et exige d'elle une prompte récompense qu'elle accorde sans façons dans le meilleur style boulevardier. A la lumière de cette dernière scène, nous ne pouvons plus, nous autres du xxe siècle, monter sur nos grands chevaux pour critiquer l'élément licencieux qui marque les farces de nos ancêtres.

Conclusion

'Le fameux Poisson'

L'AUTEUR

Nous venons de passer en revue le théâtre de Raymond Poisson, ce théâtre dont Jules Janin se moquait,[1] mais qui mérite, croyons-nous, les pages que nous lui avons consacrées. Cette enquête nous a permis d'examiner une petite partie du répertoire de l'Hôtel de Bourgogne, de donner des précisions sur l'arrière-plan social et politique et d'ajouter des touches au tableau de l'activité théâtrale de l'époque de Louis XIV.

La critique littéraire dans la seconde moitié du XVIIe siècle a reconnu par son silence à son égard la faiblesse de sa contribution au développement esthétique de la littérature dramatique. Boileau trouvait méprisables les œuvres de Scarron, que celles de Poisson sont loin de valoir. Leur sort a été d'être méprisées par le XVIIIe siècle, et plus tard d'encourir le silence dédaigneux de La Harpe, de Petit de Julleville et de Lanson. Etant donné les goûts de ces érudits, cela se comprend. Poisson a reçu l'attention charitable d'historiens de la littérature dramatique plus récents, tels que Lancaster et M. Adam, et s'est trouvé à juste titre relégué à l'ombre par le voisinage de Molière. Impossible – et du reste inconcevable – de réclamer contre le jugement de l'histoire, qui ne voit plus en lui qu'un de ces faiseurs de vaudevilles qu'on trouve à la douzaine autour du grand maître du Palais Royal. Il mérite sa place à côté de Chevalier, de Champmeslé, de Brécourt, de Hauteroche, de Villiers, qui ont subi le même sort.

Nous ne saurions pourtant pas nier le succès qu'ont remporté ses ouvrages auprès des spectateurs parisiens. Ce n'est pas dire que ces spectateurs avaient le goût bon, eux qui ont enrichi Boursault en venant applaudir *Esope à la cour*, et qui ont méconnu le mérite du *Misanthrope*. C'est dire simplement que les pièces de Poisson répondaient à un besoin. Elles n'ont jamais été sifflées, ne sont jamais tombées à la première. Molière disait que ce serait faire insulte aux spectateurs que de condamner des pièces qu'ils avaient acclamées.[2] Voilà de quoi justifier une étude de ces piécettes qu'ils ont trouvées si fort à leur goût, non pas pour louer ou critiquer ce goût, mais seulement pour prendre acte d'un phénomène humain.

C'est sans doute parce que Poisson n'a jamais voulu se montrer supérieur à son public qu'il a gagné sa confiance. Méritant plus que Molière la description de vrai descendant de la farce nationale, Poisson a fait preuve, dès *Lubin*, ce fabliau mis en action, de sa fidélité à une source d'inspiration populaire. Le fait qu'il débuta par une farce qui exploite les querelles entre mari et femme n'est pas pour nous étonner, car il est admis qu'un fonds solide venu du Moyen Age persistait au XVIIe siècle malgré les progrès que le théâtre avait faits dans d'autres sens.[3] Le public a accueilli instinctivement ce débutant nourri de traditions gauloises. Jamais livresque, Poisson est toujours resté très près du public, ce qui doit expliquer une grande partie de son succès.

On peut dire que l'œuvre de Poisson présente plus de diversité dans le choix des sujets que celle de n'importe quel acteur-auteur de sa génération. Il n'avait pas de conception arrêtée de l'art d'écrire pour le théâtre : il ne suivait pas une seule voie. A une farce populaire, on voit succéder une satire de mœurs, une espagnolade, une tranche de vie, une allégorie, une comédie d'intrigue. Les pièces sont faiblement construites, souvent négligemment rimées, mais marquées d'une constante gaieté, de bouffées de verve et d'esprit. Les plaisanteries grossières, les compliments burlesques, les fatrasies s'y trouvent mêlés à des scènes où les outrances précieuses, le galimatias pseudo-russe, les dialogues en langue basque viennent égayer l'action. Peu subtils comme sources d'humour, ces ressorts font voir jusqu'à quel point Poisson tenait à son rôle d'amuseur populaire. Chaque comédie naît spontanément en son esprit d'une anecdote, d'un sujet d'actualité, ou, moins fréquemment, de ses lectures. C'est de cette façon que travaillaient les fournisseurs de farce dans le vieux théâtre populaire. Il suffisait, c'est La Fontaine qui nous le dit, d'une anecdote comme celle de la laitière et le pot au lait, pour inspirer les faiseurs de farces. D'une anecdote Poisson tira son *Baron de la Crasse* et son *Poète basque*. L'actualité lui inspira *les Faux Moscovites* et *la Holande malade*. De ses lectures il tira *le Fou raisonnable* et *les Foux divertissans*. C'est ainsi qu'une suite d'incidents, sans relation entre eux, donna l'essor à son imagination. Il ne travailla point pour les générations futures : il songea – toutes les pièces nous l'indiquent – à ses contemporains. Acteur comique avant tout, il se rendit compte tout au début de sa carrière, que le public voulait rire à la bonne franquette, et que ce besoin n'était pas moins réel à la cour et à la ville qu'en province. Molière prit au sérieux sa vocation d'écrivain de théâtre, et l'existence du *Misanthrope* et des *Femmes savantes* à côté du *Médecin malgré lui* témoigne de son désir de s'élever au dessus de la comédie populaire. Il se préoccupait du problème de faire rire les honnêtes gens. Poisson se souciait fort peu de ce problème. Sans l'ambition d'un Molière, Poisson sortit l'une après l'autre ses bagatelles, par la raison toute simple que le répertoire de l'Hôtel de Bourgogne était faible en baisser de rideau.

Dans sa galerie comique, on trouve des représentants de toutes les classes sociales, de l'ambassadeur allemand à la servante au langage des halles. Ne lisant pas moins que Molière dans le grand livre du monde, Poisson nous offre les portraits, vus à travers le verre grossissant de la farce, d'une vicomtesse précieuse, d'un apprenti basque, d'un marquis 'bahutier,' d'un concierge des Petites Maisons, du matelot Goulemer, du soldat Jolicœur, du Baron de Calazious et du Baron de la Crasse. Quand il essaie d'imiter le Contemplateur dans *les Femmes coquettes*, il n'a aucune profondeur, se sent mal à l'aise, et la bouffonnerie ne tarde pas à prendre le dessus. Le laisser-aller de la farce est ce qui lui assure les applaudissements de ses fidèles. Ses comédies sont faites pour l'action et pour la scène. On n'attend pas moins d'un auteur qui est aussi acteur.

L'ACTEUR

L'acteur Poisson, époux d'une comédienne, père, frère et beau-père de comédiens, laissa sa marque sur le théâtre français. Nous avons démontré son influence sur les écrivains de théâtre qui conçurent des pièces destinées à mettre en valeur son talent supérieur pour le comique. Par son jeu, il fit de Crispin un valet de comédie qui surpassa les autres valets. Une note griffonnée sur la feuille de garde d'un exemplaire d'une de ses pièces, et signée Boileau-Despréaux, contient une allusion à son 'grand génie.' Il se produisit à l'Hôtel de Bourgogne, à Chambord, à Fontainebleau, à Versailles, devant le Roi comme devant les bourgeois de la rue Saint Denis, dans ses propres pièces comme dans celles de ses contemporains. Une activité fiévreuse et débordante marque les vingt-cinq années de sa carrière d'acteur.

S'il y a de la valeur à essayer d'évoquer un acteur qui est mort il y a deux cent quatre-vingts ans, elle doit résider dans l'idée qui émerge de son style de jeu. C'est en vain que nous avons cherché des précisions dans les pages de ses contemporains. Les louanges faites dans la petite presse par un Loret ou un Robinet ne jettent pas de lumière sur ce qui nous intéresse le plus: sa manière d'interpréter ses rôles. Molière, au dire de Palaprat, lui enviait son naturel. Il est infiniment probable qu'il faut comprendre par là non pas que Poisson avait un style naturel – chaque génération a son idée à elle de ce qui constitue un style naturel – mais qu'il s'adaptait naturellement aux rôles qu'il jouait, qu'il avait un tempérament parfait d'acteur comique.

C'est seulement par une étude de quelques pièces dans lesquelles il se produisait que nous avons pu dégager quelques précisions sur son style, notamment dans les rôles de Crispin. Un célèbre Crispin du XVIIIe siècle nous a laissé ses vues sur l'interprétation de ce rôle:

Les rôles de Crispin [déclare Préville[4]], tous tracés dans le genre burlesque, perdraient de leur gaieté s'ils n'étaient pas étayés par la charge. Crispin est ordinairement un bravache, courageux lorsqu'il ne court aucun danger, tremblant pour peu qu'on lui tienne tête, parlant de ses bonnes fortunes, qui peuvent être rangées sur la même ligne que ses hauts faits d'armes, et se vantant surtout, avec une imprudence sans égale. On juge bien qu'un pareil personnage doit enfler ses tons comme ses gestes ... C'est surtout pour remplir les rôles de Crispin qu'il faut être pourvu de ces grâces, de ces gentillesses naturelles que l'art ne saurait donner: elles ne s'imitent pas ... Tout rôle qui tient à ce genre [le burlesque] ... permet à l'acteur qui le remplit de s'abandonner à une sorte d'exagération dans son débit comme dans son jeu muet.

Notre chapitre 7 fait voir que Raymond Poisson se spécialisait dans ce genre burlesque. Nous avons appris qu'il exploitait volontiers son bredouillement, qu'il faisait mouvoir tous les ressorts burlesques de sa physionomie, les terribles yeux, la bouche énorme, qu'il mimait, dansait, chantait, se convulsait, se disloquait. On peut dire en un mot que la cocasserie, la drôlerie, la bouffonnerie était l'essence même de son style.

Si le doute persiste, on n'a qu'à considérer le caractère burlesque des autres rôles qu'il remplissait. Les répertoires de la Comédie Française lui assignent tous les grands rôles des comédies burlesques: Jodelet, ce valet impudent, ce triple vaurien, abrégé de tous les vices; Dom Japhet d'Arménie, 'la folie en chausse et en pourpoint'; Dom Bertrand de Cigarral, ce galant galeux, malpropre et répugnant. Poisson a monopolisé jusqu'à la fin de sa carrière tous ces rôles qui exigent un style de jeu burlesque. Il est à présumer que l'acteur a adopté ce même style dans toutes les autres comédies, celles de Boursault, de La Thuillerie, de Montfleury, de Champmeslé, de Boisrobert et de Pierre et Thomas Corneille.

En 1661, La Fontaine a écrit:

Nous avons changé de méthode,
Jodelet n'est plus à la mode,
Et maintenant il ne faut pas
Quitter la nature d'un pas,[5]

et un critique moderne de conclure:

Un an après sa mort [il s'agit de Julien Bedeau], le public ne voulait déjà plus voir de Jodelet sur la scène; le personnage lui paraissait faux et grossièrement dépeint; il manquait évidemment le grand animateur pour conquérir la foule.[6]

Nous croyons au contraire que le succès remporté par Poisson dans les rôles burlesques est la preuve que le 'grand animateur' a bien trouvé un successeur, et que ces rôles étaient loin d'être bannis du théâtre. Consultons seulement les registres de la Comédie Française.[7] Nous verrons que les pièces de Scarron et de Thomas Corneille sont restées longtemps dans le répertoire. C'est Raymond Poisson qui les a gardées vivantes. Ce n'est pas peu que d'avoir triomphé malgré la concurrence de Molière.

L'HOMME

D'origine humble, Poisson reçut sans doute de son père les rudiments d'une éducation. Au moment où Molière recevait au Collège de Clermont l'éducation soignée des honnêtes gens, Poisson 's'escrimoit de la lancette.' Sans doute en grande partie autodidacte comme Boursault, Poisson n'allait jamais avoir d'idées enflées au sujet de ses talents. Il ne nous a légué qu'une seule opinion personnelle sur le métier d'acteur (c'est dans *le Poète basque*), et quand il parle du métier d'auteur, il ne se voit que comme un 'petit poète de rien.' Nous ne trouvons jamais dans ses écrits ce ton de suffisance boursouflée qui caractérise les préfaces de certains illustres contemporains. Il se montre au contraire dans l'épître du *Poète basque* d'une finesse exceptionnelle. Si les gens louent ses pièces, il reconnaît que la louange est donnée à une bagatelle comme à un chef d'œuvre poétique, et que c'est n'estimer rien qu'estimer tout le monde. Il se moque des illusions des auteurs et de leurs petites vanités, et plus encore, il se moque de lui-même. Nous voilà désarmés, et peu enclins à le juger avec la même sévérité que s'il croyait vraiment faire de la littérature. Il est remarquable que, doué comme il était, on ne lui connaît pas d'ennemis: malgré son prodigieux talent d'acteur, il n'a pas suscité ces jalousies professionnelles qui, selon Tallemant des Réaux, existaient entre les comédiens. Il était exempt de ces défauts qui ont entraîné son fils Paul dans de si fâcheuses querelles. On ne lui connaît pas de vices. S'il en avait eu, on n'aurait pas manqué de nous en informer. La phrase de Tralage, selon laquelle il vivait bien, régulièrement et même chrétiennement, est sans doute un panégyrique mérité.

Bon vivant dans la mesure de ses ressources, il entretenait avec ses collègues, surtout Hauteroche et Villiers, les relations les plus amicales. Nous avons trouvé la preuve de son dévouement à l'actrice Mlle Des Oeillets, lors de l'adjudication de sa maison; nous avons vu son empressement à aider Jean Mignot à former par procuration une troupe de campagne. Nous avons la preuve qu'il entretenait des rapports étroits avec des gens de qualité. Il jouissait de la protection des Créqui et des Colbert. Quelques-unes des épîtres qu'il leur adressait sont marquées d'une désinvolture qui peut choquer. Au Maréchal de Créqui il dit:

> Vous n'y devez trouver presque rien à redire
> Ny vous fascher du ton dont j'ose vous écrire
> C'est la manière de Poisson,
> Il écriroit au Roy de la mesme façon.

Et il tient sa promesse dans *l'Advertissement au Roy*. Vivacité, esprit, bonne humeur, voilà ce qui caractérise ces épîtres. Elles en disent long sur le tempérament de l'homme.[8]

Nous attendons avec confiance les nouveaux renseignements qu'apporteront les futurs chercheurs. Dans l'intervalle, nous offrons cette contribution à l'étude du XVIIe siècle, travail qui nous a permis de remettre en lumière, ne serait-ce que pour un moment, celui qui était pour toute une époque 'le fameux Poisson.'

Appendices

1 L'ARBRE GENEALOGIQUE DES POISSON

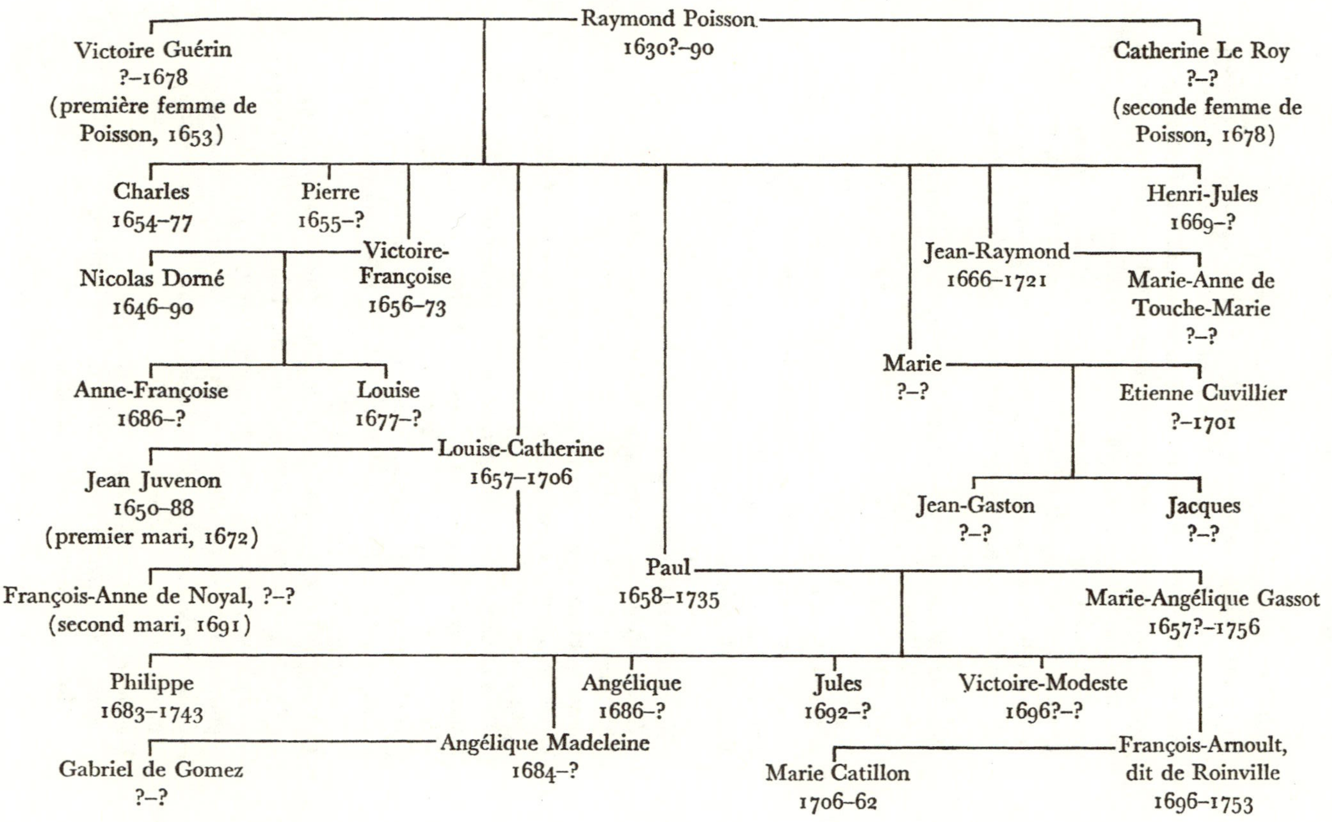

Cette liste est en grande partie basée sur le *Répertoire des Comedies françoises qui se peuvent joüer en 1685*, publié par H.C. Lancaster dans son étude *Actors' Roles at the Comédie Française* ... (Johns Hopkins Studies in Romance Literatures and Languages, t.XLVIII, Baltimore 1953). Nous avons également mis à contribution les témoignages des contemporains de l'acteur, et, dans le cas de certaines pièces, nous avons fait fond sur les indications contenues dans le texte. Là où nous avons cru possible pour diverses raisons d'assigner un rôle à Poisson, nous renvoyons le lecteur au chapitre du présent ouvrage où il trouvera nos arguments. Nous signalons par un astérisque les cas hypothétiques.

Ballet des Muses (1667) VIe entrée *les Poëtes* (Le Marquis singulier) Parfaict *Histoire* t.X 138
Ballet des Muses (1667) IXe entrée (Héraclite) Parfaict *Histoire* t.X 273–5
Ballet des Muses (1681) (Poisson joue le rôle d'un critique des opéras italiens et français) *Mercure Galant* septembre 1681 373–8
Barquebois *la Rapinière* (un Rôtisseur) Répertoire 69[1]
Boisrobert *la Jalouse d'elle-même* (Filipin) *Répertoire* 63[2]
Boursault *le Médecin volant* (Crispin) v. notre chapitre 7
– *les Nicandres* (Crispin) Lancaster *History* III 695
– *le Mercure galant* (Monsieur de la Motte) *Répertoire* 71
Champmeslé *le Parisien* (Crispin) *Répertoire* 68
Corneille, Pierre *le Menteur* (Cliton) *Répertoire* 57
Corneille, Thomas *le Baron d'Albikrac* (La Montagne) *Répertoire* 67, et Robinet *Lettre en vers* du 29 décembre 1668
– *Dom Bertrand de Cigarral* (rôle-titre) *Répertoire* 66
*Hauteroche *le Deuil* (Crispin) v. notre chapitre 7
*– *la Dame invisible* (Scapin) Young *Registre de La Grange* t.II 74
*– *le Cocher supposé* (Morille) Lancaster *History* IV 517
– *Crispin médecin* (rôle-titre) Robinet *Lettre en vers* du 5 août 1673
– *Crispin musicien* (rôle-titre) *Répertoire* 53
La Fontaine (?)/Champmeslé (?) *Ragotin* (Olive) *Répertoire* 74
*La Thuillerie *Crispin précepteur* (rôle-titre) Lancaster *History* IV 466
*– *Crispin bel esprit* (rôle-titre) Lancaster *History* IV 507
*Montfleury *Crispin gentilhomme* (rôle-titre) Lancaster *History* IV 427
– *la Femme juge et partie* (Bernardille) Robinet *Lettre en vers* du 16 mars 1669. v. notre chapitre 7
Poisson *le Sot vangé* (Lubin) v. notre chapitre 8
*– *le Baron de la Crasse* (le comédien) v. notre chapitre 9
*– *le Zig-zag* (Crispin) v. notre chapitre 9

*– *le Fou raisonnable* (Crispin) v. notre chapitre 10
*– *l'Après-soupé des auberges* (Le Marquis bahutier) v. notre chapitre 11
*– *le Poète basque* (Le poète) v. notre chapitre 12
*– *les Faux Moscovites* (Lubin) v. notre chapitre 13
– *les Femmes coquettes* (Crispin) *Répertoire* 61
*– *la Holande malade* (Goulemer) v. notre chapitre 15
– *les Foux divertissans* (Grognart) *Répertoire* 54
Quinault *la Mère coquette* (le Marquis) Poisson *Vers adressés à Monseigneur le duc de Créqui*; *Répertoire* 56
– *l'Indiscret* (Philipin) *Répertoire* 75[3]
Scarron *Dom Japhet d'Arménie* (rôle-titre) *Répertoire* 60
– *Jodelet maître et valet* (rôle-titre) *Répertoire* 62

Bibliographie

ŒUVRES DE RAYMOND POISSON

Cette liste comprend les éditions qu'on peut consulter à la Bibliothèque Nationale (BN), à l'Arsenal (Ars.), au British Museum (BM) et à la Bibliothèque du Congrès (BC).

ŒUVRES COMPLETES

Paris, J. Ribou 1678 in-12
 (Ars. Rf 6 660)
Paris, J. Ribou 1679 in-12
 (Ars. Rf 6 661; BN Yf 3349)
Amsterdam, A. Trojel 1680 in-16
 (Ars. Rf 6 662 [1])
Paris, J. Ribou 1681 in-12
 (Ars. Rf 6 663; BM 11736.bb.3)
Paris, T. Guillain 1687 in-12
 (Ars. Rf 6 664; BC PQ 1879 P48; BN Yf 12322–3)
Lyon, Guerrier 1695 in-12
 (Ars. Rf 6 665)
Paris, Veuve Ribou 1723 in-12
 (BM 242. f14; BN Yf 3351)
Paris, Libraires associés 1743 in-12
 (BN Yf 12320–1; Ars. Rf 6 666)

ŒUVRES CHOISIES

Paris, Didot 1812 in-12
 (BN Yf 3353)
Paris, Didot 1822 in-12
 (Ars. R. Supp 1879)
Paris, Lecointe 1830 in-12
 (BN Yf 10682)

Lubin ou le Sot vangé
Paris, de Luyne 1661 in-12
 (Ars. Rf 6 667)
Paris, J. Ribou 1678 in-12
 (BN Yf 7388)

Le Baron de la Crasse (Un astérisque marque les éditions qui contiennent *le Zig-zag.*)
*Paris, Quinet 1662 in-12
 (Ars. Rf 6 668)
Paris, de Luyne 1662 in-12
 (Ars. Rf 6 669; BN 8° Yth 1731)
*Paris, Quinet 1663 in-12
 (Ars. Rf 6 671)
*Paris, Quinet 1667 in-12
 (BN Yf 7028)
Paris, de Luyne 1678 in-12
 (Ars. Rf 6 672)
Paris, Guillain 1687 in-12
 (Ars. Rf 6 673 [1])
S.l.n.d., in-8° (Ars. Rf 6 670)
S.l.n.d., in-8° (BN 8° Yth 1732)
*S.l.n.d., in-8° (BN 8° Yth 1733)
Genève, Pellet et fils 1767 *Recueil de toutes les pièces françaises restées au répertoire*, t.XI
 (Ars. Rf 6 674)
Fournel *Contemporains de Molière* t.I Paris 1863, 413–28

Le Zig-zag (publié séparément)
Paris, Guillain 1687 in-12
 (Ars. Rf 6 6673 [2])
Genève, Pellet et fils 1767 *Recueil* ... t.XI (Ars. Rf 6 692)
S.l.n.d. (paginé 27–56) in-12
 (Ars. Rf 6 691)

Le Fou raisonnable
Paris, Quinet 1664 in-12
 (BN Yf 7310)

Paris, Bienfaits 1664 in-12 (Ars. Rf 6 675)
Paris, de Luyne 1664 in-12 (Ars. Rf 6 676)
Amsterdam, R. Smith 1665 in-8° (Ars. Rf 6 677)
Paris, J. Ribou 1682 in-12 (Ars. Rf 6 678)

L'Après-soupé des auberges
Paris, Quinet 1665 in-12 (BN Yf 7002)
S.l.n.d. in-12 (Ars. Rf 6679)
Paris, E. Loyson 1667 in-12 (Ars. Rf 6 680; BN Yf 7003)
Amsterdam, R. Smith 1676 in-8° (Ars. Rf 6 681)
S.l., A. de Rafflé 1680 petit in-12 (Ars. Rf 6 682)
Troyes, — 1715 in-12 (BM 1080.d.22 [1])
Genève, Pellet et fils, in-8° (Ars. Rf 6 683)

Les Faux Moscovites
Paris, Quinet 1669 in-12 (Ars. Rf 6 684)
Fournel, *les Contemporains de Molière* t.I Paris 1863 455–76

Le Poète basque
Paris, Quinet 1670 in-12 (Ars. Rf 6 685)
S.l.n.d. (extrait du passage en langue basque, imprimé sur papier vert) (BM 886.d.9)
Fournel, *les Contemporains de Molière* t.I Paris 1863 429–54

Les Pipeurs ou les Femmes coquettes
Paris, Le Monnier 1671 in-12 (BN Yf 7557; Ars. Rf 6 686–7)
Paris, Bienfaits 1672 in-12 (BN Yf 3773; Ars. Rf 6 688)
Flavio en Juliette of de Getemde dartelheit (traduction de la pièce précédente)
Amsterdam, De Groot 1679 in-8° (BN Yi 2420)

La Holande malade (*la Comtesse malade*)
Paris, Promé 1673 in-12 (BN Rés Yf 4092)

Les Foux divertissans
Paris, J. Ribou 1681 in-12 (BN Yf 3350, Yf 7311; Ars. Rf 6 661 [2])

Le Bon Soldat
Paris, Christophe David 1718 (publié sans nom d'auteur) in-12 (BN Yf 7652)
Paris, aux dépens de la Compagnie 1755 in-8° (Ars. Rf 6 690)

OUVRAGES ATTRIBUES A RAYMOND POISSON

Le Mercure Galant ou la Comédie sans titre (choix d'éditions)
Paris, G. de Luyne 1683 in-12 (rare) copie appartenant à M. Raymond Picard
Paris, Guillain 1685 in-12 (Ars. Rf 6 661 [3])
Paris, N.B. Duchesne 1776 in-8° (Ars. Rf 5 585)
Paris, Brunet 1789 in-8° (Ars. Rf 5 565 [3])
Ibid. attribué à Boursault
Paris, Guignard 1694 in-12 (BN Yf 3357)
Paris, Roullet 1807 in-8° (BN Yth 3713)

Ibid. attribué à Boursault et Poisson
Paris, Tresse et Stock 1889 in-18 (BN 8° Yth 23274; Ars. Rf 5 591)
(Extrait) Paris, Tresse et Stock 1889 in-16 (BN 8° Yth 23480)
(Extrait) Paris, Tresse et Stock 1889 in-12 (BN 8° Yth 23504)

Histoire d'Iris
Les catalogues manuscrits de la Bibliothèque de l'Arsenal indiquent comme étant de Raymond Poisson un ouvrage intitulé *Histoire d'Iris*, publié à La Haye en 1746 chez Mathieu Roguet. (8° B [L] 17336) On trouve sur la première page de cette nouvelle les mots: 'par Mr Poisson,' et sur la page de titre: 'par M.C. ...' Une note manuscrite en tête du texte dit: 'Ce petit vollume contient la première confidence du romant intitulé *les Dames galantes ou La Confidence Réciproque* qui est deux vol. Celui-cy ne comprend que le premier vol et il est d'un tres vilain caractere.'

Au British Museum on trouve sous le nom de Poisson, *les Dames galantes, ou la Confidence réciproque*, nouvelle, 2 pt. pp. 328, Amsterdam 1737, 12° (12511 df. 2), ainsi qu'une traduction en anglaise: *The Gallant Ladies (or the Mutual Confidence)*, dans *Modern Novels*, London 1692 in-12, vol. IX (12410.c.26).

A la Bibliothèque Nationale, une édition (sans doute la première), Paris 1685, in-12, se trouve sous la cote Y2 25481, et une édition publiée à La Haye, chez Roguet, en 1736, in-12, sous les cotes Y2 6848 et 59500. Dans le *Dictionnaire des ouvrages anonymes*, t.I, 835, Barbier attribue *les Dames galantes* à Poisson.

Le nom de l'auteur peut bien être Poisson, comme disent Barbier et les rédacteurs des catalogues de la BN et du BM. Cependant ni la forme, ni le ton, ni le vocabulaire de *l'Histoire d'Iris* ne nous permet de penser, avec les rédacteurs du catalogue de la Bibliothèque de l'Arsenal, qu'il s'agit de Raymond Poisson.

SOURCES MANUSCRITES

Le dossier Poisson Archives de la Comédie Française
BN Ms. f.fr. 22750 fol. 208 v° *Gratification accordée à Poisson par le Roi* le 8 décembre 1659
BN Ms. f.fr. 22750 fol. 209 *Gratification accordée à Poisson par le Roi* le 2 février 1660
BN Ms. f.fr. 24443 fol. 234 à 236 v° *la Queste de Poisson*
Ars. Ms. 3311 (149 BF) fol. 366 *La Queste de Poisson*
BN Ms. f.fr. 12801 fol. 46 r° et v° *Advertissement de Poisson Comedien au Roy en 1663*
Ars. Ms. 6541–4 Jean Nicolas de Tralage *Recueil*
Ars. Ms. 2906 (188 bis. SAF) *Traité d'arithmétique* (par Poisson)

CHOIX DE LECTURES

Achard, Paul-X. 'Théâtre' dans le *Bulletin historique et archéologique de Vaucluse et des départements limitrophes* Avignon 1881 vol. III 133–46

Adam, Antoine *Histoire de la littérature française au* XVIIe *siècle* Paris 1948–56, 5 vol. in-8°

Allainval, abbé Léonor Jean Christine Soulas d' *Lettre à Mylord ... sur Baron, la Dlle Le Couvreur, par George Wink* publiée par Jules Bonnassies, Paris, Willem 1870 in-8°

American Library Association Portrait Index éd. W.C. Lane et N.E. Browne, Washington 1906 in-8°

Anseaume, Louis *Le Soldat magicien* opéra-comique en un acte, Paris, Duchesne 1760 in-8°

– *Théâtre* Paris 1760 in-8° t.II *Le Soldat magicien*

Assoucy, Charles Coypeau d' *L'Ovide en belle humeur* Paris 1664 in-12

Bapst, Germain *Essai sur l'histoire du Théâtre, la mise en scène, le décor, le costume, l'architecture, l'éclairage, l'hygiène* Paris 1893 in-4°

Barbier, Antoine-Alexandre *Dictionnaire des ouvrages anonymes* 3e éd., Paris, Daffis 1872–9, 4 vol. in-8°

Baron, Michel Boyron, dit *Théâtre* Paris, aux dépens des libraires associés 1759 3 vol. in-16

Barrière, Jean-François *Bibliothèque des mémoires relatifs à l'histoire de France pendant le* XVIIIe *siècle* Paris 1846–81 37 vol. in-12 t.VI (1846) : *Mémoires de P.-L. Dubus-Préville* 143–92

Basile, Giambattista *Il Pentamerone, ossia La Fiaba delle Fiabe* tradotta da B. Croce, Bari 1925 2 vol. in-12

– *ibid.* translated by N.M. Penzer, London 1932 2 vol. in-8°

Bauwens, J. *La Tragédie française et le théâtre hollandais au* XVIIe *siècle* Amsterdam 1921 in-8°, contient un *Tableau chronologique des ouvrages français traduits en hollandais au cours du* XVIIe *siècle* 261–7

Bayle, Pierre *Dictionnaire historique et critique* 3e éd., rev., corr., et augment. par l'auteur, Rotterdam, M. Bohm 1720 4 vol. in-fol.

Beauchamps, Pierre François Godart de *Recherches sur les théâtres de France, depuis l'année onze cent soixante-un jusques à présent* Paris, Prault 1735, 3 parties en 1 vol. in-4°

[Anon.] *La Belle Cabaretière ou le Procureur à la mode* Amsterdam, Smirne (?) 1692 (Arsenal GD 6247)

Bernardin, Napoléon-M. *La Comédie italienne en France et les théâtres de la foire et du Boulevard 1570–1791* Paris, Editions de la Revue Bleue 1902 in-12

– *Un Précurseur de Racine, Tristan l'Hermite, sieur du Solier* Paris, A. Picard 1895 in-8°

Beys, Charles de *L'Hospital des fous* Paris, Quinet 1639 in-12
– *Les Illustres fous* éd. Merle I. Protzman, Baltimore 1942 (Johns Hopkins Studies in Romance Literatures and Languages, vol. XLII)
Boileau-Despréaux, Nicolas *Art Poétique* dans *Œuvres de Mr. B.-D. avec des éclaircissemens historiques donnés par Lui-même* Genève 1716 t.II
– *Œuvres, avec des éclaircissemens historiques donnés par lui-même, et la vie de l'auteur par Mr. Des Maizeaux* Dresde 1767, 3 vol. in-12
– *Bolæana ou bons mots de M. Boileau* p.p. J. de Losme de Montchesnay, Amsterdam, Lhonoré 1742 in-12
– *Œuvres poétiques, nouvelle édition* ... par M. Ch. Gidel, Paris, Garnier 1868 in-12
Boileau, Etienne *Le Livre des Métiers* dans *les Métiers et corporations de la ville de Paris* p.p. René de Lespinasse et François Bonnardot, Paris, Imprimerie Nationale 1879 in-fol.
Boindin, Nicolas *Lettres historiques sur tous les spectacles de Paris* Paris, Prault 1719, 2 vol. in-12
Boisrobert, François Le Metel de *Les Généreux ennemis* Paris, G. de Luyne 1655 in-12
Bonnassies, Jules *Les Auteurs dramatiques et la Comédie Française aux* XVIIe *et* XVIIIe *siècles* Paris 1874 in-16
– *La Comédie Française et les comédiens de province aux* XVIIe *et* XVIIIe *siècles, contestations, débuts* Paris 1875 in-16
– *La Comédie Française, histoire administrative (1658–1757)* Paris, Didier 1874 in-18
Bordelon, l'abbé Laurent *Diversitez curieuses* Amsterdam, André de Hoogenhuysen 1699, 10 parties en 5 vol. in-12
– *Intrigues d'Arlequin Comédien aux Champs Elysées* nouvelle historique, allégorique et comique, Amsterdam, A. Bræckman 1692 in-12
– *Poisson comédien aux Champs Elisées* Paris, Le Clerc 1710 in-12
Bossuat, André 'Le Théâtre à Clermont-Ferrand au XVIIe et XVIIIe siècles' dans *Revue d'Histoire du Théâtre* II 1961, 105–71
Bouchot, Henri *Catalogue de dessins relatifs à l'histoire du théâtre conservés au Département des estampes de la Bibliothèque Nationale* Paris, Bouillon 1896
[Anon.] *La Bourgeoise Madame* comédie nouvelle, dédiée à Mademoiselle de Maniban, Bordeaux, Matthieu Chappuis 1685
Bournon, Fernand *Paris-Atlas* Paris, Larousse 1900 in-fol.
Boursault, Edme *Aux Hollandois* sonnet, s.l., 1672 in-fol plano
– *Chefs-d'œuvre dramatiques* Paris, impr. de J. Didot aîné 1824 in-24 (*Répertoire du théâtre francois* t.IV)
– *Lettres nouvelles de feu Monsieur Boursault* ... 3e édition, Paris 1709, 3 vol. in-12

– *Le Médecin volant* (1661?) dans V. Fournel *Les Contemporains de Molière* t.I Paris 1863 in-8°
– *Les Nicandres ou Les Menteurs qui ne mentent point* comédie représentée sur le théâtre royal de l'hôtel de Bourgogne, Paris, Pépingué 1665 in-12
Bouteiller, Jules-Edouard *Histoire complète et méthodique des théâtres de Rouen* Rouen, Giroux et Renaux 1860–80, 4 vol. in-16
Bowen, Barbara Cannings *Les Caractéristiques essentielles de la farce française et leur survivance dans les années 1550–1620* Urbana 1964 in-8°
Bray, René 'Le répertoire de la troupe de Molière' dans *Mélanges offerts à Daniel Mornet* Paris 1951 in-8° 91–8
Brebiette, Petrus *Cris de Paris* dans P. Lacroix *Paris ridicule et burlesque au* XVIIe *siècle* Paris 1878, 349–429
Brette, Armand *Atlas de la censive de l'archevêché dans Paris* dans *Histoire générale de Paris, documents* Paris 1906 in-fol
Bricauld de Verneuil, Charles Emile *Molière à Poitiers en 1648 et les comédiens dans cette ville de 1646 à 1658* ... publié par M.A. Richard, avec une notice biographique sur l'auteur, Paris 1887 in-8°
Brouchoud, Claudius *Les Origines du théâtre de Lyon* Lyon, Scheuring 1865 in-8°
Brunet, Gustave *Dictionnaire des ouvrages anonymes* Paris 1889 in-8°
Bryan, Michael *Dictionary of Painters and Engravers* London 1903–5, 5 vol. in-4°

Cailhava de l'Estendoux, Jean-François *De l'art de la comédie* Paris 1786 2 vol. in 8°
Calotin [d'après Barbier], M.P.V.C.H. *Amsterdam hydropique* comédie burlesque, Paris, Barbin 1673 petit in-12 [Ars. Rf. 5 314]
Calvi, François de *Histoire générale des Larrons, divisée en trois livres* Rouen, J. Berthelin 1645 in-8°
Campardon, Emile *Les Comédiens du roi de la troupe française pendant les deux derniers siècles* Paris 1879 in-8° (Société de l'histoire de Paris et de l'Ile-de-France. Documents: 5)
– *Documents inédits sur Jean-Baptiste Poquelin, Molière* Paris 1871 in-18
– *Nouvelles pièces inédites sur Molière et sur quelques comédiens de sa troupe* Paris 1876 in-16
Cannings, Barbara 'Towards a Definition of Farce as a Literary "Genre" ' *Modern Language Review* LVI 4 octobre 1961
Catalogue de l'exposition 'la Comédie Française' 1962 Château de Versailles 1962 in-8°
Catalogue de pièces choisies du Répertoire de la Comédie Française Paris, impr. de Simon 1775 in-12
Catheux, De *Une ambassade russe à la cour de Louis* XIV (Journal du Sieur de Catheux, édité par le prince Augustin Galitzin)

Paris 1860, 2 parties en 1 vol. in-16 (Bibliothèque russe, nouvelle série, vol. III)

Cavallucci, Giacomo 'Fatouville, auteur dramatique' dans *Revue d'Histoire Littéraire de la France* XLIII 1936, 481–512

Celler, Ludovic (pseud. de Louis Leclerq) *Les décors, les costumes, et la mise en scène au* XVIIe *siècle (1615–1680)* Paris 1869 in-12

– *Les Types populaires au théâtre* Paris, Liepmannssohn et Dufour 1870 in-8°

– *Les Valets au théâtre* Paris, J. Baur 1875 in-12

Cervantes Saavedra, Miguel de *La Cueva de Salamanca* dans *Obras completas de Cervantes* éd. J.E. Hartzenbusch et C. Rosell, Madrid 1863–4, 12 vol. in-8° t.XII

– *Le licencié vidriera* nouvelle traduite en français par R. Foulché-Delbosc, Paris 1892

Champmeslé, Charles Chevillet de *Les Grisettes ou Crispin chevalier* dans V. Fournel *Les Contemporains de Molière* t.II Paris 1866 in-8°

– *Ragotin* dans *Théâtre choisi de La Fontaine et Champmeslé*, Paris 1921 in-8°

– *Le Parisien* Paris, J. Ribou 1683 in-12

– *La Rüe Saint Denys* comédie, Paris, J. Ribou 1682 in-12

Chancerel, René *L'Evolution du statut des comédiens* Paris, Les Presses modernes 1930 in-8°

Chappuzeau, Samuel *Le Théâtre françois* accompagné d'une préface et de notes par Georges Monval, Paris 1875 in-8°

– *La Dame d'intrigue, ou le Riche vilain* (1663) dans V. Fournel *les Contemporains de Molière* t.I Paris 1863 in-8°

– *Le Colin-maillard* comédie facétieuse, représentée sur le Théâtre Royal de l'Hostel de Bourgogne, Paris, J.-B. Loyson, s.d. in-12

Chardon, Henri *Nouveaux documents sur la vie de Molière* Paris, Picard 1886 in-8°

– *La Troupe du Roman Comique dévoilée et les comédiens de campagne du* XVIIe *siècle* Le Mans, impr. de E. Monnoyer 1876 in-8°

Charlier, Gustave 'La vie des sous-genres. La comédie en un acte dans le théâtre classique français' dans *Helicon* I Amsterdam-Leipzig 1938 in-4°

Chatelain, Urbain Victor *le Surintendant Nicolas Foucquet* Paris 1905 in-8°

Chauffepié, Jacques Georges de *Nouveau Dictionnaire historique et critique pour servir de supplément au Dictionnaire ... de Bayle* Amsterdam 1750–6, 4 vol. in-fol.

Chevalier, J. *Les Amours de Calotin* comédie (1663–4) dans V. Fournel *les Contemporains de Molière* t.III Paris 1875 in-8°

– *La Désolation des Filoux sur la défense de porter les armes, ou les malades qui se portent bien* (1662) dans V. Fournel *les Contemporains de Molière* t.III Paris 1875 in-8°

– *L'Intrigue des carosses à cinq sous* comédie représentée sur le

Theatre du Marais, Paris, Baudouyn 1663 in-12

Clément, Félix et Larousse, Pierre *Dictionnaire des Opéra ...*, revu et mis à jour par Arthur Pougin Paris Larousse s.d. [1897] in-8°

Clouzot, Henri *Notes pour servir à l'histoire de l'ancien théâtre en Poitou* Fontenay-le-comte 1898 in-8°

– *L'Ancien Théâtre en Poitou* dans *Bulletin et Mémoires de la Société des antiquaires de l'ouest* t.XXIV (2e série) année 1900 Poitiers 1901 in-8°

– *Ancien Théâtre en Poitou. Nouveaux documents* Vannes 1912 in-8°

Cohen, Gustave *Recueil de farces françaises inédites du* XVe *siècle* Cambridge, Mass. 1949 in-8°

Corneille, Pierre *Œuvres* éd. Marty-Laveaux (Edition des Grands Ecrivains de la France) Paris 1862–8, 13 vol. in-8°

Corneille, Thomas *Théâtre complet* nouvelle édition précédée d'une notice par M. Ed. Thierry, Paris 1881 gr. in-8°

– et Donneau de Visé, Jean *la Pierre philosophale* comédie mêlée de spectacles, Paris, C. Blageart 1681 in-4°

Cotarelo y Mori, Emilio *Don Francisco de Rojas Zorrilla. Noticias biográficas y bibliográficas* Madrid 1911 in-8°

Cotarelo y Valledor, Armando *El Teatro de Cervantes. Estudio crítico* Madrid, Revista de Archivos, Bibliotecas y Museos 1915 in-8°

Crooks, Esther Josephine *The Influence of Cervantes in France in the Seventeenth Century* Baltimore 1931 in-8° (Johns Hopkins Studies in Romance Literatures and Languages. Extra vol. IV)

Curtis, A. Ross 'A Note on Paul Poisson's Wife' *Romance Notes* vol. VIII no. 2, 1967

– 'A propos d'une gravure de 1662' *Revue d'Histoire du Théâtre* no. 1, 1967

– 'Le Valet Crispin et le premier grand interprète du rôle au XVIIe siècle' *Romanische Forschungen* vol. 78, Fasc 2/3, 1966

– 'The Theatre of an Actor-Playwright, Raymond Poisson' *Australian Journal of French Studies* May–September 1967 vol. IV no. 2

– 'Raymond Poisson, était-il pauvre?' *Revue d'Histoire du Théâtre* no. 2, 1969

Dacier, Emile *Le Musée de la Comédie Française, 1680–1905* Paris, Librairie de l'art ancien et moderne 1905 in-4°

Dancourt, Florent Carton *Œuvres* Paris 1760, 12 vol. in-12

– *Le Bon soldat* comédie en vers, Paris, C. David 1718 in-12

Dangeau, Philippe de Courcillon, marquis de *Journal* p.p. Eudore Soulié et al. Paris 1854–60, 19 vol. in-8°

Dareste de La Chavanne, Antoine-Elisabeth-Cléophas *Histoire de France depuis les origines jusqu'à nos jours* Paris 1865–79, 9 vol. in-8°

Daspit de Saint-Amand 'Les Visites des comédiens à la Cour

et chez les courtisans au temps de Molière' dans: *le Moniteur du Bibliophile*, n° VI du 1er août 1880, 161–74

Decombe, Lucien *Le Théâtre à Rennes* 1899 in-8°

Deierkauf-Holsboer, Sophie Wilma *L'Histoire de la mise en scène dans le théâtre français de 1600 à 1657* Paris 1933 in-8°

– *L'Histoire de la mise en scène dans le théâtre français de 1600 à 1673* Paris 1960 in-8°

– *Le Théâtre du Marais* Paris, Nizet 1954, 2 vol. in-8°

– 'La date de l'entrée de Floridor à l'Hôtel de Bourgogne et les premières de Pierre Corneille de 1644 à 1653' dans *Bulletin de la Société d'Etude du* XVII*e siècle* 1952, 408–21

Deloffre, Frédéric 'Burlesques et paysanneries. Etude sur l'introduction du patois parisien dans la littérature française du XVIIe siècle' dans *Cahiers de l'association internationale des études françaises* IX 1957 250–70

Demeure, Jean 'Racine et son ennemi Boileau' dans *Mercure de France* n° CCV du 1er juillet 1928, 34–61

Desboulmiers (pseud. de Jean-Auguste Jullien) *Histoire anecdotique et raisonnée du Théâtre italien depuis son rétablissement en France, jusqu'en l'année 1769* Paris 1769, 7 vol. in-12

Deschamps la Rivière, Robert 'Le Théâtre au Mans au XVIIIe siècle' dans *Revue historique et archéologique du Maine* Mamers et Le Mans 1900 t.XLVII 121–49 t.XLVIII 61–85

Desmarets de Saint-Sorlin, Jean *Les Visionnaires* dans Tancrède Martel *Comédies du* XVII*e siècle* Paris 1888 in-18

– *Les Visionnaires* texte de la première édition (1637) publié avec une introduction et des notes par H. Gaston Hall, Paris, Didier 1963 in-12

Despois, Eugène *Le Théâtre français sous Louis* XIV Paris 1874 in-16

Desprez de Boissy, Charles *Lettres ... sur les spectacles* Paris 1780 2 vol. in-12

Destouches, Philippe Néricault *Le Curieux Impertinent* comédie en vers, Paris, P. Ribou 1711 in-12

Destranges, Etienne *Le Théâtre à Nantes depuis ses origines jusqu'à nos jours* Paris 1902 gr. in-8°

Detcheverry, Armand *Histoire des théâtres de Bordeaux* Bordeaux 1860 in-8°

Donneau de Visé, Jean *Les Diversitez galantes* Paris, Ribou 1664, 2 parties en 1 vol. in-12

– *L'Embarras de Godard ou l'Accouchée* dans V. Fournel *Les Contemporains de Molière* t.III Paris 1875 in-8°

– *Les Costeaux, ou les Marquis friands* (1665) dans V. Fournel *Les Contemporains de Molière* t.I Paris 1863 in-8°

– *Nouvelles nouvelles, divisées en trois parties* Paris 1663, 3 vol. in-12

Dorimond *La Comédie de la comédie et les Amours de Trapolin* comédie, Paris, J. Ribou 1662 in-12

Doutrepont, Georges *Les Acteurs masqués et enfarinés du* XVI*e au* XVIII*e siècle en France* Bruxelles, M. Lamertin 1928 gr. in-8°

– *Les Types populaires de la littérature française* 2 pt. Bruxelles 1926–8 in-8°

Dubech, Lucien *Histoire générale illustrée du théâtre* Paris 1931–4, 5 vol. in-4°

Dubu, Jean 'La Condition sociale de l'écrivain de théâtre au XVIIe siècle' dans *Bulletin de la Société d'étude du* XVII*e siècle* XXXIX 1958, 149–83

Dufresny, Charles Rivière *Œuvres* Paris 1747, 4 vol. in-12

Du Perche *Les Intrigues de la Vieille Tour* Rouen, Jean-B. Besongne, s.d., in-12 (Ars. RF 6073)

Du Peschier, N. *La Comédie des comédies* Paris, N. La Coste 1629 in-8° et dans *Ancien Théâtre Français* t.IX

Dupont, Paul *Un Poète-philosophe au commencement du* XVIII*e siècle, Houdar de la Motte* Paris 1898 in-8°

Edelman, Nathan *Attitudes of Seventeenth-Century France Towards the Middle Ages* New York 1946 in-8°

Entremeses varios, aora nuevamente recogidos de los mejores ingenios de España Zaragoza 1650(?) 7 vol. in-8°

Faber, Frédéric *Histoire du théâtre français en Belgique* Bruxelles 1878–80, 5 vol. in-8°

Fagan, Barthélemy-Christophe *L'Etourderie* comédie en un acte et en prose, Paris, Duchesne 1761 in-12

– *Le Rendez-vous* comédie en vers, Paris, Chaubert 1733 in-8°

Felibien, Michel et Lobineau, Guy-Alexis *Histoire de la ville de Paris* Paris 1725, 5 vol. in-fol.

Fétis, François-Joseph *Biographie universelle des musiciens, et bibliographie générale de la musique* Paris 1835–44, 8 vol. in-8°

Fleur, E. 'Le Théâtre à Metz sous Louis XIV' dans *Cahiers Lorrains* Metz, mars 1936, 39–41

Fournel, Victor *Les Contemporains de Molière* Paris 1863–75, 3 vol. in-8°

– *Curiosités théâtrales anciennes et modernes, françaises et étrangères* Paris 1910 in-18

– *Petites comédies rares et curieuses du* XVII*e siècle* Paris, A. Quantin 1884, 2 vol. in-16

Fournier, Edouard *Gaultier-Garguille. La Farce et la chanson au théâtre avant 1660* Paris 1858 in-16

– *Le Théâtre français avant la Renaissance, 1450–1550* Paris s.d. [1872] gr. in-8°

– *Le Théâtre français au* XVI*e et au* XVII*e siècle* Paris s.d. [1873] 2 vol. in-18

Fransen, J. *Les Comédiens français en Hollande au* XVII*e et au* XVIII*e siècles* Paris 1925 in-8°

Fuchs, Max *Lexique des Troupes de Comédiens au* XVIII*e siècle* Paris 1944 in-8° (Bibliothèque des historiens du théâtre, no. 19)

Furetiriana, ou les bons mots, et les remarques, Histoires de

Morale, de Critique, de Plaisanterie et d'Erudition Paris 1696 in-8°

Fürstenau, M. *Zur Geschichte der Musik und des Theaters am Hofe zu Dresden* Dresde 1861–2, 2 vol. in-8°

Galitzin [ou Golitsuin], Emmanuel Mikhailovich, prince *La Russie du* XVIIe *siècle dans ses rapports avec l'Europe occidentale* Paris 1855 in-8°

Garapon, Robert *La Fantaisie verbale et le comique dans le théâtre français du moyen âge à la fin du* XVIIe *siècle* Paris 1957 in-8°

– 'Du Baroque au classicisme: le théâtre comique' dans *Bulletin de la Société d'étude du* XVIIe *siècle* XX 1953, 259–65

Gazette de France 1631–1805 in-4° (BN Lc 2.1)

Gazier, Augustin 'La Comédie en France après Molière' dans *Revue des cours et conférences* 1909–10

Gendarme de Bévotte, Georges *Le Festin de Pierre avant Molière: Dorimond, de Villiers, scénario des Italiens, Cicognini* Paris 1907 in-8°

Génin, François *Lexique comparé de la langue de Molière et des écrivains du* XVIIe *siècle* Paris 1846 in-8°

Ghérardi, Evariste *Théâtre italien de Ghérardi ou le Recueil général de Toutes les comédies et scènes françoises jouées par les comédiens italiens du Roy* Paris, J.B. Cusson et P. Witte 1700, 6 vol. in-12 (contient *L'Arlequin lingère du Palais* de Fatouville (?) t.I 65–82)

– *Théâtre italien ... édition nouvelle revue ... Enrichie d'estampes et des airs gravés-notés* Paris 1741, 6 vol. in-8° (t.IV contient *Les Originaux* par Houdar de La Motte, q.v.)

Gillet de la Tessonnerie *Le Campagnard* comédie en 5 actes en vers, Paris, Guillaume de Luyne 1657 in-12 et dans V. Fournel *les Contemporains de Molière* t.III Paris 1875 in-8°

Gohin, Ferdinand *Les Comédies attribuées à La Fontaine, avec Le Florentin comédie en vers, en deux actes* Paris Garnier 1935 in-8°

– *Les Transformations de la langue française pendant la deuxième moitié du* XVIIIe *siècle (1740–1789)* Paris 1903 in-8°

Goizet, J. *Dictionnaire universel du théâtre en France et du théâtre français à l'étranger* Paris, les auteurs 1867, 2 parties en 1 vol. gr.-8°

Got, E. 'A propos du Musée de la Comédie Française' dans *Gazette des Beaux-arts* 2e période, t.XXXIV 127–42

Gougenot *La Comédie des comédiens* tragi-comédie (1633) dans *Ancien Théâtre françois* t.IX 305–426

Goujet, abbé Claude Pierre *Bibliothèque françoise et Histoire de la littérature françoise* Paris, P.J. Mariette 1741–56, 18 vol. in-12, t.XVIII

Gouvenain, Louis de *Le Théâtre à Dijon, 1422–1790* Dijon, E.

Jobard 1888 in-4°
Grässe, Jean George Théodore *Trésor de Livres rares et précieux* Dresde, Kuntze 1859–1900, 7 vol. in-4°
Granges de Surgères, Anatole Louis Théodore Marie, marquis de *Les Artistes nantais* Paris, Charavay 1898 in-8°
Grimarest, Jean-Léonor le Gallois, sieur de *Vie de M. de Molière* éd. G. Mongrédien, Paris, M. Brient 1955 in-8°
Gros, Etienne *Philippe Quinault, sa vie et son œuvre* Paris Champion 1926 in-8°
Guéchot, M. *Types populaires créés par les grands écrivains* Paris, A. Colin 1907
Guéret, Gabriel *La Promenade de Saint-Cloud* dans F. Bruys *Mémoires historiques* Paris 1751, 2 vol. in-12, t.II 177–242
Gueullette, Charles *Acteurs et actrices du temps passé: la Comédie-Française* Paris, Librairie des bibliophiles 1881 in-8°
Gueullette, Thomas-Simon *Notes et souvenirs sur le théâtre-italien au* XVIII*e siècle* p.p. J.E. Gueullette, Paris, Droz 1938 in-8°

Hainsworth, George *Les novelas ejemplares de Cervantes en France au* XVII*e siècle* Paris, Champion 1933 in-8° (Bibliothèque de la Revue de Littérature Comparée, vol. 95)
Haumant, Emile *La Russie au* XVIII*e siècle* Paris, L.H. May 1904 in-8°
Hauteroche, Noël Le Breton, sieur de *Les Œuvres de théâtre* Paris, J.P. Ribou 1736, 3 vol. in-12

Intermédiaire des Chercheurs et des curieux (Pour le débat au sujet de *Lubin, ou le Sot vangé* voir XIV 613, 728, 753; XV 177, 241)

Jaime, E. *Musée de la caricature ou recueil de caricatures les plus remarquables publiées en France depuis le* XIV*e siècle jusqu'à nos jours, avec un texte historique et descriptif* Paris, Delloye 1838, 2 vol. in-4°
Janin, Jules *Histoire de la littérature dramatique* t.VI Paris, Michel Lévy frères 1858 in-8°
Jal, Auguste *Dictionnaire critique de Biographie et d'Histoire* 2e éd. Paris, H. Plon 1872 in-4°
Joannidès, A. *la Comédie Française de 1680 à 1900. Dictionnaire général des pièces et des auteurs* avec une préface de Jules Clarétie, Paris, Plon 1901 gr. in-8°
– *La Comédie Française, 1680–1920* Paris 1921 gr. in-8°
Jourda, Pierre 'Note sur l'histoire du théâtre à Montpellier au XVIIIe siècle' dans *Mélanges offerts à Daniel Mornet* Paris, 1951, 133–40
Jubinal, Achille *Contes dits fabliaux des* XIII*e,* XIV*e siècles* Paris 1839–42, 2 vol. in-8°
Jurgens, Madeleine et Fleury, Marie-Antoinette *Documents du Minutier Central concernant l'histoire littéraire 1650–1700* Paris, Presses Universitaires de France 1960 in-8°

Kelly, James Fitzmaurice *Historia de la literatura española* Madrid, Suarez 1913 in-8°

La Bruyère, Jean de *Les Caractères de Théophraste traduits du grec avec les Caractères ou les Mœurs de ce siècle* éd. R. Garapon, Paris 1962 in-8°

La Chapelle, Jean de *Les Carosses d'Orléans* comédie, Paris, J. Ribou 1681 in-12

Lacour, Léopold *Les Premières Actrices françaises* Paris, Librairie Française 1921 in-8°

Lacroix, Paul *Bibliographie Moliéresque* 2e éd., Paris, A. Fontaine 1875 in-8°

– *Notes et documents sur l'histoire des théâtres de Paris au* XVIIe *siècle* par Jean Nicolas Du Tralage, Paris 1880 in-18

– *Paris ridicule et burlesque au dix-septième siècle, par Le Petit, Scarron, Berthod, Colletet, Boileau, etc.* Paris, Garnier 1878 in-12

– *Recueil de Farces, soties et moralités du* XVe *siècle* Paris 1876 in-16

La Font, Joseph de *Le Naufrage, ou la Pompe funèbre de Crispin* comédie en un acte (1710) dans *Répertoire du théâtre français* Paris, impr. d.A. Egron 1816 t.IV

La Fontaine, Jean de et Champmeslé, Charles Chevillet de *Théâtre choisi: Ragotin, Le Florentin, La Coupe enchantée* ... Paris, Société littéraire de France 1921 in-8°

La Fontaine, Jean de *Œuvres* nouvelle édition ... par Henri Regnier, Paris, Hachette 1883–97, 12 vol. gr. in-8° (Edition des Grands Ecrivains de la France)

La Forge, Jean de *La Joueuse dupée, ou l'Intrigue des Académies*, comédie en un acte, en vers, Paris, A. de Sommaville 1664 in-12, dans V. Fournel *les Contemporains de Molière* t.III Paris 1875 in-8°

La Grange, Charles Varlet, dit de *Registre de Lagrange. Archives de la Comédie Française* précédé d'une notice biographique. Publié par les soins de la Comédie-française par Edouard Thierry, Paris, J. Claye 1876 in-4°

La Mare, N. de *Traité de la Police* Paris, Jean et Pierre Cot 1705–38, 4 vol. in-4°

La Motte, Antoine Houdar de *Œuvres* Paris, Prault l'aîné 1754, 10 vol. in-12

– *Les Originaux ou l'Italien* comédie en trois actes et en prose ... par ... D.L.M., dans Ghérardi *le Théâtre italien* ... t.IV 1741 in-8°

Lancaster, Henry Carrington *Actors' Roles at the Comédie Française, according to the Répertoire des Comedies françoises qui se peuuent joüer en 1685* Baltimore 1953 in-8° (Johns Hopkins Studies in Romance Literatures and Languages, vol. XLVII)

– *Adventures of a Literary Historian* Baltimore, Johns Hopkins Press 1942 in-8°

– *The Comédie Française 1680–*

1701. Plays, actors, spectators, finances Baltimore 1941 in-8° (Johns Hopkins Studies in Romance Literatures and Languages, extra vol. XVII)
– *The Comédie Française 1701–1774. Plays, actors, spectators, finances* Philadelphia 1951 in-8° (Transactions of the American Philosophical Society, vol. XLI part 4)
– *Five French Farces 1655–1694* A critical edition by H.C. Lancaster, assisted by members of his seminary 1935–7, Baltimore 1937 in-8° (Johns Hopkins Studies in Romance Literatures and Languages, vol. XXIX)
– *A History of French Dramatic Literature in the Seventeenth Century* Baltimore, 1929–42, 5 parties en 9 vol. in-8°
– 'Jean-Baptiste Raisin, le petit Molière' dans *Modern Philology* vol. XXXVIII 1941, 335–49
– 'Lope's Peregrino, Hardy, Rotrou and Beys' dans *Modern Language Notes* vol. L, n° 2, février 1935
– *Le Mémoire de Mahelot, Laurent et d'autres décorateurs de l'Hôtel de Bourgogne et de la Comédie Française au* XVIIe *siècle* Paris 1920 in-8°
– *Sunset. A History of Parisian Drama in the last years of Louis* XIV, *1701–1715* Baltimore 1945 in-8°
Lanson, Gustave, 'Molière et la farce' dans *Revue de Paris* 1901, vol. III 129–53
Lateinische Gedichte des X. und XI. Jahrhunderts herausgegeben von Jakob Grimm und Johann Andr. Schmeller, Göttingen 1838
La Thuillerie, Jean François Juvenon, dit de *Théâtre, nouvelle édition revue et corrigée* Amsterdam, P. Marteau 1745 in-12
La Vallière, Louis César de la Baume Le Blanc, duc de *Bibliothèque du théâtre françois depuis son origine* ... Dresde, M. Groell 1768, 3 vol. in-8°
Lavisse, Ernest *Histoire de France depuis les origines jusqu'à la révolution* Paris 1903–11, 9 vol. in-4° t.VII
Lawrenson, Thomas Edward *The French Stage in the Seventeenth Century* Manchester 1957 in-4°
[Anon.] *La Vie de Lazarille de Tormès* traduction nouvelle d'Alfred Morel-Fatio, Paris 1886 in-8°
Lebègue, Raymond 'Le Théâtre provincial en France' dans *Helicon* n° 1 1938,141–9
– 'La Vie dramatique en province' dans *Bulletin de la Société d'Etude du* XVIIe *siècle* XXXIX 1958, 125–37
– 'Molière et la Farce' dans *Cahiers de l'Association internationale des études françaises* XVI mars 1964, 183–201
Le Boulanger de Chalussay *Elomire hypocondre ou les Médecins vengez* Paris, Sercy 1670 in-12
Lefebvre, Léon *Histoire du Théâtre de Lille de ses origines à nos jours* Lille, impr. de Lefebvre-Ducrocq 1901–7, 5 vol. in-8° tt. I et II
Le Grand, Marc-Antoine *Chefs-*

d'œuvre dramatiques Paris, impr. de F. Didot aîné 1823 in-12 (répertoire du Théâtre français de 2e ordre t.XIII)

Leloir, Maurice *Dictionnaire du costume et de ses accessoires, des armes et des étoffes des origines à nos jours* Paris, Gründ 1951 in-4°

Lemaître, Jules *La Comédie après Molière et le théâtre de Dancourt* Paris 1903 in-8°

Lemazurier, Pierre-David *Galerie historique des acteurs du théâtre français depuis 1600 jusqu'à nos jours* Paris, J. Chaumerot 1810, 2 vol. in-8°

Lemoine, Jean *Les Des Œillets, une grande comédienne, une maîtresse de Louis* XIV. *Etude et documents* Paris, Perrin 1938 in-8°

Lenient, Charles *La Comédie en France au* XVIIIe *siècle* Paris, Hachette 1888, 2 vol. in-16

Lepage, Henri 'Etudes sur le théâtre en Lorraine et sur Pierre Gringore' dans *Mémoires de l'Académie de Stanislas, Société des Sciences, Lettres et Arts de Nancy* 1848, 187–346

Léris, Antoine de *Dictionnaire portatif des théâtres* Paris, C.A. Jombert 1754 in-16

Lesage, Alain-René *Œuvres* nouvelle édition précédée d'une notice biographique et littéraire par M. Prosper Poitevin, Paris, H. Delloye 1838 in-4°

L'Estoille, Claude de *L'Intrigue des filous* dans E. Fournier *le Théâtre français au* XVIe *et au* XVIIe *siècle* Paris 1873 t.II

Liebrecht, Henri *Histoire du théâtre français à Bruxelles au* XVIIe *et au* XVIIIe *siècle* Paris 1923 in-4°

Ligne, Claude-Joseph, prince de *Lettres à Eugénie* Paris 1774 in-8°

Linguet, Simon Nicolas Henri *Théâtre espagnol* Paris 1770, 4 vol. in-12 (t.IV contient *L'Intermède de la Relique*, 387–400)

Lintilhac, Eugène *Histoire générale du Théâtre en France* Paris 1904–10, 5 vol. in-8° t.III: *la Comédie au* XVIIe *siècle*

Loiselet, Jean-Louis *De quoi vivait Molière* Paris, Editions des Deux-Rives 1950 in-8°

Loliée, Frédéric *La Comédie Française, Histoire de la Maison de Molière de 1658 à 1907* Paris 1907 in-4°

Loret, Jean *La Muze historique, ou Recueil des lettres en vers ... écrits à S.A. Mademoizelle de Longueville* ... Nouvelle édition, augmentée d'une introduction ... par J. Ravenel et Ed. V. de La Pelouze et Ch. L. Livet, Paris 1857–78, 4 vol. in-8°

Lough, John *'The Earnings of Playwrights in Seventeenth-Century France'* dans *Modern Language Review* XLII juillet 1947, 321–36

– *Paris Theatre Audiences in the Seventeenth and Eighteenth Centuries* London, Oxford University Press 1957 in-8°

– 'The Size of the Theatre public in Seventeenth-Century France' dans *French Studies* I avril 1947, 143–8

Lyonnet, Henry *Dictionnaire des Comédiens français (ceux*

d'hier) Genève 1911–12, 2 vol. in-4°

Magne, Emile *Bibliographie générale des Œuvres de Scarron* Paris 1924 in-8°
– *Gaultier-Garguille, comédien de l'Hôtel de Bourgogne* Paris Michaud s.d. [1911] in-16
– *Le plaisant abbé de Boisrobert, fondateur de l'Académie Française* Paris, Mercure de France 1909 in-8°
Magnin, Charles *Histoire des marionnettes en Europe, depuis l'antiquité jusqu'à nos jours* Paris 1852 in-8°
– 'Ancien Théâtre françois' dans *Journal des Savants*, avril, mai et juillet 1858
[Anon.] *Maistre Pierre Pathelin* farce du xve siècle, éd. Richard Thayer Holbrook, Paris, Champion 1924 in-16
Malo de Molina, Gerónimo *Entremès de la reliquia* Barcelona, en la imp. de Pedro Escuder, s.d. in-8°
Mantzius, Karl *Molière, Les Théâtres, le public et les comédiens de son temps* traduit du danois par Maurice Pellisson, Paris 1908 in-8°
Marcel, Chanoine Louis-François *L'Histoire du théâtre à Langres* Langres 1923
Marolles, Michel de, abbé de Villeloin *Mémoires* Paris, A. de Sommaville 1656–7, 2 vol. in-fol.
– *Paris, ou la Description succincte ... de cette Ville* s.l., 1677 in-4°
Martinenche, Ernest *La Comedia espagnole en France de Hardy à Racine, 1600–1660* Paris 1900 in-8°
Mathorez, Jules Michel Henry *Les Etrangers en France sous l'ancien régime* Paris 1919, 2 vol. in-8°
Maupoint, avocat *Bibliothèque des théâtres, contenant le catalogue alphabétique des pièces dramatiques, etc. ...* Paris, Chardin 1733 in-8°
Maurel, A. 'Les comédiens écrivains d'autrefois ...' dans *Revue Bleue* 1902, 91–6
Mélèse, Pierre 'Les Conditions matérielles du théâtre à Paris sous Louis xiv' dans *Bulletin de la Société d'étude du* xviie *siècle* xxxix 1958, 104–24
– *Un homme de lettres au temps du Grand Roi: Donneau de Visé, fondateur du Mercure Galant* Paris 1936 in-8°
– *Donneau de Visé ... Trois comédies: La Mère coquette, La Veuve à la mode, Les Dames vengées* Textes publiés avec introduction et commentaire par Pierre Mélèse, Paris 1940 in-8°
– *Répertoire analytique des documents contemporains d'information et de critique concernant le théâtre à Paris sous Louis* xiv*, 1659–1715* Paris, Droz 1934 in-8°
– *Le Théâtre et le public à Paris sous Louis* xiv*, 1659–1715* Paris, Droz 1934 in-8°
Ménégault de Gentilly, A.P.F. *Annales dramatiques, ou Dictionnaire général des Théâtres* (continué depuis le milieu du 2e vol. par Babault) Paris 1808–12, 9 vol. in-8°

Mercure de France (BN 8° Lc2 39)
Mercure Galant 1672–1789 (BN 8° Lc2 31 et 8° Lc2 33)
Michaud, Joseph François et Michaud, Louis Gabriel *Biographie universelle, ancienne et moderne* Paris, Michaud frères 1811–28, 52 vol. in-8°
Michaut, Gustave *Les Débuts de Molière à Paris* Paris 1923 in-8°
– *La Jeunesse de Molière* Paris, Hachette 1922 in-8°
– *Molière raconté par ceux qui l'ont vu* Paris, Stock, 1932 in-8°
Michel, François-Xavier, dit Francisque *Le Pays basque, sa population, sa langue, ses mœurs, sa littérature et sa musique* Paris 1857 in-8°
Mohrenschildt, Dmitri Sergius von *Russia in the Intellectual Life of Eighteenth-Century France* New York 1936 in-8°
Moland, Louis Emile Dieudonné *Molière et la comédie italienne* Paris 1867 in-8°
Molière, Jean-Baptiste Poquelin *Œuvres* nouvelle édition par Eugène Despois et Paul Mesnard, Paris 1873–1900, 13 vol. in-8° (Edition des Grands Ecrivains de la France)
Le Moliériste revue mensuelle publiée par Georges Monval, Paris 1879–89 in-8°
Mongrédien, Georges *Dictionnaire biographique des comédiens français du* XVIIe *siècle, suivi d'un Inventaire des troupes (1590–1710)* Paris, Centre National de la Recherche Scientifique 1961 in-8°
– 'Chronologie des troupes qui ont joué à l'Hôtel de Bourgogne (1598–1680)' dans *Revue d'Histoire du Théâtre* 1953, 5e année III 160–74
– 'Les Comédiens de campagne au XVIIe siècle' dans *Bulletin de la Société d'étude du* XVIIe *siècle* XXXIX 1958, 138–48
– *Les Grands Comédiens du* XVIIe *siècle* Paris 1927 in-16
Monnier, Marc *Les Aïeux de Figaro* Paris 1868 in-16
Montfleury, Antoine Jacob *Œuvres, contenant ses pièces de théâtre représentées par la troupe des comédiens du Roy à Paris* Paris 1705, 2 vol. in-12
– *Théâtre de Messieurs de Montfleury père et fils* Paris 1775–6, 4 vol. in-12
Monval, Georges *Chronologie Moliéresque* Paris 1897 in-16
– *Les Collections de la Comédie Française* catalogue historique et raisonné, Paris 1897 in-8°
– *Documents inédits sur les Champmeslé* Paris 1892 in-8° (extrait de *la Revue d'Art dramatique* novembre 1892)
– *Liste alphabétique des sociétaires depuis Molière jusqu'à nos jours* Paris 1900 in-8°
– *Le Théâtre à Rouen au* XVIIe *siècle* Issoudun 1893 in-8° (extrait de *la Revue d'Art dramatique* février 1893)
– *La Thorillière (François Le Noir de), Premier Registre, 1663–1664* Paris 1890 in-18
Moore, Alexander Parke *The Genre Poissard and the French Stage of the Eighteenth Century* New York, Columbia University

1935 in-12

Moréri, Louis *Le Grand Dictionnaire historique ... Nouvelle et dernière édition* Paris 1759, 10 vol. in-fol. t.VIII

Morillot, Paul *Scarron. Etude biographique et littéraire* Paris, H. Lécène et H. Oudin 1888 in-8°

Morin, Louis 'Deux familles troyennes de musiciens et de comédiens, les Siret et les Raisin' dans *Mémoires de la Société académique de l'Aubé* LXXXIX 1925–6, 133–98

Mouhy, Charles de Fieux, chevalier de *Tablettes dramatiques, contenant l'abrégé de l'histoire du théâtre* ... Paris, S. Jorry 1752, 2 parties en 1 vol. in-8°

Mugnier, François *Le Théâtre en Savoie* Paris, Champion 1887 in-8°

Nanteuil, Denis Clerselier de *Le Comte de Rocquefoeuilles ou le Docteur extravagant* La Haye 1669 in-12 (Ars. Rf 5 337)

Norman, Hilda Laura *Swindlers and Rogues in French Drama*, Chicago 1928 in-8°

Noury, J. *Les Comédiens à Rouen au* XVIIe *siècle, d'après les Registres paroissiaux de Saint-Eloi* Rouen 1893 in-8°

Nouveau Théâtre de la Foire Paris 1760 in-8° (t.V contient *le Soldat magicien* de Louis Anseaume.)

Olivier, Jean-Jacques *Les Comédiens français dans les cours d'Allemagne au* XVIIIe *siècle* Paris 1900–5, 4 séries in-4°

– *Pierre-Louis Dubus Préville de la Comédie Française* Paris 1913 gr. in-8°

– *Voltaire et les comédiens interprètes de son théâtre* Paris 1900 in-8°

Orléans, Charlotte Elizabeth de Bavière, duchesse d' *Correspondance de Madame, duchesse d'Orléans* traduction et notes par Ernest Jaeglé, Paris 1890, 3 vol. in-8°

Ouville, Antoine Le Metel, sieur d' *les Contes aux heures perdües* Paris, T. Quinet 1643 in-8°

– *Les Contes aux heures perdües* Paris, T. Quinet 1644, 4 parties 2 vol. in-8° (BN Rés. Y2 1029)

– *L'Elite des contes du sieur d'Ouville* avec une introduction et des notes de P. Ristelhuber, Paris 1876 in-12

– *L'Elite des contes du sieur d'Ouville* réimprimée sur l'édition de Rouen 1680, avec une préface et des notes par G. Brunet, Paris 1883, 2 vol. in-8°

– *Les Nouvelles amoureuses et exemplaires* composées en espagnol par ... Dona Maria de Zayas y Sotto maior, et traduites en nostre langue par Antoine le Methel, Paris, de Luyne 1656 in-8°

Palaprat, Jean, sieur de Bigot *Œuvres* nouvelle édition, Paris, Ribou 1712, 2 vol. in-12

Palissot de Montenoy, Charles *Les Philosophes* comédie en 3 actes, en vers [représentée pour la 1ère fois par les Comédiens françois ordinaires du Roi, le 2 mai 1760] Paris, Duchesne 1760 in-8°

– *Les Tuteurs* comédie en 2 actes, et en vers [représentée pour la 1ère fois par les Comédiens françois ordinaires du Roi, le 5 août 1754] Paris, Duchesne 1755, in-12

Parès, A. Jacques *Aperçu sur les spectacles de Toulon avant la Révolution* Toulon 1936 in-16

Parfaict, François et Parfaict, Claude *Dictionnaire des théâtres de Paris* Paris 1756, 7 vol. in-12

– *Histoire du théâtre françois depuis son origine jusqu'à présent* Paris 1745–9, 15 vol. in-12

Patrat, Joseph *L'Anglais ou le Fou raisonnable* comédie en un acte et en prose, représentée à la Muette, devant la Famille Royale, le 10 septembre 1781, Londres, T. Hockham in-8° (*Recueil des Pièces de Théâtre lues par Mr. Le Texier en sa Maison, Lisle Street, Leicester Fields* t.VI)

Petitot, Claude Bernard *Répertoire du Théâtre français, ou Recueil des tragédies et Comédies restées au théâtre depuis Rotrou* Paris 1803–4, 23 vol. in-8°; 1817–18, 25 vol. in-8°; 1819, 8 vol. in-8°

Phelps, Naomi F. *The Queen's Invalid, a Biography of Paul Scarron* Baltimore, Johns Hopkins Press 1951, in-8°

Picard, Raymond *La Carrière de Jean Racine* Paris 1956 in-8°

– 'Sur une épigramme de Raymond Poisson' dans *Jeunesse de Racine* La Ferté-Milon 1960, 31–3

Piganiol de La Force, Jean-Aymar *Description de Paris, de Versailles, de Marly, etc. ...* Paris, Poirion 1742, 8 vol. in-8°

Pilon, Edmond 'Mademoiselle des Œillets' dans *Revue de Paris* juin 1918, 586–618

Pinguet, Henri 'Le Théâtre à Angers' dans *Mémoires de l'Académie des Sciences, Belles-Lettres et Arts d'Angers* 8ème série, t.II 1958, 32–49

Poisson, Marie Angélique [auteur supposé] *Mémoires pour servir à l'histoire du théâtre* dans Molière *Œuvres* éd. Despois, Paris 1873–1900, t.III 378–83

Poupé, Edmond 'Documents relatifs à des représentations scéniques en Provence du XVe au XVIIe siècles' dans *Bulletin historique et philologique* 1904

Privitera, Joseph Frederic *Charles Chevillet de Champmeslé, actor and dramatist, 1642–1707, with a critical edition of his ... La Veuve* Baltimore, Johns Hopkins Press 1938 in-8° (Johns Hopkins Studies in Romance Literatures and Languages, vol. XXXII)

Prunières, Henry *Le Ballet de Cour en France avant Benserade et Lully* Paris 1918 in-8°

Pure, l'abbé Michel de *Idée des Spectacles anciens et nouveaux ...* Paris, M. Brunet 1668 in-12

Quérard, Joseph Marie *Les Supercheries littéraires dévoilées ...* 2e édition considérablement augmentée, par Gustave Brunet et Pierre Jannin, suivie du *Dictionnaire des ouvrages anonymes* par A.A. Barbier, revu et augmenté par Olivier Barbier ..., Paris, Daffis 1869–70, 3 vol. in-8°

Quevedo y Villegas, Francisco de *L'Aventurier Buscon, histoire facétieuse* traduite par La Geneste, Paris, Billaine 1633 in-8°

Quevedo y Villegas, Francisco de *Historia de la vida del Buscón* edición crítica por R. Seldon Rose, Madrid 1927 in-8°

Quinault, Philippe *Théâtre* Paris 1778, 5 vol. in-12

– *La Comédie sans Comédie* pièce en cinq actes (1654) dans V. Fournel *Les Contemporains de Molière* t.III Paris 1875 in-8°

Racine, Jean *Œuvres* éd. Paul Mesnard, Paris 1865–73, 9 vol. in-8°

– *Œuvres complètes* ... présentation, notes et commentaires par Raymond Picard, Paris 1951, 2 vol. in-8° (Bibliothèque de la Pléiade)

Rambaud, Alfred *Histoire de la Russie depuis ses origines jusqu'à nos jours, revue et corrigée par Emile Haumant* 6e édition, Paris, Hachette 1914 in-16

Regnard, Jean-François *Œuvres complètes* Paris, J.L.J. Brière 1826, 6 vol. in-8°

Relations Véritables, les Bruxelles, 1654–91, 14 vol. in-4°

Reynier, Gustave *Thomas Corneille, sa vie et son théâtre*, Paris, Hachette 1892 in-8°

Rigal, Eugène *Alexandre Hardy et le théâtre français à la fin du* XVI*e et au commencement du* XVII*e siècle* Paris, Hachette 1889 in-8°

– *Hôtel de Bourgogne et Marais; esquisse d'une histoire des théâtres de Paris, 1548–1635* Paris, A. Dupret 1887 in-12

– *De Jodelle à Molière: tragédie, comédie, tragi-comédie*, Paris, Hachette 1911 in-16

– *Le Théâtre français avant la période classique* Paris, Hachette 1901 in-16

Robbe, Jacques, dit Barquebois *La Femme têtue ou le Médecin hollandais* Paris, G. du Luyne 1686 in-12

Robert, Jean 'Comédiens et bateleurs des rives de la Garonne' dans *Revue d'Histoire du Théâtre* 1959 I 33–45

– 'Comédiens en Provence 1654–1662' dans *Revue d'Histoire du Théâtre* 1956 I 49

– 'Comédiens à Nantes sous Louis XIV' dans *Revue d'Histoire du Théâtre* 1961 III 240–5

Robinet, Charles *Lettres en vers à Madame* Paris 2 vol. in-fol. (contient les lettres de la période du 12 juillet 1665 au 27 décembre 1670) (BN Fol Lc 2.22)

– *Lettres en vers à Monsieur* Paris in-fol. (contient les lettres de la période d'août 1670 à septembre 1673) (B. Mazarine, 296 A5–6 Rés.)

– *Lettres en vers à LL.AA.RR. Monsieur et Madame* Paris, in-fol. (contient les lettres d'avril à décembre 1674) (B. Mazarine, 296 A5–6 Rés.)

Rojas Zorrilla, Francisco de *Obligados y ofendidos, y Gorrón de Salamanca* éd. Raymond R. MacCurdy, Salamanca 1963 in-12

Rosimond, Claude Rose ou La Rose, sieur de, pseud. de Jean-Baptiste Du Mesnil *Le Duel fantasque ou les valets rivaux* Grenoble, P. Fremon 1668 in-8° (Arsenal, 8° B 13 630, t.II)

Rosset, Théodore *Les Origines de la prononciation moderne étudiées au* XVIIe *siècle* Paris 1911 in-8°

Rothschild, Baron James de et Picot, Emile *Les Continuateurs de Loret* Paris, D. Morgand et C. Fatout 1881–99, 3 vol. in-8°

Rotrou, Jean de *Le Véritable Saint-Genest* (1647) notices et notes par Pierre Mélèse, Paris 1931 in-8°

Ruiz Morcuende, Federico *La Novela picaresca* Madrid 1922 in-12

Saint-Evremond, Charles Marguetel de Saint-Denis, seigneur de *Œuvres mêlées* éd. Charles Giraud, Paris 1865, 3 vol. in-12

– *Œuvres* éd. René Planhol, Paris 1927, 3 vol. in-8°

Saint-René Taillandier *Un Poète comique du temps de Molière: Boursault, sa vie et ses œuvres* Paris 1881 in-12

Saint-Simon, Louis de Rouvray, duc de *Mémoires* Paris, Hachette (Edition des Grands Ecrivains de la France) 1879–1930, 41 vol. (et une table en 3 vol.) in-8°

Saisset, Léon et Saisset, Frédéric 'Un Type de l'ancienne comédie: le valet' dans *le Mercure de France* du 15 octobre 1924, 390–401

Sallebray *le Jugement de Pâris et le ravissement d'Hélène* tragi-comédie, Paris, T. Quinet 1639 in-4°

Samson, Joseph-Isidore *La Famille Poisson, ou les trois Crispins* représentée pour la 1ère fois à Paris sur le Théâtre-François par les Comédiens ordinaires du Roi, le 15 décembre 1845, Paris, Michel-Lévy frères 1846 in-4°

Saulnier, F. 'Les Comédiens à Rennes au XVIIe siècle, documents inédits' dans *Bulletin et Mémoires de la Société archéologique du Département d'Ille-et-Vilaine* 1880 XIV 259–70

Scarron, Paul *Œuvres* nouvelle édition par Antoine Augustin de La Martinière, Amsterdam 1737, 10 parties en 11 vol. in-12

– *Le Romant comique* texte établi et présenté par Henri Bénac, Paris, Les Belles Lettres 1951, 2 vol. in-8°

– *Le Roman comique* éd. V. Fournel, Paris 1857, 2 vol.

– *Théâtre complet* nouvelle édition, précédée d'une notice biographique par M. Edouard Fournier, Paris, Laplace, Sanchez et Cie. 1879 in-18

Scherer, Jacques *La Dramaturgie classique en France*, Paris, Nizet 1950 in-8°

Scudéry, Georges de *La Comédie*

des comédiens poème de nouvelle invention, Paris, A. Courbé 1635 in-8°

Sévigné, Marie de Rabutin-Chantal, marquise de *Lettres de Mme de Sévigné, de sa famille et de ses amis* Paris, Blaise 1818, 10 vol. in-8°

– *Lettres* Paris, Hachette 1862–8, 14 vol. in-8° (Edition des Grands Ecrivains de la France)

Somès, Armand, pseud. de Armand Mossé *Le Souper magique*, comédie en un acte en vers, d'après un Conte du Sieur d'Ouville, Paris, Billaudot 1936 in-8°

Soulié, Eudore *Recherches sur Molière et sur sa famille*, Paris, Hachette 1863 in-8°

Suite du Théâtre italien ou Nouveau recueil de plusieurs comédies françoises ... jouées sur le théâtre italien de l'hôtel de Bourgogne s.l. 1697 in-12 (contient *La Fausse coquette*, de Grugières de Carante [?], 81–182)

Tabarin, J. Salomon [*sic*] *Œuvres complètes* éd. Gustave Aventin, Paris, Jannet 1858, 2 vol. in-16

Tallemant des Réaux, Gédéon *Les Historiettes* éd. Antoine Adam, Paris, Bibliothèque de la Pléiade 1960–1, 2 vol. in-16

Titon du Tillet, Evrard *Description du Parnasse François* Paris 1727 in-8°

– *Le Parnasse françois* Paris 1732, 2 vol. in-fol.

Tribout de Morembert, Henri *Le Théâtre à Metz* Paris et Metz 1952

Tristan l'Hermite, François *Amarillis* texte collationné par Edmond Girard sur l'édition de 1653, Paris 1904 in-16

Vaissière, Pierre de *Gentilshommes campagnards de l'Ancienne France* Paris 1903 in-8°

Vallas, Léon *Un Siècle de musique et de théâtre à Lyon, 1688–1789* Lyon 1932 in-4°

Valmy-Baysse, Jean *Naissance et vie de la Comédie Française. Histoire anecdotique et critique du Théâtre Français 1402–1945* Paris 1945 in-8°

Vega Carpio, Lope Felix de *El Peregrino en su Patria*, Sevilla, C. Hidalgo 1604 in-4°

– *Obras* publicadas por la Real Academia Espanola, Madrid 1916–30, 13 vol. in-8°

Villeneuve, B. de *Œuvre des conteurs français* Paris, Bibliothèque des Curieux 1913 in-8°

Villiers, Claude Deschamps, sieur de *Les Ramonneurs* et *Fragmens burlesques* Paris, C. de Sercy 1662 in-12

Viollet-le-Duc, Emmanuel Louis Nicolas *Ancien Théâtre François* Paris 1854–7, 10 vol. in-8°

Vion d'Alibrai, Charles *Histoire comique ou les Aventures de Fortunatus, traduction nouvelle. Reveuë et augmentée en cette derniere Edition d'une lettre Burlesque de Monsieur d'Alibray* Lyon, J. Champion et C. Fourmy 1656 in-8°

– *Œuvres poétiques du Sieur de Dalibray* p.p. Adolphe van Bever, Paris 1906 in-8°

Walter, Friedrich *Geschichte des Theaters und des Musik am Kurpfälzischen Hofe* Leipzig, Breikkopf und Härtel 1898 in-8°

Young, Bert Edward et Young, Grace Philputt *Le Registre de La Grange* Paris, Droz 1947 in-8°

Young, Bert Edward *Michel Baron, acteur et auteur dramatique* Paris, A. Fontemoing 1905 in-8°

Notes

AVANT-PROPOS

1 N. de Tralage, *Recueil, Mélanges sur la comédie et l'opéra,* t.IV, 215 recto. Le manuscrit se trouve à l'Arsenal.
2 *History,* V, 121
3 J. Palaprat, *Œuvres,* Paris 1712, préface: 'Il me semble fort ... d'avoir ouï dire à Molière ... qu'il auroit donné toutes choses au monde pour avoir le naturel de ce grand comédien,'
4 J.-I. Samson, *La Famille Poisson ou les Trois Crispins,* Paris 1846
5 H.C. Lancaster, *Sunset, A History of Parisian Drama ...,* Baltimore 1945, 332
6 Furetière, Palaprat, Titon du Tillet, les frères Parfaict, Mouhy, Léris, etc.
7 Fournel, Campardon, Monval, Lancaster, Mélèse, Mongrédien, etc.
8 *Documents du Minutier Central concernant l'histoire littéraire,* analysée par M. Jurgens et M.-A. Fleury, Paris 1960
9 Mentionnons à titre d'exemple Lemazurier, *Galerie historique,* Paris 1810, t.I, 451s.; *Œuvres choisies* de Raimond et Philippe Poisson, Paris 1830, notice, viii; Michaud, *Biographie universelle,* Paris 1842–65, t.XXXV, 154–5

CHAPITRE I

1 *Le Parnasse françois,* Paris 1732, t.I, 442
2 *Dictionnaire critique de Biographie et d'Histoire,* Paris 1872, 982
3 H. Lyonnet, *Dictionnaire des Comédiens français (ceux d'hier),* Genève 1911–12, t.II, 536
4 Mss 2966 (188 bis SAF), papier, 81 feuillets, écriture du XVIIe siècle
5 Cf. la pièce de vers adressée par Poisson au Vicomte de ..., imprimée parmi ses 'Diverses Poësies' (Poisson, *Œuvres,* J. Ribou, Paris 1679)
6 Diverses Poësies, *A Monsieur de La Fleur*
7 Lyonnet, *Dict.,* t.II, 261
8 C. Deschamps, sieur de Villiers, *Les Ramonneurs, suivis des Fragmens burlesques,* Paris, Charles de Sercy 1662, *passim*
9 *Dict.,* t.II, 536
10 *Contemporains,* t.I, 403
11 Selon Jal, un garçon capable de faire une saignée dut avoir au moins dix-huit ans. (*Dict.,* s.v.)
12 Titon du Tillet, *Le Parnasse françois,* t.I, 442
13 *Ibid.*
14 Jal, *Dict.,* 457s.
15 Diverses Poësies, *Au Mareschal de Crequi*
16 *Le Parnasse françois,* t.I, 442
17 Diverses Poësies, *A Monseigneur Colbert*
18 *Dict.,* t.II, 537
19 *Galerie historique,* t.I, 442
20 *Dict.,* t.IV, 160
21 *Contemporains,* t.I, 404
22 *Dict.,* 982
23 Registre des baptêmes, 1647–57, f° 482, cit. J. Robert, 'Comédiens en Provence,' RHT, 1956, I, 48–9
24 'Comédiens et bateleurs des rives de la Garonne,' RHT, 1959, I, 33–45
25 Registre de la paroisse Saint-Estienne, Archives municipales de Toulouse, GG 209, février 1655, cit. Robert, *ibid.*
26 Cf. Edmond Poupé, 'Documents relatifs à des représentations scéniques en Provence du XVe au XVIIe siècles.' *Bulletin historique et philologique,* 1904, 21
27 Robert, 'Comédiens en Provence,' 49
28 G. Mongrédien, *Les Grands Comédiens du XVIIe siècle,* Paris 1927, 239
29 H. Clouzot, *L'Ancien théâtre en Poitou,* Niort 1901 344; et E. Bricauld de Verneuil, *Molière à*

Poitiers en 1648, et les comédiens dans cette ville de 1646 à 1658, 55
30 *Min. Cent.* LXXXI, 63
31 G. Mongrédien, *Dictionnaire biographique des comédiens français du* XVIIe *siècle*, Paris 1961, 31
32 *Min. Cent.*, LXXXI, 65
33 S.-W. Deierkauf-Holsboer, 'La date de l'entrée de Floridor à l'Hôtel de Bourgogne et les premières de Pierre Corneille de 1644 à 1653.' *Bulletin de la Société d'Etude du* XVIIe *siècle*, XV, 1952, 421
34 *Les Historiettes*, éd. A. Adam, Paris 1961, t.II, 777n.
35 *Min. Cent.*, LXXXI, 65
36 Première indication que Poisson était chef de troupe
37 A. Detcheverry, *Histoire des théâtres de Bordeaux*, Bordeaux 1860, 16
38 'Comédiens et bateleurs ...,' 40
39 BN Ms f.fr. 22750, f° 208, v°
40 *Le Parnasse françois*, t.I, 442. Cf. aussi *Le Mercure Galant*, avril 1685, 293
41 'Comédiens et bateleurs ...,' 40
42 Mongrédien, *Dict.*, 31
43 BN Ms f.fr. 22750, fol. 209
44 Jal, *Dict.*, sub voce; Lyonnet, *Dict.*, sub voce. Nous n'avons pas leurs actes de baptême et, pour éviter d'alourdir ce chapitre, nous réservons nos arguments sur ces dates de naissance pour un article que nous consacrerons aux enfants et petits-enfants du comédien

CHAPITRE 2

1 Voir notre chapitre 8
2 Archives Nationales E 1756, cit. Campardon, *Les Comédiens du roi de la troupe française*, Paris 1879, 226–7
3 Diverses Poësies, *Au Roy*
4 Fournel, *Contemporains*, t.I, 404
5 *Dict.*, t.I, 139, à l'article Bellerose
6 'Poisson et Brécourt, confidentes,/Font des mieux et sont très brillantes' (*Les Continuateurs de Loret*, t.I, 924, vv.185–6)
7 Cf. La Grange, *Registre* (éd. Thierry) Paris 1876, 13–37
8 Cf. P. Mélèse, *Répertoire*, 115–20
9 Voir notre chapitre 9
10 Donneau de Visé, *Nouvelles nouvelles*, Paris 1663, 3e partie, 240
11 Ces stances sont imprimées en tête de la pièce dans plusieurs éditions
12 *Dict.*, 291
13 E. Rigal, *Le Théâtre français avant la période classique*, Paris 1901, 312–13; G. Bapst, *Essai sur l'histoire du théâtre*, Paris 1893, 388–9
14 Jal, *Dict.*, 291
15 J. Lemoine, *Les Des Œillets*, Paris 1938, 19, 62
16 Cf. Mongrédien, *Chronologie des troupes ...*, 172
17 *Min. Cent.*, XXXV, 417
18 Voir notre chapitre 10
19 Cf. Lancaster, *History*, III, 678
20 *Ibid.*, 677
21 Mélèse, *Répertoire*, 125
22 *Lettres nouvelles de feu Monsieur Boursault ...*, 3e éd., Paris 1709, t.III, 141
23 Lancaster, *History*, III, 694
24 *Gazette*, du 14 février 1665
25 *Ibid.*, du 31 janvier
26 *Registre*, 71
27 Octobre 1665
28 *Le Théâtre françois*, livre III, 111
29 Les frères Parfaict disent (*Histoire*, t.IX, 370) que ce Marquis est le premier marquis ridicule de notre théâtre, mais ne se trompent-ils pas? Molière avait déjà introduit des marquis ridicules dans *les Fâcheux* et *l'Impromptu de Versailles*
30 Diverses Poësies, *A Monseigneur le Duc de Crequi*
31 M. Fürstenau, *Zur Geschichte der Musik und des Theaters am*

Hofe zu Dresden, Dresde, 1861, II, 145
32 Diverses Poësies, *Au Roy*
33 Robinet, *Lettre en vers* du 25 octobre 1665
34 *Ibid.*
35 *Donneau de Visé ... Trois Comédies*, Paris 1940, xii
36 M. Gros (*Philippe Quinault ...*, Paris 1926, 77–83) néglige la contribution de Poisson dans la réussite de la pièce
37 Cf. Lancaster, *History*, III, 253–68
38 L'épître du *Poète basque*
39 *Contemporains*, t.II, 573–82
40 *Ibid.*, 582
41 *Histoire*, t.x, 137
42 *Contemporains*, t.II, 599
43 Voir notre chapitre 4, pour le prologue du nouveau *Ballet des Muses* de 1681
44 C'est nous qui soulignons
45 *Contemporains*, 604–5; Parfaict, *Histoire*, t.x, 141
46 Cf. Robinet, *Lettre en vers* du 12 juin 1667
47 *Ibid.*, du 9 juin 1668
48 MM. Hauteroche, Floridor et Saint-Georges; Mlles de Beauchâteau, Brécourt et Poisson
49 *Œuvres*, Ribou, 1681, 193–4
50 Cf. P. Robert, 'Comédiens et bateleurs,' 39
51 Nous sommes redevables à Fournel, *Contemporains*, I, 412, de ces précisions
52 *Au Lecteur*, en tête de la comédie
53 *Lettre en vers* du 27 octobre 1668
54 *Ibid.*, du 29 décembre 1668
55 *Ibid.*, du 5 janvier 1669
56 *Ibid.*, du 30 août 1669
57 *Ibid.*, du 16 mars 1669
58 *Ibid.*, du 9 mars 1669
59 *Ibid.*, du 23 février 1669
60 Grimarest, *La Vie de M. de Molière*, éd. Mongrédien, Paris 1955, 98
61 *Lettre* du 16 mars 1669
62 Cf. Acte II, sc. 1ère. Voir notre chapitre 7 pour plus de précisions sur la physionomie de Poisson et sur les effets que les auteurs en tiraient
63 Henri-Jules, baptisé le 2 novembre 1669, parrain Henri-Jules de Bourbon, Prince de Condé (Cf. Jal, *Dict.*, 983.)
64 Diverses Poësies, *Au Roy*
65 P.-X. Achard, 'Théâtre,' *Bulletin historique et archéologique de Vaucluse et des départements limitrophes*, Avignon 1881, 141
66 E. Soulié, *Recherches sur Molière et sur sa famille*, Paris 1863, 211
67 *History*, III, 32 et 35
68 *Min. Cent.*, LIII, 52, du 22 mars 1667, et *passim*
69 Cf. *Min. Cent.*, XCIX, 246, du 2 février 1671, où nous voyons 'Raymond Poisson, sieur de Bellerose.' Et plus récemment, M. Mongrédien, 'Chronologie des troupes qui ont joué à l'Hôtel de Bourgogne,' *R.H.T.* 1953, III, 172, où on lit 'Raymond Poisson (Bellerose) débute vers 1654'
70 Cf. Lancaster, *History*, III, 35, n.12
71 Cf. Robinet, *Lettre en vers* du 29 décembre 1688 et *passim*; *Mercure Galant* d'avril 1685, 289; Dangeau, *Journal*, le 9 septembre 1685; Tralage, *Recueil*, IV, 215; Bordelon, *Diversitez curieuses*, lettre XXIX (1696); Palaprat, *Œuvres*, 1712, préface, où nous lisons: 'Crispin ... étoit le nom de théâtre ordinaire sous lequel le fameux Poisson brilloit tant à l'Hôtel de Bourgogne'
72 *Min. Cent.*, XCIX, 241
73 *Min. Cent.*, XCIX, 242 du 25 avril. Cet acte de ratification ne se trouve pas dans les *Documents* publiés en 1960, mais Lemoine l'a reproduit dans son livre *Les Des Œillets*, 76–7
74 Lyonnet, *Dict.*, t.I, 530; Poisson, Diverses Poësies, *Lettre à Monsieur de Merille*
75 Lemoine, *Les Des Œillets*, 66–7 et 72
76 Cf. Boileau et Racine (J.

Demeure, 'Racine et son ennemi Boileau,' *Mercure de France*, juillet 1928, 34–61)
77 Lemoine, *Les Des Œillets*, 24
78 C'est ce M. de Mérille que Robinet a lieu de remercier pour l'avoir invité au *Baron d'Albikrac* (*Lettre en vers* du 5 janvier 1669)
79 Diverses Poësies, *A Monsieur de Merille*
80 E. Pilon, 'Mademoiselle des Œillets,' dans la *Revue de Paris*, juin 1918, 598
81 *Les Des Œillets*, 24
82 Robinet, *Lettre en vers* du 1 novembre 1670
83 Lemoine, *Les Des Œillets*, 24
84 Sa première épouse, Henriette d'Angleterre, était morte le 30 juin
85 Campardon, *Comédiens du roi*, 226–7
86 *Dict.*, t.II, 537
87 C. Gueulette, *Acteurs et actrices du temps passé. La Comédie Française*, Paris 1881, 94
88 Campardon, *Comédiens du Roi*, 226

CHAPITRE 3

1 Robinet, *Lettre en vers* du 11 juillet 1671
2 Lancaster, éd. *Répertoire des Comédies francoises qui se peuuent joüer en 1685*, Johns Hopkins Studies in Romance Literatures and Languages, XLVII, Baltimore 1953, 61
3 *Lettre en vers* du 29 août 1671
4 *Ibid.*, du 19 septembre 1671
5 *Min. Cent.*, XCIX, 246 du 2 février 1671
6 Jal, *Dict.*, 983
7 Lyonnet, *Dict.*, t.I, 440
8 Jal, *Dict.*, 983
9 Diverses Poësies, *A Monseigneur Colbert*
10 *Ibid.*, *A Monsieur Des-marests*
11 Diverses Poësies, *A Monsieur Des-marests* II
12 *Furetiriana*, Paris 1696, 28–31
13 *Galerie historique*, I, 449–50
14 *Parnasse françois*, I, 442
15 *Bibliothèque françoise et Histoire de la littérature françoise*, t.XVIII (1756)
16 *Œuvres de Mr. B-D. avec des éclaircissemens historiques donnés par Lui-même*, Genève 1716, t.II, 248. Le professeur David Hayne nous a aimablement signalé cette allusion.
17 Il s'agit, selon l'index, de Colbert
18 Parfaict, *Dict.*, IV, 161; La Vallière, *Bibliothèque du théâtre François*, t.III, 38–9; Lemazurier, *Galerie historique*, t.I, 451
19 La Fontaine, *Œuvres* (GEF) Paris, t.IV (1887), 84
20 Mélèse, *Répertoire*, 154
21 Cf. Lancaster, *History*, parties III et IV, *passim*
22 *Crispin musicien* (1674), *les Nobles de province* (1678), *les Nouvellistes* (1678) et *la Bassette* (1680)
23 Cf. Mélèse, *Répertoire*, 155–70
24 Rosimond, *le Volontaire*, 1676; La Thuillerie, *Crispin précepteur*, 1679
25 *Lettre en vers à Monsieur* du 5 août 1673
26 Cf. Mélèse, *Répertoire*, 159
27 *Correspondance de Madame, duchesse d'Orléans*, trad. E. Jaeglé, Paris 1890, t.II, 139. A noter que quelques fautes typographiques se sont glissées dans le *Répertoire* de M. Mélèse, dans ses références à la correspondance de la Duchesse. C'est le 19 février et non le 19 juillet qu'elle a écrit la lettre que nous avons citée
28 *Min. Cent.*, L, 142
29 Du *Poète basque*, Poisson dit: 'J'esperois qu'elle iroit de pair avec *le Menteur*, que sa réussite passeroit celle du *Cid*.' (*Epître* en tête du *Poète basque*.) Plus loin, il ajoute qu'il a dédié ses pièces 'avec autant de fierté qui si j'avois esté Monsieur de Corneille'

30 Diverses Poësies, *A Monsieur Sancier*
31 E. Boursault, *Lettres nouvelles*, Paris 1709, t.II, 17. 'A Mademoiselle Poisson, qui pendant un voyage avoit confié à l'Autheur une petite Créature fort jolie'
32 Diverses Poësies, *A Monsieur de La Fleur*
33 *Ibid.* En bons Français, les comédiens du XVIIe siècle prenaient très au sérieux leurs aventures gastronomiques. Villiers (*Fragmens burlesques*, 1662, 52–3) publia des vers adressés 'A Messieurs H. et P. à qui il avoit promis un Disner qu'il falut remettre.' Il est probable que les initiales désignent Hauteroche et Poisson.
34 Lyonnet, *Dict.*, t.II, 262
35 *Min. Cent.*, CI, 15
36 Lancaster, *History*, V, 21
37 *Ibid.*
38 On y trouve de nombreux reçus de pension
39 Lyonnet, *Dict.*, II, 538
40 Lyonnet le dit, *ibid.*; Jal ne précise pas
41 *Min. Cent.*, XXXI, 117
42 *Ibid.*, LXXXI, 113
43 *Dictionnaire biographique*, 207: 'Troupe de Belleroche, (Raymond Poisson) ... En font partie, Belleroche (Raymond Poisson) chef de la troupe, Mondorge, Préfleury, etc. ... La troupe est à Bordeaux le 6 mars 1677.' Voir aussi *ibid.*, 215, 31
44 *Min. Cent.*, LXXXI, 113, pièce jointe
45 Diverses Poësies, *A Messieurs des Aydes*
46 *Ibid. Deuxième épître à Monseigneur Colbert.* La première parle des difficultés que Poisson et son fils ont rencontrées dans leurs efforts pour voir Colbert.
47 Diverses Poësies, *1ère épître à Monseigneur Colbert*
48 Lavisse, E., *Histoire de France*, Paris 1900–11, t.VII^{2}, 338
49 Titon du Tillet, *Parnasse françois*, t.I, 442
50 Jal, *Dict.*, 982
51 *Ibid.*
52 Clouzot, H. *L'Ancien Théâtre en Poitou*, Poitiers 1901, 336
53 *Histoire*, t.V, 28
54 Mongrédien, *Dict.*, 45
55 *Historiettes*, ed. A. Adam, t.I, 515; t.II, 774
56 *Les Premières Actrices françaises*, III *et seq.*
57 On ne lui connaît pas de fils portant le nom de Jean-Jules. Notre hypothèse est qu'il s'agit de Jean (Jean-Raymond) et Jules (Henri-Jules)
58 *Min. Cent.*, LIV, 369
59 Nous faisons le relevé de toutes les éditions et de leurs particularités dans notre appendice
60 Cf. L. Morin, 'Deux Familles troyennes de musiciens et de comédiens les Siret et les Raisin.' *Mém. de la Soc. acad. de l'Aube*, t.LXXXIX, 1925–6, 133–98
61 XLV, 241
62 Cf. H.-C. Lancaster, *Adventures of a Literary Historian*, Baltimore 1942, 97–114, et surtout 105

CHAPITRE 4

1 La Grange, *Registre*, 237
2 *Ibid.*, 238
3 *Ibid.*, 247. *Le Mercure Galant* de novembre 1680 (195) fait allusion en passant à la pièce
4 *Répertoire des Comédies françoises qui se peuuent jouer en 1685*, 54
5 Parfaict, *Histoire*, XIII, 130
6 La Grange, *Registre*, 264
7 *Min. Cent.*, XLIV, 74, Musée AE, II, 2097
8 La Grange, *Registre*, 240
9 Breuet du Roy, daté du 24 août 1682, cit. *Registre*, 241
10 Cf. Mélèse, *Théâtre*, 70
11 La Grange, *Registre*, 266
12 *Ibid.*, 270

13 Parfaict, *Histoire*, XII, 73
14 La Grange, *Registre*, 272
15 *Ibid.*
16 Mélèse, *Théâtre*, 70. M. Mélèse a aussi reproduit une partie de la lettre en fac-similé (375). Le mot dans la dernière ligne du texte, que nous avons transcrit, *menager*, est selon M. Mélèse, *envisager*
17 *Le Mercure Galant* de septembre 1681, 373–8
18 L'extrait est reproduit par les frères Parfaict (*Histoire*, t.XII, 73–4)
19 La Grange, *Registre*, 300
20 Joannidès, *La Comédie Française 1680–1900*, préface de J. Clarétie, iv. De 1680 à 1900, Molière avait été joué 20,290 fois. Des 6270 représentations de Racine, 1219 étaient des *Plaideurs*
21 La Grange, *Registre*, 302
22 *Ibid.*, 303
23 *Ibid.*, 282. Cf. aussi *Répertoire de 1685*, 68
24 *Ibid.*, 303. Cf. aussi *Répertoire de 1685*, 69
25 *Répertoire de 1685*, 69n
26 La Grange, *Registre*, 210
27 *Ibid.*, 310–25. M. Mélèse (*Théâtre*, 282) n'en a compté que dix-huit. Il y a bien vingt-neuf
28 *Registre*, 310
29 Mélèse, *Répertoire*, 176
30 *Ibid.*
31 C'est une édition très rare, que M. R. Picard nous a gracieusement communiquée
32 Boursault, *La Comédie sans titre*, revûë et corrigée par son véritable auteur, Guignard, 1694
33 Cf. Lancaster, *History*, IV, 156
34 C'était 'un des Seigneurs de la Cour qui joignit le plus d'agrémens aux grâces qu'il pouvoit faire.' (Boursault, *Lettres nouvelles*, Paris 1709, t.I, 129–31)
35 *Ibid.*
36 Parmi les éditions où la pièce est attribuée à Poisson, mentionnons celles de 1772 (La Compagnie des libraires) et de 1782 (chez Brouilhat, Toulouse). Dans l'édition de Tresse et Stock, Paris 1889, la pièce est attribuée aux deux auteurs ensemble.
37 Cf. Petitot, *Répertoire du théâtre français*, t.IX, 3; Fournel, *Contemporains*, t.I, 95 et 408; Lintilhac, *Comédie*, t.III, 375–93; Saint-René Taillandier, *Un Poète comique du temps de Molière, Boursault, sa vie et ses œuvres*, Paris 1881
38 *Lettres*, 1709, t.II, 16–22
39 Cf. Mélèse, *Théâtre*, 367–8
40 Cf. Saint-René Taillandier, *Un Poète comique*, 138
41 *Le Mercure Galant*, 1673, t.IV, 202. L'allusion est générale: c'est nous qui l'appliquons à Poisson
42 *Répertoire de 1685*, 71
43 *Min. Cent.*, CI, 41
44 Cf. *Min. Cent.*, CXIII, 121 (8 août 1684), et 125 (9 mai 1685)
45 *Ibid.*, 121
46 *Répertoire de 1685*, 63
47 *Le Registre de La Grange*, II, 74
48 *Répertoire de 1685*, 75
49 La Grange, *Registre*, 331
50 *Répertoire de 1685*, 74
51 *History*, IV, 517
52 *Registre*, 349
53 *Dictionnaire*, t.II, 537
54 *Registre*, 349
55 *Registre de La Grange*, II, surtout 53–4, et planches X–XII
56 Lyonnet, *Dict.*, II, 604
57 Thierry, *Charles Varlet de La Grange et son registre*, notice en tête de son édition du *Registre*, xxxiv, n.4
58 *Ibid.*
59 *Journal*, I, 159
60 Thierry, notice en tête de son édition du *Registre*, xxxiv, n.4
61 La Grange, *Registre*, 353
62 Mardi, 17 juillet (*Registre*, 355)
63 La Grange, *Registre*, *loc. cit.*
64 *Journal*, I, 219
65 *Ibid.*
66 *Min. Cent.*, CXIII, 125

67 *Ibid.*, 129
68 La Grange, *Registre*, 330
69 *Ibid.*, 350
70 *Ibid.*

CHAPITRE 5

1 *Dict.*, t.II, 537
2 Ce travail a été gracieusement entrepris, à notre demande, par M. Ravilly, des Archives municipales de la ville de Nantes
3 Granges de Surgères, *Les Artistes Nantais* ..., Paris 1898
4 *Min. Cent.*, CVI, 92, en date du 13 mars 1692; Vallas, *Un Siècle de musique et de théâtre à Lyon, 1688–1789*, 445
5 Cf. Lyonnet, *Dict.*, II, 275, et La Grange, *Registre*, en marge à cette date, 167
6 Jal, *Dict.*, 983
7 *Lettres historiques et anecdotiques*, 6 nov. 1686, f° 184, cit. Mélèse, *Théâtre*, 167–8
8 Cf. Mélèse, *Théâtre*, 168
9 F. Bournon, *Paris-Atlas*, Paris [s.d.], 17
10 *Contemporains*, I, 404
11 *Galerie historique*, I, 457
12 Une version de cette anecdote se trouve dans *Bolæana, ou Entretiens de Monchesnay avec l'auteur*, Amsterdam 1742, 79–80. Le nom de Poisson n'y figure pas
13 Fournel, *Contemporains*, t.I, 411n.
14 La Grange, *Registre*, 264
15 Publié à Paris, chez David, 1718
16 Lancaster, *La Comédie Française, 1680–1701*, Baltimore 1941, 117
17 Quoique M. Lancaster ne le dise pas, il s'agit de Houdar de La Motte. (Cf. Paul Dupont, *Un Poète-philosophe au commencement du* XVIII*e siècle, Houdar de La Motte*, Paris 1898, 3 et 80.)
18 *History*, IV, 686
19 Palaprat, *Œuvres*, Paris 1712, préface
20 *Ibid.*, xxxiii
21 *Ibid.*, xxiv–xxv
22 *Ibid.*, xxxiii
23 *Ibid.*
24 *Diversitez curieuses*, Amsterdam 1699, t.I, 253
25 Paris, Leclerc 1710
26 *Le Baron de la Crasse*, représenté deux fois en 1762 sans le *Zig-zag* (d'après le relevé de Joannidès, *La Comédie Française de 1680 à 1900. Dictionnaire général des pièces et des auteurs*)
27 Paris, Michel-Lévy frères 1846, réimprimée en 1853
28 Lyonnet, *Dict.*, t.II, 634–5
29 *Ibid.*, 539
30 Parmi les figurines en terre cuite exécutées au XIXe siècle par Jean-Pierre Dantan (Dantan jeune, 1800–69) et qui sont exposées dans une salle du Musée Carnavalet, il y a une charge (n° S2 019) qui représente le comédien Samson 'dans la Famille Poisson,' vêtu de la fraise et de la ceinture énorme de Crispin, et affectant le corps d'un poisson.

CHAPITRE 6

1 Cette toile est de 1670. (E. Got, 'A propos du Musée de la Comédie Française,' *Gazette des Beaux-Arts*, 2e période, t.XXXIV, 131)
2 G. Monval, *Les Collections de la Comédie Française*, Paris 1897, n° 152; *Catalogue de l'exposition de la Comédie Française*, Versailles 1962, n° 18
3 Jal, *Dict.*, 983; E. Dacier, *le Musée de la Comédie Française*, *s.v.*
4 M. Bryan, *Dictionary of Painters and Engravers*, Londres 1903–5, t.IV, 14
5 H. Bouchot, *Catalogue de dessins relatifs à l'histoire du théâtre conservés au département des Estampes de la Bibliothèque Nationale*, Paris 1896, n° 503, 37. On y lit: 'T. Netscher

Pinx. a Paris, chez I. Audran graveur du Roy au Gobelins. G. Edelinck Effigiem sculp. C.P.R.'

6 *Ibid.*, n° 477, 34. On y lit: 'Chez H. Bonnart rue St Iacques au Coq Auec priuil'

7 *Dict.*, t.II, 538

8 Bouchot, *Catalogue*, n°479, 35. On y lit: 'Se Vend A Paris, chez Iollain Aîné rue St Iacque a la Ville de Cologne'

9 *Dict.*, t.II, 538

10 *Ibid.*

11 E. Got, 'A propos du Musée de la Comédie Française,' *Gazette des Beaux-Arts*, 2e période, t.XXXIV, 131

12 Lane et Browne, *A.L.A. Portrait Index*, Washington 1906, 1168: 'Poisson, Raymond ... Gaz. d. Beaux Arts (1886) ser. 2, 33:131. Watteau p.' 1° la référence est fautive. 2° Les éditeurs de l'*Index* ont été fourvoyés par l'allusion que Got fait en passant à la célèbre toile de Netscher. Ajoutons que la gravure de Desplaces n'aurait pas dû être reproduite à cet endroit, où elle n'a aucun rapport avec le texte qu'elle est censée illustrer

13 *Galerie historique*, t.I, 443

14 Cf. les portraits de Feulie (anonyme), de Monrose père (P.A. Pichou, 1862), de Régnier (dans la toile des Comédiens en 1840, par E. Geffroy) et de Truffier (André Gill, 1876). Ces tableaux sont soit dans le foyer des artistes, soit dans la Galerie Marie-Thérèse Pierat, à la Comédie Française. Notons qu'on appelle crispins, en souvenir de Crispin, le manteau et les gants qu'il porta le premier

15 Voir notre note 'A propos d'une gravure de 1662' dans la *Revue d'Histoire du théâtre*, n° 1, 1967, 97–9

16 *Dict.*, t.IV, 160

17 Le reste de ce chapitre résume l'article que nous avons publié dans *Romanische Forschungen*, vol. LXXVIII, Fasc. 2/3, 1966, 372–82, intitulé 'Le Valet Crispin et le premier grand interprète du rôle au XVIIe siècle'

18 *Obligados y ofendidos y gorrón de Salamanca* de Rojas Zorrilla. L'édition la plus accessible est celle de R.R. MacCurdy, publiée en 1963 par les Editions Anaya, Salamanque

19 C'est P. Morillot (*Scarron. Etude biographique et littéraire*, Paris 1888) qui a noté la dette contractée par Scarron envers Rojas. Pour le texte de *L'Ecolier de Salamanque*, nous avons consulté les éditions de 1737 et 1857. Pour la date de la publication de la première édition, voir E. Magne, *Bibliographie des Œuvres de Scarron*, Paris 1924, 123

20 V. *L'Epistre à Monsieur de Franchain* (Poisson, *Œuvres complètes*, 1679) où l'acteur dit avoir lu *Fortunatus*, *Buscon* et *Lazarille*. Les traductions de ces ouvrages que Poisson aurait pu lire sont mentionnées dans notre bibliographie. Voir Vion D'Alibray, Quevedo et *La Vie de Lazarille de Tormès*

21 Comme les deux Corneille, D'Ouville et Scarron, Poisson allait s'inspirer dans ses pièces de sources espagnoles

22 Léris, *Dict.*, 502; Mouhy, *Tablettes (Les Auteurs)*, 23; Titon du Tillet, *Parnasse françois*, t.I, 442

23 Lemazurier, *Galerie historique*, t.I, 442

24 *Contemporains*, t.I, 406

CHAPITRE 7

1 J. Goizet, *Dictionnaire universel* ..., Paris 1867, 623–4

2 F. Gohin, *Transformations de la langue française ... 1740–1789*, Paris 1903, 237

3 *Lettres à Eugénie*, III et IV
4 L. Celler, *les Types populaires au théâtre*, Paris 1870; *les Valets au théâtre*, Paris 1875
5 'Un Type de l'ancienne comédie: le Valet,' dans *Mercure de France* du 15 octobre 1924, 390–401
6 G. Doutrepont, *Les Types populaires de la littérature française*, Bruxelles 1926–8
7 *L'Ecolier de Salamanque*, I, 3
8 *Obligados*, vv. 513–14. Cf. *Lazarille*, 92
9 *Obligados*, vv. 905–8
10 *L'Ecolier de Salamanque*, II, 2
11 *Ibid.*, V, 1
12 *Ibid.*
13 *Le Zig-zag*, sc. 3.
14 *L'Ecolier de Salamanque*, V, 1
15 *Le Fou raisonnable*, scène 1ère
16 Joué à l'Hôtel en 1672 (Robinet, *Lettre en vers* du 11 février 1673)
17 Joués probablement entre 1675 et 1677 (Cf. Lancaster, *History*, IV, 462.)
18 *Les Nobles de province*, I, 10
19 *La Femme juge et partie*, II, 1
20 *Le Zig-zag*, sc. 9
21 *Ibid.* On ne peut trop insister sur l'intérêt qu'offre cette indication pour l'histoire du jeu des comédiens. Jacques Fabri, Louis de Funès y reconnaîtraient le style d'un lointain ancêtre
22 Cf. Lyonnet, *Dict.*, t.II, 538
23 La date de la première représentation de cette pièce a prêté à discussion. Lancaster (*History*, III, 683, n.32) suggère 1664, alors que Fournel (*Contemporains*, t.I, 93) suggère 1661. Si Fournel avait raison, Boursault aurait été le premier auteur depuis Scarron à employer le nom de Crispin, mais vu l'absence de preuves, il semblerait plus prudent de faire foi aux arguments de Lancaster, et d'en laisser le mérite à Poisson. Joué à l'Hôtel de Bourgogne, *Le Médecin volant* a dû avoir Poisson dans le rôle de Crispin. C'est sans doute pour s'assurer le concours de Poisson que Boursault a choisi ce nom pour le valet
24 *Le Médecin volant*, I, 6
25 *Contemporains*, t.I, 110, n.3
26 *Crispin médecin*, écrit par Hauteroche pour son ami Poisson, et représenté à l'Hôtel en 1670. Lancaster (*History*, III, 774, n.12) hésite sur la date, mais Robinet est explicite. (*Lettre en vers* du 10 mai 1670)
27 *Crispin médecin*, II, 4
28 C'est Poisson qui créa ce rôle selon Robinet. Il fut si amusant que les auditeurs se fâchèrent de ce que la pièce était trop courte, 'espèce de reproche qui ne fâcha pas Hauteroche.' (*Lettre en vers à Monsieur* du 5 août 1673)
29 *Les Femmes coquettes*, de Poisson, représentées à l'Hôtel de Bourgogne en 1671
30 *Crispin musicien* de Hauteroche, représenté à l'Hôtel de Bourgogne en 1674
31 *Crispin précepteur*, de La Thuillerie, écrit pour Poisson et joué sans doute à l'Hôtel de Bourgogne en 1679 (Cf. Lancaster, *History*, IV, 466)
32 Ecrit par La Thuillerie pour Poisson, et représenté à la Comédie Française en 1681
33 *Crispin précepteur*, sc. 2
34 *L'Ecolier de Salamanque*, II, 2
35 *Le Fou raisonnable*, sc. 4
36 *La Veufve à la mode*, de Donneau de Visé, 1667
37 *Les Femmes coquettes*, III, 1
38 *Ibid.*
39 *L'Ecolier de Salamanque*, V, 7
40 *Le Zig-zag*, sc. 1ère
41 *Crispin médecin*, II, 3
42 *Crispin musicien*, I, 6
43 *Ibid.*, I, 11
44 *Ibid.*, V, sc. dernière
45 *Crispin précepteur*, sc. 12
46 *Crispin bel esprit*, sc. dernière
47 Lancaster (*History*, IV, 462) croit que cette comédie fut jouée entre 1675 et 1677. Le fait que Hauteroche écrivait exclusive-

ment pour l'Hôtel de Bourgogne semble suggérer que Poisson prit le rôle de Crispin.

48 Scènes 12, 13 et 14

49 *Les Nobles de province*, II, 10

50 IV, 4(?) Dans l'édition que nous avons consultée (Hauteroche, *les Œuvres de théâtre*, Paris 1736) une faute d'impression s'est glissée dans le IVème acte: trois scènes consécutives sont marquées 'scène IV'

51 Comédie de Champmeslé, créée à la Comédie Française en 1682. C'est Poisson qui joua Crispin. (*Répertoire de 1685*, 68)

52 On s'étonne de trouver un tel exemple du ton de la parade bien avant le XVIIIe siècle

53 *Le Parisien*, IV, 6

54 Cf. Lancaster, *History*, III, 47–98 *passim*

55 *Le Duel fantasque ou Les valets rivaux*, Grenoble, Fremon 1668

56 La pièce fut jouée au Marais, selon les frères Parfaict, *Histoire*, t.X, 344

57 *Le Comte de Rocquefoeuilles*, La Haye 1669

58 *Les Intrigues de la vieille Tour*, Rouen, Besongne, s.d. Lancaster (*History*, IV, 559) assigne à cette pièce la date de 1683–4

59 *La Belle cabaretière ou le Procureur à la mode*, Amsterdam, Smirne 1692

60 *La Pierre philosophale*, Paris, Bageart 1681. C'est un 'livre de sujet' plutôt qu'une pièce: on en a publié la description, non pas le texte

61 *Les Tuteurs*, acte II

62 *Ibid.*

63 *Les Philosophes*, III, 9

64 *Types populaires*, 139

65 *Lettres à Eugénie*, 27s

CHAPITRE 8

1 *Le Théâtre françois*, 119; *Le Parnasse françois*, 443

2 *Histoire*, t.VII, 338; *Dict.*, t.IV, 160

3 Mouhy, *Tablettes*, 140; La Vallière, *Bibliothèque*, t.III, 38; Lyonnet, *Dict.*, t.II, 537 etc.

4 L'intérêt suscité par la question est reflété par le dêbat dans *L'Intermédiaire des chercheurs et curieux* (XIV, 613, 728, 753; XV, 177, 241). Cette discussion, assez maladroite d'ailleurs, n'a aucunement résolu le problème

5 *Un Précurseur de Racine, Tristan l'Hermite*, Paris 1895, 502–3

6 *Ibid.*, 293

7 Beauchamps, *Recherches sur les théâtres en France*, Paris 1735, 227

8 Paris, Sercy 1662, 62–3

9 *Répertoire analytique*, 116

10 *Contemporains*, t.I, 406

11 Léris, *Dictionnaire portatif*, 204; Maupoint, *Bibliothèque*, 191; Mouhy, *Tablettes*, 140; Beauchamps, *Recherches*, 227

12 Robinet, *Lettre en vers* du 11 avril 1671

13 Cf. Lancaster, *History*, III, 666; Bernardin, *Un Précurseur* ..., 502

14 V. l'édition de 1661, chez G. de Luyne

15 Cf. Lancaster, *Hist.*, III, 224, n.17

16 C'est nous qui soulignons

17 *Œuvres complètes* de Molière, édition de 1682, préface, 5–6

18 V. l'édition de 1660, chez de Luyne, Barbin et de Sarcy

19 *Œuvres* de Molière, Paris 1875 (édition des Grands Ecrivains de la France) t.II, 120

20 N. Edelman, *Attitudes of Seventeenth Century France Towards the Middle Ages*, New York 1946, mentionne *Lubin* en passant (281) mais ne l'étudie pas

21 Les noms des personnages trahissent son origine. Il y a une Lubine dans *La Farce de Maistre Mimin* (*ATF*, t.II, 338) et on jure par 'Sainct Lubin' dans *La Farce des esveilleurs du Chat qui dort* (Cohen, *Recueil de farces inédites*, 270). Molière

se servira du nom Lubin dans *George Dandin*. Voir Doutrepont, *Types populaires* ..., 87–8, pour d'autres exemples postérieurs à Poisson

22 Cf. *Mestier et Marchandise*, *les Gens nouveaux*, *Pou d'acquest*, etc. (in Fournier, *Le Théâtre Français avant la Renaissance*, Paris 1872)

23 Viollet-Le-Duc, *Ancien Théatre François*, Paris 1854–7, t.I, 21, 32; t.II, 105

24 Voir plus bas

25 *Ancien Théâtre François*, 1854–7

26 *Journal des Savants*, avril, mai et juillet 1858

27 *Les Chansons de Gaultier-Garguille*, Paris 1858, et surtout l'article en tête des chansons 'La Farce et la chanson au théâtre avant 1660'; *Le Théâtre français avant la Renaissance*, Paris 1872

28 *Recueil de farces, soties et moralités du* XVe *siècle*, Paris 1876

29 *Histoire générale du théâtre en France*, t.II, *La Comédie–Moyen Age et Renaissance*, Paris s.d. [1905]

30 *Gaultier-Garguille, comédien de l'Hôtel de Bourgogne*, Paris 1909

31 *Le Théâtre en France au Moyen Age*, Paris 1949; *Recueil de farces françaises inédites du* XVe *siècle*, Cambridge, Mass. 1949

32 *Histoire*, t.IV, 254

33 Fournier, *Chansons de Gaultier-Garguille*, 119

34 Tabarin, *Œuvres complètes*, 2 vol., Paris 1858

35 G. Charlier, 'La vie des sous-genres. La Comédie en un acte dans le théâtre classique français,' *Helicon*, I, 1938, 89

36 Cf. *A.T.F.*, t.I, xvii

37 *Journal des Savants*, 1858, 267

38 *Le Théâtre Français avant la Renaissance*, notices et arguments

39 *Les Chansons de Gaultier-Garguille*, xxxiiis

40 Cf. Lanson, 'Molière et la Farce,' *Revue de Paris*, 1901, t.III, 133

41 *Le Théâtre Français avant la Renaissance*, 456

42 *La Comédie au* XVIIe *siècle*, 58

43 *Le Théâtre Français avant la Renaissance*, 456, avant-propos

44 *Le Roman comique*, éd. Bénac, seconde partie, ch. III, 25

45 G. Michaut, *La Jeunesse de Molière*, Paris 1922, 218s

46 Cf. Lancaster, *Five French Farces*, Johns Hopkins Studies in Romance Literatures and Languages, XXIX, Baltimore 1937

47 *La vie de Mr. de Molière* (éd. Mongrédien), Paris 1955, 46

48 V. notre chapitre sur *Le Baron de La Crasse*

49 Cf. Moland, *Molière et la Comédie italienne*, Paris 1867, 255–6

50 Les deux mots sont interchangeables, quoique 'sot' renferme deux sens. Cf. *L'Ecole des Femmes*, v.82

51 Cf. *Les Précieuses ridicules*, éd. des Grands Ecrivains, t.II, 113, n.2

52 Cf. Lanson, 'Molière et la Farce,' 140

53 Cf. Lyonnet, *Dict.*, II, 222

54 *Œuvres* de Molière (GEF, t.II, 135–216)

55 T.II, 35–49

56 *Le Théâtre français avant la Renaissance*, 148

57 L'entremés a été imprimé 'con licencia, Barcelona, en la Imprenta de Pedro Escuder ...,' sans date. (BN Yth 65548)

58 *Le Moliériste*, t.XC (1886), 181–2

59 Linguet, *Théâtre espagnol*, Paris 1770, t.IV, 387–400

60 *History*, III, 275n

61 *La Comédie au* XVIIe *siècle*, 109

62 Acte I, sc. 2

63 Cf. Mme de Sévigné, *Lettres*, éd. Monmerqué, Paris 1862–8, t.II, 141

64 La liste de jeux que donne Lubin est un document précieux pour l'historien. On trouve une liste semblable dans *La Fausse*

Coquette (1694) (*Suite du Théâtre italien* [s.l.], 1697, 81–182)

65 *L'Ecole des Femmes*, vv.21–45

66 Autre trait de farce d'autrefois. Cf. Cohen, *Recueil de farces inédites*, XXX

67 Cf. quelques détails de la scène 6

68 *A.T.F.*, t.I, 250–70

69 *Epître dédicatoire à Monsieur ....*, en tête de la pièce

70 Epître dédicatoire du *Sot vangé*

71 Ce titre alternatif ne se trouve pas dans la première édition

72 *Tablettes dramatiques*, 1752, 140

73 Gouvenain, *Le Théâtre à Dijon*, 1888, 57

74 *Bauwens, La Tragédie française et le théâtre hollandais au XVIIe siècle*, Amsterdam 1921. *Tableau chronologique des ouvrages français traduits en hollandais au cours du XVIIe siècle*, 263

75 Olivier, *Les Comédiens français dans les cours d'Allemagne au XVIIIe siècle*, série I, Paris 1901, 17. v. aussi du même auteur *Voltaire et les comédiens interprètes de son théâtre*, Paris 1900, 140, n.1

CHAPITRE 9

1 Il s'agit du *Théagène* de Gilbert

2 *La Muze historique*, éd. Livet, I, 527, vv. 211–20, 231–40

3 *Répertoire*, 120

4 *Contemporains*, I, 407

5 *Le Remercîment au roi* de Molière, souvent cité comme le premier beau tableau de l'antichambre royale, parut quelques jours après l'octroi d'une pension à Molière le 3 avril 1663. La description de l'antichambre faite ici par Poisson est donc antérieure à ce *Remercîment*

6 Scarron, *Œuvres* (1737), t.VI; Fournel, *Contemporains*, t.III

7 II, 2

8 *Contemporains*, I, 419, n.2

9 I, 2, Notons que la Duchesse d'Orléans admire cette description. (*Lettre* du 9 décembre 1705 dans *Correspondance*, traduite par Jaeglé, Paris 1890, t.II, 34)

10 *La Fantaisie verbale et le comique dans le théâtre français*, Paris 1957, 283

11 *Ibid.*, 285, n.4

12 Lancaster, *Hist.*, III, 293

13 Cf. R. Bray, 'Le Répertoire de la troupe de Molière,' *Mélanges offerts à Daniel Mornet*, Paris 1951, 91s

14 Il est à remarquer que le comédien a 95 vers, c'est-à-dire que son rôle est plus long même que celui du Baron (84 vers). Crispin, dans *Le Zig-zag*, a 140 vers, c'est-à-dire plus que tous les autres sauf Catin (196 vers)

15 Molière, *Œuvres* (GEF), t.III, 382

16 *Nouvelles nouvelles*, 3e partie, 240–1

17 Fournel, *Contemporains*, t.III, 189

18 *Les Opéra*, III, 5

19 *Ragotin*, II, 4, dans La Fontaine, *Théâtre*, éd. Pilon et Dauphin, Paris 1925, 211

20 *La Nouveauté*, scène XII, in *Répertoire du théâtre français*, Paris 1823, t.XIII, 282–3

21 Cit. Mélèse, *Théâtre*, 186, n.6

22 *Correspondance*, traduite par Jaeglé, Paris 1890, t.I, 193

23 Instrument extensible dont on voit un exemple dans une des illustrations de *La Devineresse* de T. Corneille et Donneau de Visé (*Théâtre complet*, Paris 1881, 696,) et dans une gravure contemporaine dans l'édition du *Baron de la Crasse*, p.p. Quinet 1662, 28

24 Cf. Lancaster, *Hist.*, III, 294, n.12

25 *ATF*, t.X, 117

26 *Ibid.*, 479, 482

27 *ATF*, t.I, 224–49

28 *Ibid.*, 228

29 Fournier, *Gaultier-Garguille*, 58, n.1

30 *Ibid.*, 79

31 La Haye, Elzévir, 1669

32 C'est Villiers qui y reconnaît le langage des Halles (*Stances à Catin*). M. Garapon l'appelle un 'jargon semblable au jargon stylisé que Molière met dans la bouche de ses campagnards.' (*Fantaisie verbale*, 284)
33 Fournier, *Gaultier-Garguille*, 17
34 *Ibid.*, 27
35 *Ibid.*, 55
36 *Stances à Catin*, en tête du *Baron de la Crasse*
37 Cf. Holsboer, *Marais*, t.I, 39–42
38 *ATF*, t.IX, 5
39 Fournier, *Le Théâtre français au* XVI*e et* XVII*e siècle*, t.II, 282
40 Magnin, *Histoire des marionnettes*, Paris 1852, 131
41 *Ibid.*, 132
42 *L'Ovide en belle humeur*, 1664, 5
43 *Ibid.*, 83
44 Cf. Lancaster, *History*, I, 358
45 *Ibid.*, 361
46 *ATF*, t.IX, 305
47 Cf. Lancaster, *The Comédie Française 1701–1774*, Philadelphia 1951
48 Paris, Augustin Courbé, 1635
49 A noter que les deux premiers actes furent publiés indépendamment de la tragi-comédie
50 Joannidès, *La Comédie Française de 1680 à 1900. Dictionnaire général des pièces et des auteurs*, *passim*; Lancaster, *The Comédie Française, 1680–1701*; *1701–1774*, *passim*
51 *Mémoire de Mahelot*, 62
52 *Ibid.*, 138
53 Olivier, *Les Comédiens français*, série I, 17
54 Gouvenain, *Le Théâtre à Dijon*, Dijon 1888, 148
55 *Ibid.*, 67
56 *La Troupe du Roman comique dévoilée*, 50
57 *History*, *passim*

CHAPITRE 10

1 L'édition de 1687 donne *Le Fou de qualité*, titre déjà en usage parmi les comédiens. (Cf. *Mémoire de Mahelot*, 63, et le *Répertoire de 1685*, dans la liste de 'petittes comédie.') Maupoint, *Bibliothèque des theatres*, 145, en fait deux pièces
2 *Répertoire*, 125; *Contemporains*, t.I, 407
3 *History*, III, 676
4 Et non deux ans comme le dit Lancaster, *History*, III, 677
5 Cf. Lancaster, *History*, III, 57
6 Voir notre chapitre 7 sur Crispin
7 *History*, III, 86–7
8 Scarron, *Œuvres*, Amsterdam 1737, t.VII, 377–400
9 Dans *Les Dernières Œuvres de Monsieur Scarron*, 1663. Cf. E. Magne, *Bibliographie générale des Œuvres de Scarron*, 90
10 Cet incident permet de souligner l'intrépidité du héros, qui se conduit comme le héros de *l'Ecolier de Salamanque*
11 *Fantaisie verbale*, 285
12 Joannidès, *La Comédie Française de 1680 à 1920*, 83
13 Cf. 'Les patineurs sont gens insupportables,/Même aux beautés qui sont très-patinables.' (Scarron) cit. Génin, *Lexique comparé de la langue de Molière*, 292
14 *Mémoire de Mahelot*, 63
15 *Ibid.*, 142
16 1681–92, 36 fois, 1718–19, 10 fois. (Joannidès, *la Comédie Française de 1680 à 1920*, 83; Lancaster, *The Comédie Française, 1680–1701; 1701–1774*)
17 *Ancien théâtre en Poitou*, Poitiers 1901, 370
18 *Le Théâtre à Metz*, Paris et Metz 1952, t.I, 117
19 *Le Théâtre à Dijon*, 146

CHAPITRE 11

1 *La Muze historique*, lettre du 7 février 1665, vv. 33–44
2 *Ibid.*, du 22 février 1659
3 *Ibid.*, du 26 février 1661
4 *Lettre en vers* du 9 janvier 1668

5 *Lettre en vers* du 21 janvier 1668
6 Loret, *La Muze historique*, lettre du 31 janvier 1665 ; *Les Relations Véritables* du 7 février 1665
7 Loret, *La Muze historique*, lettre du 14 février
8 *Registre*, 71
9 Année 1665, 91
10 T.II, 566
11 Lettre du 14 février, vv. 183–98
12 *Contemporains*, t.II, 563–72
13 Cf. Fournel, *Contemporains*, t.II, 565, notice
14 Le 14 février
15 *Répertoire*, 126
16 *Contemporains*, t.II, 567
17 *Hist.*, t.IX, 360
18 Cf. Joannidès, *La Comédie Française de 1620 à 1900. Dictionnaire général des pièces et des acteurs, passim*
19 Dans l'édition de 1679, Ribou a placé par mégarde cette dédicace en tête des *Œuvres complètes*
20 Dédicace de *L'Après-soupé des auberges*
21 *Les Diversitez galantes*, Paris, Ribou 1664. Une autre édition parut chez Quinet en 1665. C'est celle que nous avons consultée
22 *Ibid.* (1665), 5
23 Notamment dans la liste de petites pièces du *Répertoire de 1685*, et dans les *Registres de la Comédie Française* de 1680 à 1720
24 *Adventures of a Literary Historian*, Baltimore 1942, 321–6
25 Il semble que Rosset (*Origines de la prononciation moderne étudiées au* XVIIe *siècle*, Paris 1911) n'ait pas connu ce texte
26 IV, 12
27 Magnin, *Histoire des marionnettes*, 137
28 *Ibid.*
29 *Mémoire de Mahelot*, 62
30 *Ibid.*, 137
31 *Répertoire de 1685*, 172
32 Lancaster, *The Comédie Française, 1680–1701 ; 1701–1774, passim*
33 N. Boindin, *Lettres historiques sur tous les spectacles de Paris*, Paris 1719, première lettre, 75
34 Lancaster, *The Comédie Française, 1701–1774*, à la date indiquée
35 Gouvenain, *Le Théâtre à Dijon*, 70
36 Olivier, *Les Comédiens français dans les cours d'Allemagne*, série I, 17
37 Dans Bruys, *Mémoires historiques, critiques et littéraires*, Paris 1751, t.II, 213
38 *La Ruë Saint-Denys*, Paris, Ribou 1682, sc. 7
39 *Elomire hypocondre*, Paris 1670, acte III, sc. 2
40 G. Michaut, *Molière raconté par ceux qui l'ont vu*, Paris 1932, 177s
41 Paris, Ribou 1681
42 *History*, IV, 456

CHAPITRE 12

1 *Le Théâtre françois*, 119
2 *Le Parnasse françois*, 443
3 *Histoire*, t.VII, 357
4 *Contemporains*, t.I, 407
5 *Répertoire*, 135
6 *History*, III, 759
7 Le texte se trouve dans toutes les éditions des *Œuvres complètes*, et dans Fournel, *Contemporains*, t.I, 429
8 Cf. Fournel, *Contemporains*, I, 433, n.2
9 'Comédiens et bateleurs des rives de la Garonne,' *RHT*, 1959, I, 39
10 Cf. Alis, la marchande, sc. 3
11 Robinet, *Lettre en vers* du 9 juin 1668
12 L'énormité de sa démarche, en s'introduisant ainsi dans l'intimité des acteurs, s'apprécie seulement si l'on a présentes à l'esprit les formalités que, selon Boindin (*Lettres historiques*, 15–16), dut observer un auteur

qui voulait présenter une pièce nouvelle

13 Michel, François-Xavier, dit Francisque, *Le Pays basque, sa population, sa langue, ses mœurs, sa littérature et sa musique*, Paris 1857, 455–66

14 *Ibid.*, 58

15 Fournel a reproduit la traduction de cette conversation dans *Contemporains*, I, 441, n.1. Le passage original a fait l'objet d'un tirage à part, dont le British Museum possède un exemplaire (s.l.n.d. [XIXe siècle?] sur papier vert. BM 886.d.9)

16 Poisson a donc fait rimer *hélas* avec *Agésilas* avant Boileau

17 Cf. l'importun décrit par La Beau-Soleil (Scudéry, *Comédie des comédiens*, acte I, sc. 3) qui 's'engage inconsidérément à la censure des Poëmes, que nous aurons representez ... il n'en eschape pas un à la langue de ce critique qui fait ainsi le procés à tant de bons esprits, sans les ouir en leurs deffenses'

18 *Le Pays basque*, 44

19 *Contemporains*, t.I, 451, n.1

20 J. Duvoisin, cit. Michel, *Le Pays basque*, 75

21 Fournel, *Histoire du Ballet de Cour*, dans *Contemporains*, II, 183–4

22 Marc-Monnier, *Les Aieux de Figaro*, Paris 1868, 146

23 Cf. Lancaster, *History*, IV, 611. On trouve *Arlequin lingère* dans le *Théâtre italien* de Ghérardi, Paris 1700, t.I, 67

24 Cf. Moland, *Molière et la Comédie italienne*, 276

25 Michel, *Le Pays basque*, 57

26 Cf. Fournier, *Gaultier-Garguille*, xcvi, n.1, et Despois, *Théâtre français sous Louis* XIV, 144

27 Cf. Despois, *Le Théâtre français sous Louis* XIV, 145

28 *Comédie de la comédie*, sc. 4. Cf. aussi Rotrou, *le Véritable Saint Genest*, acte II, sc. 2

29 Fournel, *Curiosités théâtrales anciennes et modernes*, Paris 1859, ch. X

30 Cf. Dorimond, *La Comédie de la comédie*, sc. 5; Chevalier, *Les Amours de Calotin*, sc. 2; Chappuzeau, *Le Théâtre françois*, livre III, ch. LII

31 'Aujourd'huy commencé à payer le nommé Boucher qui tient la piece à la place de St Georges, à raison de 20s par jour.' La Grange (*Registre*, le 9 août 1681)

32 Lyonnet, *Dict.*; Mongrédien, *Les Grands Comédiens du* XVIIe *siècle, passim*

33 Cf. le compte rendu de Robinet, plus haut

34 Nous devons les détails biographiques à Lyonnet, *Dict.*, *passim.*

35 Cf. B.-E. Young, *Michel Baron*, Paris 1905, 189–91

36 Dans son livre *Philippe Quinault, l'homme et l'œuvre* (Paris 1926), M. Gros fait trois allusions au *Poète basque* (73, 233 et 249) et l'attribue par mégarde à Philippe, petit-fils de Raymond Poisson

CHAPITRE 13

1 Sur les mots Moscovie et Moscovite, E. Haumant (*La Russie au* XVII*e siècle*, Paris 1904, 1) dit: 'La Russie n'existe pas ... avant Pierre le Grand; à sa place, l'Europe ne connaît qu'un état d'importance et de civilisation bien inférieures, la Moscovie'

2 *Stateini spisok rocol'stva Petra Ivanovicha Potemkina*, traduit par le Prince Emmanuel Galitzin dans *La Russie du* XVII*ème siècle dans ses rapports avec l'Europe occidentale*, Paris 1855, 179

3 *Ibid.*, 319. Notons que Potemkin calcule selon le calendrier julien, employé en Russie jusqu'à la Révolution de 1917. La

différence entre les calendriers julien et grégorien étant de dix jours au XVIIe siècle, il nous a fallu ajouter dix jours aux dates paraissant dans son texte. On verra l'utilité de notre insistance sur l'exactitude chronologique quand il s'agira d'assigner des dates aux représentations de la pièce

4 Quant à la date, Lancaster (*History*, III, 759) copie les frères Parfaict (*Histoire*, t.X, 335) où l'on trouve le 26 août. Fournel (*Contemporains*, t.I, 412) donne le 30. Ces dates ne sont pas correctes

5 Il n'y avait jamais eu de relations établies entre les deux pays, et la Russie et ses citoyens étaient mal connus. Cf. D.S. von Mohrenschildt, *Russia in the Intellectual Life of Eighteenth Century France*, New York 1936, 6

6 Galitzin, *La Russie*, 375

7 *Ibid.*, 330

8 Robinet, *Lettre en vers* du 29 septembre

9 *Les Faux Moscovites*, sc 9

10 La relation de Saintot a été reproduite par Galitzin, *la Russie*, 420–33

11 C'est-à-dire Roumïantsoff

12 De Tristan et Quinault (Cf. Bernardin, *Un Précurseur*, 304–5, et Morillot, *Scarron*, 305–6)

13 Catheux, dans son *Journal* (édité par le Prince Augustin Galitzin, Paris 1860, 22) donne le 18, qui est sûrement erroné

14 Galitzin, *La Russie*, 429–30

15 *Lettre en vers* du 29 septembre

16 Cet Avis au Lecteur a été placé par mégarde dans l'édition de 1680 en tête du *Fou raisonnable*

17 Galitzin, *La Russie*, 430; *ibid.*, 24

18 *Ibid.*, 432, 27

19 *Hist.*, t.VII, 357, et t.X, 335

20 *Tablettes*, 25: 'au commencement d'octobre'

21 *Dict.*, 141

22 *Bibliothèque*, 39

23 *History*, III, 762

24 *Répertoire*, 136

25 *Contemporains*, t.I, 407

26 *Ibid.*, 457, n.3

27 *Le Poète basque* et *Les Faux Moscovites*. Quinet a obtenu un privilège pour les deux pièces en même temps (le 24 mars 1669)

28 *Lettre en vers* du 4 mai 1669

29 *Lettre en vers* du 11 juillet 1671

30 V. Fournier, *Théâtre français au* XVIe et au XVII*e siècle*, Paris, s.d. [1873], t.II, 513

31 *L'Intrigue des filoux*, III, 7

32 *Ibid.*, IV, 4

33 *Satire* VI, vv. 82–96

34 La Mare, *Traité de la Police*, Paris, Cot 1705, livre I, titre VIII, ch. IV, 127–34

35 On compte une dizaine d'éditions parues entre 1623 et 1709

36 L'édition de Rouen, 1645, 13

37 Paris, E. Loyson, s.d. [1662], in-12

38 P. Lacroix, *Paris ridicule et burlesque*, Paris 1878, 427

39 *Ibid.*, 354. Fournel, *Contemporains*, t.I, 456, donne une référence incorrecte

40 *Lettre en vers* du 27 octobre 1668

41 Il y a là un souvenir de la *Farce de Maistre Pathelin*, acte III

42 Personne à Paris ne parlait russe à cette époque. Cf. J. Mathorez, *Les Etrangers en France sous l'Ancien Régime*, Paris 1919, t.I, 235

43 Cf. l'indication scénique dans *le Zig-zag*, sc. 9

44 Cf. la tirade de Covielle, IV, 3, empruntée à *la Sœur*

45 Sallebray, *le Jugement de Pâris et le Ravissement d'Hélène* (1639), repris à l'Hôtel en 1657. (Cf. Lancaster, *History*, II, 240)

46 *Le Bourgeois Gentilhomme*, IV, 4

47 Cf. Robinet, *Lettre en vers* du 27 octobre 1668

48 *Répertoire analytique*, 136

CHAPITRE 14

1 I, 1
2 II, 2
3 III, 1
4 III, 6
5 *L'Académie des femmes*, dans Fournel, *Contemporains*, t.III
6 V. Fournel, *Contemporains*, t.III
7 Dancourt, *Le Chevalier à la mode*, I, 1
8 Dancourt, *Les Bourgeoises à la mode*, IV, 6
9 *Ibid.*
10 C'est une note de De Blainville, reproduite par Lacroix, *Paris ridicule et burlesque*, 1878, 118–19, n.3
11 Les allusions à l'homosexualité sont rares dans le théâtre du XVIIe siècle. M. Scherer a attiré notre attention sur le fait qu'on en trouve dans *Clitandre* et dans la première version de *L'Illusion comique*. Molière semble avoir prudemment évité le sujet.
12 Boileau, *Œuvres complètes*, ed. Gidel, Paris 1782, t.II, 69
13 La Mare, *Traité de la Police*, livre I, titre VIII, ch. IV, 127
14 Fournel, *Contemporains*, t.II, 299–324
15 *Œuvres*, Paris 1760, t.I
16 *Ibid.*, t.XII, sc. 25
17 Regnard, *Œuvres complètes*, Paris 1826, t.II, acte I, sc. 10
18 *La Loterie*, *Œuvres* de Dancourt, t.V
19 Cf. Fournel, *Contemporains*, t.III, 295n
20 *Satire X*, Boileau, *Œuvres complètes*, ed. Gidel, t.II, 69–70
21 Cf. Lancaster, *History*, IV, 466 et 452–3
22 *Ibid.*, t.IV, 496
23 Baron, *Théâtre*, Paris 1759, t.I
24 Pour une esquisse intéressante du monde des joueurs, voir H.L. Norman, *Swindlers and Rogues in French Drama*, Chicago 1928, ch. Ier, 1–32
25 *Contemporains*, t.I, 407
26 *Lettre en vers à Monsieur* du 11 juillet 1671
27 *Recherches*, 228
28 *Registre*, 250
29 *History*, III, 762, n.14
30 *Le Théâtre françois*, 119
31 *La Tragédie française* ..., tableau chronologique, 264
32 C'est-à-dire: '*Flavio en Juliette, ou la femme légère mise à la raison*, comédie traduite du français de Monsieur Poisson et mise en vers hollandais par J. Dullaart ...'
33 *Lettre en vers à Monsieur* du 11 juillet 1671
34 *Ibid.*, du 20 août 1671
35 'Nos augustes Majestés'
36 *Lettre en vers* du 19 septembre 1671
37 Joannidès, *La Comédie Française de 1680 à 1920*, 84
38 *Mémoire de Mahelot*, 120
39 Cf. J. Scherer, *La Dramaturgie classique en France*, 171s.
40 *Répertoire des Comédies françoises qui se peuuent joüer en 1685*, éd. Lancaster, 61

CHAPITRE 15

1 Privilège du 12 décembre, achevé d'imprimer le 17 décembre 1672. (Nous conservons, dans le titre de cette pièce, comme ailleurs, l'orthographe du XVIIe siècle)
2 Boileau, *Œuvres*, Dresde 1767, t.I, 265
3 Bibliothèque Nationale, Ye 125, in fol plano
4 E. Jaime, *Musée de la caricature ou recueil de caricatures les plus remarquables publiées en France depuis le* XIVe *siècle jusqu'à nos jours*, Paris 1838, sans pagination
5 J.F. Cailhava de l'Estendoux, *De l'art de la comédie*, Paris 1786, t.I
6 *Ibid.*, 7
7 *Ibid.*, 11

8 *Tablettes dramatiques*, 119
9 Dareste, A.E.C., *Histoire de France*, Paris 1867, t.v, 418
10 *Ibid.*, 426
11 *Ibid.*, 427
12 Dareste, *Histoire* ..., 447
13 *Ibid.*, 439
14 Bissêtre – 'malheur résultant d'une fatalité' (Génin, *Lexique comparé de la langue de Molière et des écrivains du* XVIIe *siècle*, 39)
15 Dareste, *Histoire* ..., 450
16 Boileau, *Œuvres*, Dresde 1767, t.I, 271n.
17 Dareste, *Histoire* ..., 442
18 *Ibid.*, 443–4
19 *Ibid.*, 417
20 *Ibid.*, 419–20
21 *Ibid.*, 448
22 *Ibid.*, 451
23 *Ibid.*, 444
24 Quérard (*Les Supercheries littéraires dévoilées*, Paris 1869, t.III, 275) dit que l'auteur s'appelle Calotin
25 Un exemplaire existe à l'Arsenal (Rf 5314)
26 Cf. Lancaster, *History*, III, 348–9
27 *Contemporains*, t.I, 407
28 *History*, III, 351
29 *Lettres*, Paris 1818, t.III, 18
30 *Contemporains*, I, 407–8
31 Cf. Mélèse, *Théâtre*, 298
32 Bauwens, *La Tragédie française en Hollande*, 264

CHAPITRE 16

1 La Grange, *Registre*, 247. Seuls les frères Parfaict parmi les anciens historiens donnent cette date. (*Hist.*, t.XII, 211) Le 14 mai, donné par Mouhy (*Tablettes*, 105), est une erreur de copiste
2 La Grange, *Registre*, 247–8
3 *Ibid.*, 247–61
4 *Ibid.*, 249
5 *Répertoire de 1685*, 54; *Mahelot*, 125
6 Joannidès, *La Comédie-Française 1680–1900*, à l'année 1691
7 Joannidès, *La Comédie-Française de 1680 à 1920*, 26. Nous avons contrôlé les chiffres de Joannidès pour toutes les pièces en nous référant aux listes publiées par Lancaster
8 *Ibid.*, 32
9 *History*, IV, 777
10 *Répertoire de 1685*, 54
11 *La Comédie au* XVIIe *siècle*, 369
12 Cf. Protzman, M.I., *Les Illustres Fous*, Johns Hopkins Studies in Romance Literatures and Languages, t.XLII, Baltimore 1942, 40
13 *Histoire*, t.XII, 212
14 Cf. Protzman, *Les Illustres Fous*, 142
15 *Œuvres*, éd. Planhol, Paris 1927, 137
16 Cervantes, *Obras Completas*, Madrid 1864, t.XII, 253
17 *History*, IV, 504–5
18 *The Influence of Cervantes in France in the Seventeenth Century*, Baltimore 1931, 191
19 Cf. Grimm et Schmeller, *Lateinische Gedichte des* X *et* XI *Jahrhunderts*, 354; *le Pauvre Clerc*, fabliau, dans *Histoire littéraire de la France*, t.XXIII, 146; G. Basile, *Il Pentamerone, ossia la Fiaba delle Fiabe*, traduit par B. Croce, deuxième jour, conte X: *Il Compare*
20 L. Anseaume, *Le Soldat magicien*, opéra-comique en un acte (Opéra-comique de la Foire Saint-Laurent, le 14 août 1760), Paris, Duchesne 1760
21 *The Influence of Cervantes* ..., 191–2
22 *Les Contes aux heures perdües*, Paris, T. Quinet 1644, 2e partie, 182–97. Le titre du conte est fautif, car c'est l'histoire d'un soldat, non d'un avocat
23 'Monsieur d'Ouville estoit l'homme de toute la France qui parloit le mieux espaignol et qui cognoissoit le plus parfaitement toutes les grâces de cette Langue.'

Cit. Ristelhuber, *L'Elite des contes du Sieur d'Ouville*, Paris 1876, xxviii

24 *Mémoire de Mahelot*, publ. Lancaster, 125–6

25 Lancaster, *Actors' Roles at the Comédie Française*, 54. Il aurait été intéressant de savoir qui a joué le rôle du petit clerc, pour qui Poisson avait introduit exprès une scène

26 Parfaict, *Histoire*, t.XIII, 305; L. Morin, 'Deux familles troyennes de musiciens et de comédiens, les Siret et les Raisin.' *Mém. de la Soc. acad. de l'Aube*, t.LXXXIX, 1925–6, 159

27 Cf. Lancaster, *History*, IV, 777

28 Dancourt, *Œuvres*, 12 vol., Paris 1760. Elles ne contiennent pas *Le Bon Soldat*

29 L'édition de Christophe David, Paris 1718, que nous avons utilisée, fut publiée sans nom d'auteur. A noter que le privilège est pour les *Œuvres* de Montfleury. Une autre édition publiée aux dépens de la Compagnie parut en 1755

30 Fournel, *Contemporains*, t.I, 408, la considère comme l'œuvre de Poisson, mais donne une fausse référence à une édition chez Ribou 1678

31 Laurent Bordelon, *Arlequin comédien aux Champs Elysées, nouvelle Historique, Allégorique et Comique*, Amsterdam, Brækman 1692

32 *Poisson comédien aux Champs Elysées*, Paris, Le Clerc 1710

33 Paris, Billaudot 1936

CONCLUSION

1 J. Janin, *Histoire de la littérature dramatique*, Paris 1858, t.VI, 20

2 *Les Précieuses ridicules*, préface

3 Cf. la thèse de Mme B.C. Bowen, *Les Caractéristiques essentielles de la farce française*, Urbana 1964

4 *Réflexions sur l'art du comédien*, 171–2

5 Lettre à Maucroix, août 1661, dans *Œuvres de Molière*, éd. Despois et Mesnard, t.III, 101

6 G. Mongrédien, *Les Grands Comédiens du* XVIIe *siècle*, 96

7 Cf. Lancaster, *The Comédie Française, 1680–1701; 1701–1774, passim*

8 Pour des détails sur la situation matérielle d'un comédien-poète, et de Poisson en particulier, voir notre article 'Raymond Poisson, était-il pauvre?' dans *La Revue d'Histoire du Théâtre*, n° 2, 1969

APPENDICE 2

1 Le rôle d'une paysanne fut remplacé par celui d'un rôtisseur pour fournir un rôle à Poisson. (Note de Lancaster, *Actors' Roles at the Comédie Française* ..., 69)

2 On substitua le nom de Crispin à celui de Filipin pour fournir un rôle à Poisson. (*ibid.*, 63)

3 Le nom de Philipin fut remplacé par celui de Crispin lors de la représentation. (*ibid.*, 75)

Index

Les chiffres en italique renvoient aux notes, les autres au texte proprement dit

Table

UNIVERSITY OF TORONTO ROMANCE SERIES

1 *Guido Cavalvanti's Theory of Love.* J.E. SHAW
2 *Aspects of Racinian Tragedy.* JOHN C. LAPP
3 *The Idea of Decadence in French Literature,* 1830–1900. A.E. CARTER
4 *Le* Roman de Renart *dans la littérature française et dans les littératures étrangères au moyen âge.* JOHN FLINN
5 *Henry Céard: Idéaliste détrompé.* RONALD FRAZEE
6 *La Chronique de Robert de Clari: Etude de la langue et du style.* P.F. DEMBOWSKI
7 *Zola before the* Rougon-Macquart. JOHN C. LAPP
8 *The Idea of Art as Propaganda in France,* 1750–1759*: A Study in the History of Ideas.* J.A. LEITH
9 *Marivaux.* E.J.H. GREENE
10 *Sondages,* 1930–1849*: romanciers français secondaires.* JOHN S. WOOD
11 *The Sixth Sense: Individualism in French Poetry,* 1686–1760. ROBERT FINCH
12 *The Long Journey: Literary Themes of French Canada.* JACK WARWICK
13 *The Narreme in the Medieval Romance Epic: An Introduction to Narrative Structures.* EUGENE DORFMAN
14 *Verlaine: A Study in Parallels.* A.E. CARTER
15 *An Index of Proper Names in French Arthurian Verse Romances,* 1150–1300. G.D. WEST
16 *Emery Bigot: Seventeenth-Century French Humanist.* LEONARD E. DOUCETTE
17 *Diderot the Satirist.* Le Neveu de Rameau *and Related Works/An Analysis.* DONAL O'GORMAN
18 *'Naturalisme pas mort': Lettres inédites de Paul Alexis à Emile Zola* (1871–1900). B.H. BAKKER
19 *Crispin Ier: La Vie et l'œuvre de Raymond Poisson, comédien-poète du XVIIe siècle.* A. ROSS CURTIS

This book

was designed by

ANTJE LINGNER

under the direction of

ALLAN FLEMING

University of

Toronto

Press

www.ingramcontent.com/pod-product-compliance
Lightning Source LLC
LaVergne TN
LVHW040756070826
844660LV00025B/1164